한산시
寒山詩

한산시(寒山詩)

ⓒ신흥식, 2020

1판 1쇄 인쇄__2020년 06월 01일
1판 1쇄 발행__2020년 06월 10일

역주자__신흥식
펴낸이__홍정표
펴낸곳__글로벌콘텐츠
　　등록__제25100-2008-000024호

공급처__(주)글로벌콘텐츠출판그룹
　　대표이사__홍정표 이사_김미미 편집_김수아 이예진 권군오 이상민 홍명지 기획·마케팅__노경민 이종훈
　　주소__서울특별시 강동구 풍성로 87-6 201호
　　전화__02) 488-3280　팩스__02) 488-3281
　　홈페이지__http://www.gcbook.co.kr
　　이메일__edit@gcbook.co.kr

값 20,000원
ISBN 979-11-5852-284-1 03150

※이 도서의 국립중앙도서관 출판예정도서목록(CIP)은 서지정보유통지원시스템 홈페이지(http://seoji.nl.go.kr)와
　　국가자료공동목록시스템(http://www.nl.go.kr/kolisnet)에서 이용하실 수 있습니다. (CIP제어번호 : CIP2020019665)

한산시

寒山詩

신흥식 역주

琴書須自隨
祿位用何爲投
董從賢婦中車有孝兒
風吹曝麥地水溢沃魚池常念
鷦鷯鳥安身在一枝、庚子瑞、

글로벌콘텐츠

한산시(寒山詩)는 당나라 천태산(天台山) 국청사(國淸寺)의 전설적인 스님, 한산(寒山)과 습득(拾得), 그리고 그들의 스승인 풍간선사(豊干禪師)의 시(詩)를 태주자사(台州刺史) 여구윤(閭丘胤)이 국청사의 도교(道翹)스님으로 하여금 그들의 행장(行狀)을 수집케 하였으니 죽간(竹簡)이나 나무, 석벽(石壁) 등에 쓴 시(詩)와 시골 인가(人家)의 대청과 벽 위에 써 놓은 문구(文句), 습득(拾得)이 지은 게(偈)등을 편집(編輯)하여 찬(撰)한 책으로 한산시(寒山詩) 또는 삼은시집(三隱詩集)이라 한다.

선조(宣祖) 7(1574)년 본을 저본으로 하고 연형(延亨) 3(1746)년 본 등을 참고 하였다. 한산 285편 자시(自詩)에 오언(五言) 500편, 칠자(七字) 79, 삼자(三字) 21, 도합 600수(首)라 되었는데 현재 유통 본에는 대개 한산자시집서(寒山子詩集序) 1편과 한산시(寒山詩) 314수, 풍간시(豊干詩) 2수, 습득시(拾得詩) 58수로 서(序) 1편에 시(詩) 374수로 되었다.

본 번역(飜譯)은 선조(宣祖) 7(1574)년 목판본(木版本)에 수록된 한산자시집서 1편과 한산시 311수, 풍간록 1편에 풍간시 4수. 습득록 1편과 습득시 56수로, 서(序)와 록(錄) 3편에 시(詩) 371수이다.

판본(板本)마다 편집(編輯)과 내용이 조금 다른데

예(例)로 시(詩)는 3수가 서로 차이가 나고 풍간록(豊干錄)과 습득록(拾得錄)은 유통 본에서는 찾아볼 수 없었다. 모두 짧지 않은 내용으로 풍간과 습득의 행장(行狀)을 살펴 볼 수 있었고 습득록 중간에 있는 시(詩)만 하더라도 오언(五言) 절구(絶句) 12수인데 찬자(撰者)의 글이라서 습득시 56수에는 포함되지 않았다.

한산시 305편은, 선조 7(1574)년 본과 자수심화상의한산시(慈受深和尙擬寒山詩)본의 습득 시에도 중복 실려 있고 유통 본 한산 시에도 305편과 366편으로 실려 있으나 연형 3(1746)년 본과 그 외의 자료에는 305편 만 실려 있어 뒤의 습득시는 중복으로 간주하였다.

한산이 평소 보고 들은 고대 설화(說話)와 고사(故事)를 인용(引用)하여 한산 자신이 겪은 일과 사상(思想)을 토대로 승려(僧侶)와 불교에 대한 교훈과 비판을 담았고 도교(道敎)와 선가(仙家)의 망상(妄想)이 부질없는 허구(虛構) 임을 일깨워 주었으며 구도자의 탈속(脫俗)하고 청빈(淸貧)한 삶이 진정한 자유(自由)임을 담담하게 풀어 놓았다.

옛날 보각선사(寶覺禪師)가 산곡(山谷)에게

"한산 시에 화답(和答)해보라." 하니

산곡이 여러 날이 지나도록 한 구절도 얻지 못하고

보각에게 말하기를

"다시 십년을 공부한들 어찌 흉내나 내겠습니까?

도연명(陶淵明)이 비록 다시 세상에 태어난다 해도 또한 미치지 못할 것입니다."

보각이, 내가 알기로

"산곡은 우리 송(宋)의 소릉(少陵), '두보(杜甫)'가 아닙니까?"

산곡이 대답하길 옛날 두보도 한산시를 한 번 보고 말하기를

"어찌 감히 화운(和韻)을 섣불리 하겠는가?"라고 하였답니다.

이를 미루어 한산시(寒山詩)에 대한 세상의 평(評)을 짐작할 수 있으리라.

산곡(山谷) 황정견(黃庭堅)은 적벽부(赤壁賦)로 익히 알려진 저 소동파(蘇東坡)의 제자이다.

나에게

한산 시는

만길 절벽이었다.

이 인연으로

선가귀감(禪家龜鑑)의 어행수탁(魚行水濁) 조비모락(鳥飛毛落),

즉 "고기가 헤엄치면 물이 흐리고 새가 나니 깃털이 떨어진다."

의 소식(消息)이 되었으면 좋겠다.

2020년 1월 15일.

寒照 辛興植 쓰다.

목차(目次)

[維摩講院 寒照 辛興植 譯書]

1. 무구정광대다라니경(無垢淨光大陀羅尼經), 2007.

2. 경허집(鏡虛集), 2014.

3. 불조직지심체요절(佛祖直指心體要節), 2015.

4. 법구경(法句經), 2015.

5. 노자도덕경(老子道德經). 2016.

6. 채근담(菜根譚). 2018.

[참고문헌(參考文獻)]

1. 寒山詩

木版本(元板覆刻)

著者: 寒山(唐). 閭丘胤(唐): 集. 釋: 文剛(元): 校.

舊刊記: 大德辛丑

(忠烈王 27年 西紀 1301年 檀紀 3634年)

松坡曺林命工침梓用廣流通

舊刊記: 杭州錢唐門裏車橋南大街郭宅紙鋪印行

刊寫地 刊寫者未詳 宣祖 7(1574).

跋: 歲甲戌 淮月軒人玉峯(白光勳)謹跋

2. 慈受深和尙擬寒山詩

[刊寫地未詳]: [刊寫者未詳]

序: 建炎四年(宋高宗 西元1130) 二月望日序

3. 寒山詩闡提記聞 / 釋慧鶴編著

[刊寫地未詳]: [刊寫者未詳], 延享3(1746)

4. 寒山詩集: 幷豐于拾得詩附 / 釋寒山

[刊寫地未詳]: [刊寫者未詳] 1928

[일러두기]

1. 한자(漢字)의 음(音)과 훈(訓)은 해당 부분에 맞게 적용하였다.

2. 번역의 편의를 위하여 부득이 작은따옴표 ' ' 로 추임새를 넣었다.

3. 평서문(平敍文)을 때로는 가정문(假定文)이나 의문문(疑問文)으로 번역
   하였다.

한산자시집서

寒山子詩集序

朝議大夫使持節 台州諸軍事守刺史
조 의 대 부 사 지 절　태 주 제 군 사 수 자 사

上柱國賜緋魚袋 閭丘胤 撰
상 주 국 사 비 어 대　여 구 윤　찬

詳夫寒山子者 不知何許人也 自古老見之
상 부 한 산 자 자　부 지 하 허 인 야　자 고 노 견 지

皆謂貧人風狂之士 隱居天台唐興縣
개 위 빈 인 풍 광 지 사　은 거 천 태 당 홍 현

西七十里 號為寒巖
서 칠 십 리　호 위 한 암

每於茲地 時還國清寺 寺有拾得 知食堂
매 어 자 지　시 환 국 청 사　사 유 습 득　지 식 당

尋常收貯餘殘菜滓於竹筒內
심 상 수 저 여 잔 채 재 어 죽 통 내

寒山子若來 即負而去 或長廊徐行
한 산 자 약 래　즉 부 이 거　혹 장 랑 서 행

叫喚快活 獨言獨笑 時僧遂捉罵打趁
규 환 쾌 활　독 언 독 소　시 승 수 착 매 타 진

乃駐立拊掌 呵呵大笑 良久而去
내 주 립 부 장　가 가 대 소　양 구 이 거

且狀如貧子 形貌枯悴 一言一話
차 상 여 빈 자　형 모 고 췌　일 언 일 화

理合其意 沈而思之 隱況道情
이 합 기 의　침 이 사 지　은 황 도 정

凡所啓言 洞該玄默 乃樺皮為冠 布裘破弊
범 소 계 언　통 해 현 묵　내 화 피 위 관　포 구 파 폐

木屐履地 是故至人遯迹
목 극 이 지　시 고 지 인 둔 적

同類化物 或長廊唱詠 唯言 咄哉咄哉
동 류 화 물　혹 장 랑 창 영　유 언　돌 재 돌 재

三界輪迴 或於村墅 與牧牛子而歌笑
삼 계 윤 회　혹 어 촌 서　여 목 우 자 이 가 소

或逆或順 自樂其性
혹 역 혹 순　자 락 기 성

非哲者安可識之矣 胤頃受丹丘薄宦 臨途之日
비 철 자 안 가 식 지 의　윤 경 수 단 구 박 환　임 도 지 일

乃縈頭痛 遂召日者醫治 轉重
내 영 두 통　수 소 일 자 의 치　전 중

乃遇一禪師 名豐干 言從天台山國清寺來
내 우 일 선 사　명 풍 간　언 종 천 태 산 국 청 사 래

特此相訪 乃命救疾
특 차 상 방　내 명 구 질

師乃舒容而笑曰 身居四大 病從幻生
사 내 서 용 이 소 왈 신 거 사 대 병 종 환 생

若欲除之 應須淨水 乃持淨水上師
약 욕 제 지 응 수 정 수 내 지 정 수 상 사

師嗅之 須臾祛殄 乃謂胤曰
사 손 지 수 유 거 진 내 위 윤 왈

台州海島嵐毒 到日必須保護
태 주 해 도 남 독 도 일 필 수 보 호

胤乃問曰 未審彼地 當有何賢 堪為師仰
윤 내 문 왈 미 심 피 지 당 유 하 현 감 위 사 앙

師曰 見之不識 識之不見 若欲見之
사 왈 견 지 불 식 식 지 불 견 약 욕 견 지

不得取相 乃可見之 寒山文殊
부 득 취 상 내 가 견 지 한 산 문 수

遁迹國清 拾得普賢 狀如貧子 又似風狂
둔 적 국 청 습 득 보 현 상 여 빈 자 우 사 풍 광

或去或來 在國清寺庫院
혹 거 혹 래 재 국 청 사 고 원

走使 廚中着火 言訖辭去 胤乃進途
주 사 주 중 착 화 언 흘 사 거 윤 내 진 도

至任台州 不忘其事 到任三日後
지 임 태 주 불 망 기 사 도 임 삼 일 후

親徃寺院 躬問禪宿 果合師言
친 왕 사 원 궁 문 선 숙 과 합 사 언

乃令勘唐興縣有寒山拾得是否 時縣申稱
내 령 감 당 흥 현 유 한 산 습 득 시 부 시 현 신 칭

當縣界西七十里內有一巖
당 현 계 서 칠 십 리 내 유 일 암

巖中古老見有貧士 頻往國清寺止宿
암 중 고 로 견 유 빈 사　빈 왕 국 청 사 지 숙

寺庫中有一行者 名曰拾得 胤乃特往禮拜
사 고 중 유 일 행 자　명 왈 습 득　윤 내 특 왕 예 배

到國清寺 乃問寺眾 此寺
도 국 청 사　내 문 사 중　차 사

先有豐干禪師 院在何處
선 유 풍 간 선 사　원 재 하 처

並拾得寒山子見在何處 時僧道翹答曰
병 습 득 한 산 자 견 재 하 처　시 승 도 교 답 왈

豐干禪師 院在經藏後 即今無人住得
풍 간 선 사　원 재 경 장 후　즉 금 무 인 주 득

每有一虎 時來此吼 寒山拾得二人
매 유 일 호　시 래 차 후　한 산 습 득 이 인

見在廚中 僧引胤至豐干禪師院
견 재 주 중　승 인 윤 지 풍 간 선 사 원

乃開房唯見虎跡 乃問僧寶德道翹
내 개 방 유 견 호 적　내 문 승 보 덕 도 교

禪師在日有何行業 僧曰
선 사 재 일 유 하 행 업　승 왈

豐干在日唯攻舂米供養 夜乃唱歌自樂
풍 간 재 일 유 공 용 미 공 양　야 내 창 가 자 락

遂至廚中 竈前見二人向火大笑 胤便禮拜
수 지 주 중　조 전 견 이 인 향 화 대 소　윤 편 예 배

二人連聲喝 胤自相把手 呵呵大笑
이 인 연 성 갈　윤 자 상 파 수　가 가 대 소

叫喚乃云 豐干饒舌饒舌 彌陀不識
규 환 내 운　풍 간 요 설 요 설　미 타 불 식

禮我何為 僧徒奔集 遞相驚訝
예 아 하 위　승 도 분 집　체 상 경 아

何故尊官禮二貧士 時二人乃把手走出寺
하 고 존 관 예 이 빈 사　시 이 인 내 파 수 주 출 사

乃令逐之 急走而去 即歸寒巖
내 령 축 지　급 주 이 거　즉 귀 한 암

胤乃重問僧曰 此二人肯止此寺否
윤 내 중 문 승 왈　차 이 인 긍 지 차 사 부

乃令覓房 喚歸寺安置 胤乃歸郡
내 령 멱 방　환 귀 사 안 치　윤 내 귀 군

遂製淨衣二對香藥等 特送供養
수 제 정 의 이 대 향 약 등　특 송 공 양

時二人更不返寺 使乃就巖送上
시 이 인 갱 불 반 사　사 내 취 암 송 상

而見寒山子 乃高聲喝曰 賊賊
이 견 한 산 자　내 고 성 갈 왈　적 적

退入巖穴 乃云 報汝諸人 各各努力
퇴 입 암 혈　내 운　보 여 제 인　각 각 노 력

入穴而去 其穴自合 莫可追之
입 혈 이 거　기 혈 자 합　막 가 추 지

其拾得跡沈無所 乃令僧道翹 尋其往日行狀
기 습 득 적 침 무 소　내 령 승 도 교　심 기 왕 일 행 장

唯於竹木石壁書詩
유 어 죽 목 석 벽 서 시

並村墅人家廳壁上 所書文句 三百餘首及
병 촌 서 인 가 청 벽 상　소 서 문 구　삼 백 여 수 급

拾得於土地堂壁上書言偈
습 득 어 토 지 당 벽 상 서 언 게

並纂集成卷 但胤棲心佛理 幸逢道人
병 찬 집 성 권　단 윤 서 심 불 리　행 봉 도 인

乃爲讚曰
내 위 찬 왈

菩薩遁迹　示同貧士　獨居寒山
보 살 둔 적　시 동 빈 사　독 거 한 산

自樂其志　貌悴形枯　布裘弊止　出言成章
자 락 기 지　모 췌 형 고　포 구 폐 지　출 언 성 장

諦實至理　凡人不測　謂風狂子
체 실 지 리　범 인 불 측　위 풍 광 자

時來天台　入國淸寺　徐步長廊　呵呵拊指
시 래 천 태　입 국 청 사　서 보 장 랑　가 가 부 지

或走或立　喃喃獨語　所食廚中
혹 주 혹 립　남 남 독 어　소 식 주 중

殘飯菜滓　吟偈悲哀　僧俗咄捶
잔 반 채 재　음 게 비 애　승 속 돌 추

都不動搖　時人自恥　作用自在
도 불 동 요　시 인 자 치　작 용 자 재

凡愚難値　卽出一言　頓袪塵累　是故國淸
범 우 난 치　즉 출 일 언　돈 거 진 루　시 고 국 청

圖寫儀軌　來劫供養　長爲弟子
도 사 의 궤　내 겁 공 양　장 위 제 자

昔居寒山　時來玆地　稽首文殊
석 거 한 산　시 래 자 지　계 수 문 수

寒山之士　南無普賢　拾得定是　聊申讚歎　願超生死
한 산 지 사　나 무 보 현　습 득 정 시　요 신 찬 탄　원 초 생 사

한산자(寒山子)1)는 상세하게 어떤 사람인지 알려지지 않는다. 옛날 노인(老人)들이 보고 모두 가난한 미치광이라 일렀는데 천태산(天台山) 당흥현(唐興縣) 서쪽 칠십 리에 은거(隱居)하며 호(號)를 한암(寒巖)이라 하고 매양 이곳 국청사(國淸寺)에 때로 돌아왔다.

국청사에는 습득(拾得)이 절 식당에서 일을 하고 있는데 평상시에 남은 음식 찌꺼기를 대나무 통에 담아두었다가 한산(寒山)이 오면 곧 짊어지고 가게 하였다. 한산은 혹 긴 낭하(廊下)를 천천히 걸으며 유쾌하게 큰 소리로 외치기도 하고 혼잣말을 하다가 홀로 웃곤 하였다. 때로는 절의 스님들에게 붙잡혀서 욕설을 듣고 매질을 당하며 쫓겨나기도 했는데 이내 한산은 멈추어 서서 손뼉을 치고 껄껄 크게 웃으며 한참 있다가 돌아가곤 하였다.

더욱이 모습은 거지와 같고 얼굴은 마르고 초췌한데 일언일화(一言一話)가 그 뜻이 이치(理致)에 부합되었으니 깊이 생각해 보면 도(道)에 대한 정황이 숨겨져 있었으며 대개 그의 말에서 나타내는 것도 현묘(玄妙)함이 갖추어져 있었다. 한산은 자작나무 껍질로 모자를 만들어 쓰고 헤진 누더기에 나막신을 질질 끌고 다녔다. 이는 지극(至極)한 사람이 자취를 감추며 사람들과 함께 어울리고 교화(敎化)하기 위함이었으리라.

---

1) 한산(寒山): 중국 당나라의 시인. 항상 천태 당흥현(唐興縣)의 서쪽 70 리에 있는 한암(寒巖)의 깊은 굴속에 있었으므로 한산이라 한다. 몸은 바싹 마르고 보기에 미친 사람 비슷한 짓을 하며 늘 국청사에 와서 습득(拾得)과 함께 대중이 먹고 남은 밥을 얻어서 대통에 넣어 가지고 둘이 서로 어울려 한산으로 돌아가곤 하였다. 미친 짓을 하면서도 하는 말은 불도의 이치에 맞으며 또 시를 잘하였다. 어느 날 태주 자사(台州刺史) 여구윤(閭丘胤)이 한암(寒巖)에 찾아가서 옷과 약 등을 주었더니 한산은 큰소리로 "도적놈아! 이 도적놈아! 물러가라."하면서 굴속으로 들어간 뒤에는 그 소식을 알 수 없었다 한다. 세상에서 한산·습득·풍간(豊干)을 3성(聖)이라 부르며 또 한산을 문수보살(文殊菩薩)의 재현(再現)이라 한다.

간혹 긴 낭하(廊下)에서 오직 말하기를 "쯧 쯧, 삼계(三界)는 윤회(輪廻)니라."고 하였다. 때로는 시골의 소치는 아이들과 어울려 노래하다 웃기도 하고 혹은 역(逆)으로 혹은 순(順)으로, 스스로 그 본성(本性)을 즐기는데 사리(事理)에 밝지 않은 자가 어찌 알 수 있겠는가?

윤(胤)이 '예전에' 단구(丹丘)의 관리를 제수 받아 임지로 출발할 즈음, 이내 두통(頭痛)으로 시달리다 드디어 의사를 불러 치료하였으나 고통이 더욱 심해졌다. 이에 한 선사(禪師)를 만나게 되었는데 이름을 풍간(豊干)이라 하고 천태산 국청사에서 왔다 하며 특별히 이렇게 방문하게 되었단다. 이내 명하여 병을 치료하라 하였더니 풍간선사가 얼굴을 펴고 웃으면서 말하기를 "몸은 지수화풍(地水火風)이 머물고 병(病)은 환(幻)을 쫓아 생긴 것이니 만약 병을 고치고 싶으면 마땅히 정수(淨水)가 필요하다."고 하였다. 이에 정수(淨水)를 가져다 풍간선사에게 올리니 선사가 이내 물을 입에 물고 훅 하고 뿜자, 잠시 만에 두통이 나아졌다. 이내 윤(胤)에게 일러 말하기를 "태주는 바닷가라서 기(氣)가 독(毒)하니 도착하는 대로 반드시 보호(保護)하도록 하라."고 하였다.

윤(胤)이 이에 "그곳에 마땅히 어떤 현자(賢者)가 계신지 스승으로 우러러도 좋을 만 한 분을 알지 못합니다."고 물으니 풍간선사가 "그분을 보게 되더라도 알아보지 못할 것이고 알아보았다 해도 제대로 보지 못할 것입니다. 만약 보고 싶으면 겉모습에 의미를 두지 말아야 볼 수 있습니다. 한산(寒山)은 문수보살(文殊菩薩)로 국청사에 자취를 숨긴 분이고 습득(拾得)은 보현보살(普賢菩薩)로 모습은 거지나 미치광이와 같고 혹 왔다가 혹은 가는데 국청사 부엌에서 심부름을 하며 아궁이에 불을 지피기도 합니다."라 말하고 인사가 끝나자마자 떠났다. 윤(胤)이 이에 길을 재촉해 태주(台州)에 부임하여 그 일을 잊지 않고 있다가 부임한지 삼일 후에 친히 국청사에 가서 몸소 스님들에게 합당한지 묻고 이내 당흥현에 한산(寒山)과 습득(拾得)이 있는지 가부(可否)를 알아보라 명하니 때에 당흥현에서 아뢰기를 "당흥현의 경계에서 칠 십리에 한 바위가 있는데 바위굴에 사는 가난한 스님이 자주 국청사에 가서 자고 오는 것을 노인들이 보았답니다. 절의 부엌에도 한 행자(行者)가 있는데 이름을 습득(拾得)이라 합니다."라고 하였다.

윤(胤)이 특별히 예불(禮佛)하려고 국청사에 이르러 이내 절의 대중에게 "이 절에 먼저 풍간(豊干)선사(禪師)가 절의 어느 곳에 계시는지? 아울러 습득(拾得)과 한산자(寒山子)를 어디서 볼 수 있느냐?"고 물으니 때에 도교(道翹)스님이 말하기를 "풍간(豊干) 선사(禪師)의 거처는 경장(經藏) 뒤에 있는데 곧 지금은 사는 사람이 없고 언젠가 한 마리 호랑이가 와 울었습니다. 한산(寒山)과 습득(拾得), 이 두 사람은 부엌에 가면 볼 수 있습니다."고 하였다. 그 스님은 나를 풍간선사의 거처까지 안내해 주었고 방을 열어보니 오직 호랑이 자취만 보였다. 이에 보덕(寶德)과 도교(道翹)스님에게 "풍간선사께서 여기 계실 때 어떠한 행업(行業)이 있었는지?" 물으니 스님이 말하기를 "풍간은 여기 계실 때 오직 방아를 찧어 쌀을 공양(供養)해 올리고 밤에는 노래를 부르며 스스로 즐거워했습니다."라고 하였다.

드디어 부엌에 이르니 부엌 앞에 두 사람이 불을 쬐며 크게 웃는 것이 보였다. 내가 문득 예배(禮拜)를 드리니 두 사람이 연달아 윤(胤)을 꾸짖고 서로 손을 잡고 깔깔대고 크게 웃으며 큰 소리로 이내 이르길 "풍간이 쓸데없는 농담을 하셨네. 아미타불(阿彌陀佛)

도 모르는 나에게 어찌 절을 하는 것이요?"라고 하였다. 스님들이 사방에서 모여 번갈아 서로 놀라며 "어찌된 연고로 높은 관리가 이 두 거지에게 절을 하는 것인지?" 의아해 하였다. 때에 두 사람이 이내 손을 잡고 절에서 달려 나가자 이에 하여금 쫓게 하였는데 급히 달아나 곧 한암(寒巖)으로 돌아가 버렸다.

내가 이내 거듭 스님에게 물어 말하기를 "이 두 사람이 이 절에 기꺼이 머물게 할 수 없겠습니까?"하여 이에 방(房)을 준비하고 절에 돌아와 머물 수 있도록 하였다. 나는 군(郡)으로 돌아와 드디어 정의(淨衣) 두벌에 향(香)과 약(藥)등을 마련하여 특별히 공양(供養)을 보냈으나 때에 두 사람이 다시 국청사로 돌아오지 않는다 하여 하여금 한암으로 보냈더니 이를 한산자(寒山子)가 보고 큰 소리로 악! 하고 말하길 "도적놈아, 이 도적놈아!"라고 하였단다. 물러나 바위굴로 들어가며 이내 이르길 "너의 여러 사람들에게 알리노니 각각 노력하여라."하고 굴속으로 들어가자 그 굴이 저절로 닫혀 따라갈 수 없었고 그런 일 후에 습득(拾得)도 사라져 자취를 알 수 없게 되었다. 이에 스님 도교(道翹)로 하여금 그들의 지난날의 행장(行狀)과 오직 죽간(竹簡)과 나무, 석벽(石壁)에 쓴 시(詩)와 아울러 시골 인가(人家)의 대청이나 벽 위에 써 놓은 문구(文句), 삼백여수 및 습득(拾得)이 토지신(土地神)의 당벽(堂壁) 위에 쓴 게(偈) 등을 아울러 편집(編輯)하게 하여 책을 만드니 다만 윤(胤)의 마음에 부처님의 교리(敎理)가 깃들어 있어서 다행히 도인(道人)을 만날 수 있었으리라.

이를 찬(讚)하여 말하길
보살(菩薩)의 숨은 자취를 거지의 모습으로 보여주고 홀로 한산

(寒山)에 살며 스스로 그 뜻을 즐기고 있었다. 모습은 초췌하게 마르고 입은 옷은 남루하나 하는 말은 문장(文章)을 이루고 실로 지극한 이치(理致)를 깨쳤으니 보통 사람은 헤아리지 못하고 되레 미친 사람이라고 하였다. 때로 천태산 국청사에 들어와 천천히 긴 회랑을 걸으며 껄껄 웃다가 손뼉을 치고 혹 달리다, 혹은 서서, 혼자 중얼거리곤 하였단다. 먹는 것은 부엌의 먹고 남은 밥이나 나물 찌꺼기이며 읊은 게(偈)는 슬프고 애달팠다. 스님과 속인(俗人)들이 욕하고 때려도 도무지 흔들리지 않아 때의 사람들도 절로 부끄러워 할 만큼 행위가 자유자재(自由自在)하였다니 평범하고 어리석은 사람으로서는 알기 어려웠다. 곧 한마디 말로 속된 티끌을 떨쳐버리니 이런 연고로 국청사 의궤(儀軌)에 그림으로 그려 공양(供養)을 드리게 하고 길이 제자(弟子)가 되었다. 옛날 한산(寒山)에 살고, 때에 이 땅에 오시어 문수보살(文殊菩薩)의 화신(化身)이신 한산사(寒山士)에게 머리를 조아려 절하고, 보현(普賢)의 화신(化身)이신 습득(拾得)에게 정녕 이렇게 귀의(歸依)하나이다. 거듭 찬탄함에 힘입어 생사(生死)를 초월(超越)하기를 발원(發願)합니다.

둔(遯): 달아날둔. 췌(悴): 파리할췌. 구(裘): 가죽옷구. 폐(弊): 해질폐.
체(諦): 살필체. 측(測): 헤아릴측. 가(呵): 꾸짖을가. 부(拊): 어루만질부.
남(喃): 재잘거릴남. 주(廚): 부엌주. 돌(咄): 꾸짖을돌. 추(捶): 채찍추.
요(搖): 흔들릴요. 치(値): 값치. 돈(頓): 조아릴돈. 거(祛): 떨어없앨거.
궤(軌): 법궤. 겁(劫): 위협할겁. 계(稽): 머무를계. 요(聊): 힘입을요.
비(緋): 붉은비단비.

朝議大夫 使持節 台州諸軍事守刺史
조 의 대 부　사 지 절　태 주 제 군 사 수 자 사

上柱國 賜緋魚袋 閭丘胤 撰
상 주 국　사 비 어 대　여 구 윤　찬

한산시
寒山詩

* 오언(五言).

001.

凡讀我詩者 心中須護淨 慳貪繼日廉 諂曲登時正
범 독 아 시 자　심 중 수 호 정　간 탐 계 일 렴　첨 곡 등 시 정

驅遣除惡業 歸依受眞性 今日得佛身 急急如律令
구 견 제 악 업　귀 의 수 진 성　금 일 득 불 신　급 급 여 율 령

호(護): 보호할호. 간(慳): 아낄간. 계(繼): 이을계. 렴(廉): 청렴할렴.
첨(諂): 아첨할첨. 구(驅): 몰구. 견(遣): 보낼견.

무릇 내 시(詩)를 읽는 이여!
마음이 모름지기 깨끗이 되리.
탐욕(貪慾)이 날마다 청렴(淸廉)해지고
아첨(阿諂)은 즉시(卽時) 바르게 되리.
악업(惡業)을 몰아내고 제거하며
불법(佛法)에 귀의하여 진성(眞性)2)을 수용하리니.

금생(今生)에 부처님 몸 이루도록
서둘러 율령(律令)대로 따르라.

002.

重巖我卜居　鳥道絶人迹　庭際何所有　白雲抱幽石
중 암 아 복 거　조 도 절 인 적　정 제 하 소 유　백 운 포 유 석

住茲凡幾年　屢見春冬易　寄語鐘鼎家　虛名定無益
주 자 범 기 년　누 견 춘 동 역　기 어 종 정 가　허 명 정 무 익

적(迹): 자취적. 누(屢): 여러누.

층층(層層)의 바위굴이 내가 사는 곳
새들의 길로 인적(人迹)은 끊겼네.
뜰에 무엇이 있다던가?
흰 구름이 그윽하게 돌을 감싸네.
여기 머문 지 무릇 몇 해 이던가?
여러 번 봄 겨울이 바뀌는 걸 보았네.
종정가(鍾鼎家)3)에게 말을 붙이나니
헛된 이름, 진정 무익(無益)한 것이오.

---

2) 진성(眞性): 사물(事物)이나 현상(現狀)의 있는 그대로의 성질(性質).
3) 종정가(鍾鼎家): 주(周)나라 때에 공신(功臣)의 이름을 새겨 넣었던 종과 솥.

003.

可笑寒山道　而無車馬蹤　聯谿難記曲　疊嶂不知重
가 소 한 산 도　이 무 거 마 종　연 계 난 기 곡　첩 장 부 지 중

泣露千般草　吟風一樣松　此時迷徑處　形問影何從
읍 로 천 반 초　음 풍 일 양 송　차 시 미 경 처　형 문 영 하 종

종(蹤): 자취종. 연(聯): 잇달연. 첩(疊): 겹쳐질첩.

장(嶂): 높고가파른산장. 로(露): 이슬로. 양(樣): 모양양.

우습다. 한산(寒山) 길이여!

수레나 말의 자취가 없네.

시내는 몇 굽이인지 기억하기 어렵고

첩첩의 산봉우리 몇 겹인지 모르네.

풀잎마다 이슬 맺히고

바람이 한결같은 양상(樣相)으로 소나무를 울리네.

여기 길 잃고 헤매고 있나니

몸이 그림자에게, 어디로 가야할지를 묻네.

004.

吾家好隱淪　居處絶囂塵　踐草成三徑　瞻雲作四鄰
오 가 호 은 륜　거 처 절 효 진　천 초 성 삼 경　첨 운 작 사 린

助歌聲有鳥　問法語無人　今日娑婆樹　幾年為一春
조 가 성 유 조　문 법 어 무 인　금 일 사 바 수　기 년 위 일 춘

륜(淪): 잠길륜. 효(囂): 시끄러울효. 천(踐): 밟을천. 첨(瞻): 볼첨.

린(鄰): 이웃린. 사(娑): 춤출사.

내 집은 숨어 살기 좋으니

사는 곳, 시끄러운 세상과 막혔네.

밟힌 풀밭에 지름길 세 갈래 나고

바라보이는 구름은 사방으로 이웃이네.

노래 소리에 새가 화음(和音)을 넣고

법(法)을 묻거나 따지려는 사람은 없네.

오늘 사바(娑婆)4)의 나무여!

몇 해를 한 봄으로 여기는가?

005.

琴書須自隨　祿位用何爲　投輦從賢婦　巾車有孝兒
금 서 수 자 수　녹 위 용 하 위　투 련 종 현 부　건 거 유 효 아

風吹曝麥地　水溢沃魚池　常念鷦鷯鳥　安身在一枝
풍 취 폭 맥 지　수 일 옥 어 지　상 념 초 료 조　안 신 재 일 지

수(隨): 따를수. 녹(祿): 복녹. 련(輦): 손수레련. 폭(曝): 햇볕쪼일폭.

일(溢): 넘칠일. 옥(沃): 물댈옥. 초(鷦): 뱁새초. 료(鷯): 굴뚝새료.

거문고와 책을 기꺼이 따르는데

녹(祿)과 지위(地位)를 어디에 쓰겠는가?

어진 아내의 뜻에 따라 연(輦)5)을 버리고

---

4) 바(婆): 음역(音譯)으로 실담오십자문(悉曇五十字門)의 하나. 범어(梵語)의 경우 대
승 불교의 전파와 함께 한반도에 유입되어 주로 불교 용어에 불번어(不飜語) 전통
속에서 한자화(漢字化)된 음차어(音借語)이다.
5) 투련(投輦): 초왕(楚王)이 자종(子終)을 정승으로 삼으려 했으나 아내의 권유로 출
사(出 仕)하지 않았다는 고사(故事).

수레를[6] 꾸며주는 효자(孝子)가 있다네.

보리 말리는 마당에 바람이 불고

살찐 고기가 노는 연못에 물이 넘치네.

항상 생각해도 뱁새와 굴뚝새에게

몸을 쉬는데, 다만 가지 하나면 족한 것을...

006.

弟兄同五郡　父子本三州　欲驗飛鳬集　須旌白兎遊
제 형 동 오 군　부 자 본 삼 주　욕 험 비 부 집　수 정 백 토 유

靈瓜夢裏受　神橘座中收　鄕國何迢遞　同魚寄水流
영 과 몽 리 수　신 귤 좌 중 수　향 국 하 초 체　동 어 기 수 류

부(鳬): 오리부. 초(迢): 멀초. 체(遞): 번갈아전할체.

형제는 오군(五郡)을 함께 다스리고

부자는 삼주(三州)를 근본으로 삼네.

'왕교(王喬)'는 비부(飛鳬)[7]를 타고 다니고

깃발을 휘두르며 백토(白兎)[8]와 노니네.

한명제(漢明帝)[9]는 꿈속에서 영과(靈瓜)[10]를 얻고

---

6) 건거(巾車): 도연명의 아들이 베로 막(幕)을 친 수레로 모셨다는 효(孝)의 고사(故
　事)로 소박한 정성(精誠)으로 효(孝)를 비유함.
7) 비부(飛鳬): 후한의 왕교(王喬)가 매월 1일과 15일에 입궐할 때, 타고 온 수레의 자취
　가 없었는데 나중에 알고 보니 오리 두 마리를 타고 다닌 데서 유래한 고사(故事)이다.
8) 백토(白兎): 신선의 이름으로 팽조(彭祖)의 제자라 한다.
9) 한명제(漢明帝): 유장(劉莊). 후한의 황제(재위, 57~75). 초명은 양(陽)이다. 광무제
　(光武帝)의 넷째 아들로, 아버지의 뒤를 이어 한나라 회복 사업을 공고히 했다.
10) 영과(靈瓜): 공동영과(崆峒靈瓜)로 백겁(百劫)에 한 번 열매 맺는다 하는데 서왕모
　(西王母)가 이 땅에 전하였다고 한다.

주목왕(周穆王)11)은 앉은자리서 신귤(神橘)12)을 거뒀네.

고향(故鄉)이 어찌 아득하던가?

고기와 물 흐르는 대로 맡기리라.

* 延享 3(1746) 본의 주석(註釋)에

오군(五郡): 안이비설신(眼耳鼻舌身). 전오식(前五識).

본삼주(本三州): 법신(法臣)·반야(般若)·해탈(解脫).

007.

一爲書劍客　三遇聖明君　東守文不賞　西征武不勳

일 위 서 검 객　삼 우 성 명 군　동 수 문 불 상　서 정 무 불 훈

學文兼學武　學武兼學文　今日旣老矣　餘生不足云

학 문 겸 학 무　학 무 겸 학 문　금 일 기 노 의　여 생 부 족 운

한결같이 글과 검(劍)을 배우며

다음에 거룩하고 현명한 임금을 만났네.

관직을 지키며 문장(文章)으로 상(賞)을 받지 못했고

전장에 나가 무공(武功)으로 공훈(功勳)을 세우지 못했네.

문(文)을 배우며 겸하여 무(武)를 익히고

무(武)를 익히고 겸하여 문(文)을 배웠네.

오늘 이미 늙었나니

---

11) 주목왕(周穆王): 서주(西周)의 국군(國君). 성은 희(姬)씨고, 이름은 만(滿)이다. 소
　왕(昭王)의 아들로 일찍이 서쪽으로 견융(犬戎)을 쳐서 5왕을 사로잡고, 도읍을
　태원(太原)으로 옮겼다.

12) 신귤(神橘): 서왕모(西王母)가 주(周) 목왕(穆王)에게 주었다 하며 그 향기는 몇
　리를 풍겼다 한다.

남은 인생 모자란들, 일러 무엇 하겠는가?

008.

莊子說送終 天地爲棺槨 吾歸此有時 唯須一番箔
장 자 설 송 종　천 지 위 관 곽　오 귀 차 유 시　유 수 일 번 박

死將餧靑蠅 弔不勞白鶴 餓着首陽山 生廉死亦樂
사 장 위 청 승　조 불 노 백 학　아 착 수 양 산　생 렴 사 역 락

박(箔): 발박. 위(餧): 먹을위. 승(蠅): 파리승. 조(弔): 조상할조.

장자(莊子)13)는 임종(臨終)에 이르러 말하길

"하늘과 땅을 관(棺)으로 삼는다."했나니

내가 죽어서 이런 때가 되면

오직 거적으로 한 번 싸게나.

죽어서 장차 쉬파리의 먹이가 될지언정

조상(弔喪)으로 백학(白鶴)14)을 괴롭히지 않으리라.

굶어 주림이 수양산(首陽山)15)에 다다랐고

살아서 청렴하였거니, 죽음 또한 즐기리라.

---

13) 장자(莊子): 전국시대(戰國時代)의 사상가 이름은 주(周). 저서 장자(莊子)를 남화
진경(南華眞經)이라고도 한다. 내편(內編) 7, 외편(外編) 15, 잡편(雜編) 11로 모두
33편이다. 내편은 장자가 저술한 것으로, 외편과 잡편은 후학(後學)에 의해 저술된
것으로 추측된다. 노자와의 절충이나 다른 사상과의 교류 등을 엿볼 수 있다. 장자
는 우언우화(寓言寓話)로 엮어졌는데, 우주본체(宇宙本體)의 근원(根源), 물화현상
(物化現象)을 설명하였고, 현실세계의 지자(知者)를 경멸하기도 하였다.

14) 백학(白鶴): 신선이 되어 학을 타고 하늘로 오른다는 신선술(神仙術)을 빗대어 이름.

15) 수양산(首陽山): 고죽군(孤竹君)의 두 아들, 백이(伯夷)와 숙제(叔齊)가 수양산(首
陽山)에 들어가 푸성귀를 뜯어먹고 살다 굶어 죽었다는 산.

009.

人間寒山道 寒山路不通 夏天冰未釋 日出霧朦朧
인 문 한 산 도　한 산 로 불 통　하 천 빙 미 석　일 출 무 몽 롱

似我何由屆 與君心不同 君心若似我 還得到其中
사 아 하 유 계　여 군 심 부 동　군 심 약 사 아　환 득 도 기 중

계(屆): 이를계.

누가 한산 길을 물으면
한산 길, 통하지 않는다 하리.
한여름에도 얼음이 녹지 않고
해가 떠도 안개가 자욱하다네.
나 같으면 어찌 이르겠지만
나와 그대는 마음이 같지 않으리.
그대 마음이 만약 나와 같다면
산중(山中)으로 돌아가는 길을 얻게 되리.

010.

天生百尺樹 剪作長條木 可惜棟梁材 抛之在幽谷
천 생 백 척 수　전 작 장 조 목　가 석 동 량 재　포 지 재 유 곡

年多心尚勁 日久皮漸禿 識者取將來 猶堪拄馬屋
연 다 심 상 경　일 구 피 점 독　식 자 취 장 래　유 감 주 마 옥

전(剪): 자를전. 포(抛): 던질포. 독(禿): 벗어질독.

하늘이 백 척의 나무를 기르는 것은

자르고 다듬어 큰 재목(材木)을 만들고자 함이네.

아깝다. 동량(棟梁)의 재목이여!

깊은 골짜기에 버려져 있네.

나이 많아도 심지(心地)는 오히려 굳센데

해가 묵으니 피부가 점점 벗겨지네.

알아보는 자가 장차 '재목'을 가져가면

오히려 마구간 기둥감이라도 되련만...

011.

驅馬度荒城　荒城動客情　高低舊雉堞　大小古墳塋
구 마 도 황 성　황 성 동 객 정　고 저 구 치 첩　대 소 고 분 영

自振孤蓬影　長凝拱木聲　所嗟皆俗骨　仙史更無名
자 진 고 봉 영　장 응 공 목 성　소 차 개 속 골　선 사 갱 무 명

치(雉): 꿩치. 첩(堞): 성가퀴첩. 분(墳): 무덤분. 영(塋): 무덤영.

응(凝): 엉길응. 공(拱): 두손맞잡을공.

말을 몰고 거친 성을 지나는데

거친 성이 나그네의 감정을 움직이네.

높고 낮게 허물어진 묵은 성채(城寨)에

크고 작은 옛 무덤이네.

스스로 외로운 쑥 그림자를 흔 드니

길게 나뭇가지 부딪히는 소리와 엉키네.

슬프다! 모두 속물(俗物)뿐이던가?

선사(仙史)에는 다시 이름을 찾을 수 없네.

012.

鸚鵡宅西國 虞羅捕得歸 美人朝夕弄 出入在庭幃
앵무택서국　우라포득귀　미인조석롱　출입재정위

賜以金籠貯 扃哉損羽衣 不如鴻與鵠 颻颺入雲飛
사이금롱저　경재손우의　불여홍여곡　요양입운비

앵(鸚): 앵무새앵. 무(鵡): 앵무새무. 우(虞): 헤아릴우.

위(幃): 휘장위. 저(貯): 쌓을저. 경(扃): 문빗장경.

홍(鴻): 큰기러기홍. 곡(鵠): 고니곡. 요(颻): 질풍요. 양(颺): 날릴양.

앵무(鸚鵡)는 집이 서쪽 인데

우인(虞人)16)의 그물에 잡히었네.

미인이 아침저녁으로 희롱하는데

기껏 들고 날아야 뜰에 친 휘장 속이네.

황금 새장에 먹이를 쌓아 놓고 주건만

문빗장이 날개짓을 다치게 하네.

기러기와 저 고니가

바람타고 구름 속을 나는 것만 같겠는가?

013.

玉堂掛珠簾 中有嬋娟子 其貌勝神仙 容華若桃李
옥당괘주렴　중유선연자　기모승신선　용화약도리

東家春霧合 西舍秋風起 更過三十年 還成甘蔗滓
동가춘무합　서사추풍기　갱과삼십년　환성감자재

---

16) 우라(虞羅): 우인(虞人)의 새 그물. 우인은 옛날 산림천택(山林川澤)에 관한 일을
　　맡아 보던 역인.

선(嬋): 고울선. 연(娟): 예쁠연. 자(蔗): 사탕수수자. 재(滓): 앙금재.

옥당(玉堂)17)의 주렴(珠簾)을 걸고
그 안에 앉아 있는 어여쁜 낭자(娘子).
그 모습, 선녀(仙女)보다도 아름답고
용모(容貌)는 화사(華奢)하기가 복사꽃 오얏꽃 같네.
동쪽 집에 봄 안개 자욱하나 했더니
서쪽 집에 가을바람이 이네.
다시 삼십년이 훌쩍 지나갔는데
도로 단물 빠진 사탕수수 찌꺼기가 되었네.

014.

城中蛾眉女　珠珮珂珊珊　鸚鵡花前弄　琵琶月下彈
성 중 아 미 녀　주 패 가 산 산　앵 무 화 전 롱　비 파 월 하 탄

長歌三月響　短舞萬人看　未必長如此　芙蓉不耐寒
장 가 삼 월 향　단 무 만 인 간　미 필 장 여 차　부 용 불 내 한

아(蛾): 나방아. 패(珮): 찰패. 가(珂): 옥돌가. 산(珊): 산호산.
비(琵): 비파비. 파(琶): 비파파. 향(響): 울림향.
미필(未必): 반드시 …한 것은 아니다.

성중(城中)에 고운 여인들
진주(珍珠) 장식에 서로 쟁그랑 부딪히는 소리여!

_____

17) 옥당(玉堂): 부귀한 집.

앵무새를 꽃 앞에서 희롱하고
비파를 달빛 아래서 타네.
긴 노래 삼월 꽃바람에 울리는데
단무(短舞)를 만인(萬人)이 바라보네.
꼭, 길이 이와 같을 수만은 없는데
부용(芙蓉)은 추위를 견디지 못한다오.

015.

父母續經多　田園不羨他　婦搖機軋軋　兒弄口嗗嗗
부 모 속 경 다　전 원 불 선 타　부 요 기 알 알　아 롱 구 과 과

拍手催花舞　搘頤聽鳥歌　誰當來嘆賀　樵客累經過
박 수 최 화 무　지 이 청 조 가　수 당 내 탄 하　초 객 누 경 과

선(羨): 부러워할선. 요(搖): 흔들릴요. 알(軋): 삐꺽거릴알.
과(嗗): 응하는소리과. 지(搘): 버틸지. 이(頤): 턱이.

부모에게 받은 재산(財産)이 많아
토지와 밭이 남 부럽지 않네.
아내의 찰칵찰칵 베 짜는 소리에
아이들 희롱하며 깔깔대네.
박수치며 꽃 피기를 재촉하며 춤추고
턱을 괴고 새 노래를 듣는다.
누가 마땅히 축하해 주러 오려는지?
나무꾼만 자주 지날 뿐이네.

016.

家住綠巖下 庭蕪更不芟 新藤垂繚繞 古石竪巉岩
가 주 녹 암 하　정 무 갱 불 삼　신 등 수 요 요　고 석 수 참 암

山果獼猴摘 池魚白鷺銜 仙書一兩卷 樹下讀喃喃
산 과 미 후 적　지 어 백 로 함　선 서 일 양 권　수 하 독 남 남

무(蕪): 거칠어질무. 삼(芟): 벨삼. 요(繚): 감길요. 요(繞): 둘릴요.

수(竪): 세울수. 참(巉): 가파를참. 미(獼): 원숭이미. 후(猴): 원숭이후.

적(摘): 딸적. 로(鷺): 해오라기로. 함(銜): 머금을함. 남(喃): 재잘거릴남.

내 집이 푸른 바위아래 있는데

뜰에 풀이 거칠어져도 다시 깎지를 않네.

새로 돋아난 등 넝쿨이 엉켜 늘어지고

묵은 돌이 가파르게 솟았네.

산에 과일은 원숭이가 따 먹고

못의 고기는 백로가 머금네.

선서(仙書) 한두 권 가졌나니

나무 아래서 중얼거리며 읽누나.

017.

四時無止息 年去又年來 萬物有代謝 九天無朽摧
사 시 무 지 식　연 거 우 연 래　만 물 유 대 사　구 천 무 후 최

東明又西暗 花落復花開 唯有黃泉客 冥冥去不回
동 명 우 서 암　화 락 부 화 개　유 유 황 천 객　명 명 거 불 회

후(朽): 썩을후. 최(摧): 꺾을최.

춘하추동(春夏秋冬)은 쉬지 않나니
해는 갔다가 또 해가 오네.
만물(萬物)이 순환(巡還)을 이루는데
온 세상, 변함이 없네.
동쪽이 밝아오면 서쪽이 어둡고
꽃은 졌다가 다시 피누나.
오직 황천으로 간사람
아득하니 가서 돌아올 줄 모르네.

018.

歲去換愁年　春來物色鮮　山花笑綠水　巖樹舞青煙
세 거 환 수 년　춘 래 물 색 선　산 화 소 녹 수　암 수 무 청 연

蜂蝶自云樂　禽魚更可憐　朋游情未已　徹曉不能眠
봉 접 자 운 락　금 어 갱 가 련　붕 류 정 미 이　철 효 불 능 면

해가 가며 묵은 시름도 바뀌고
봄이 오니 사물(事物)의 빛이 선명(鮮明)하네.
산꽃은 푸른 물에 비쳐서 웃고
바위결의 나무는 푸른 안개 속에 춤추네.
벌 나비도 절로 즐거워하나니
새와 고기도 다시 사랑을 나누네.
벗과 놀이에 미련을 이기지 못하고
새벽까지 잠 못 이루네.

019.

手筆太縱橫　身才極瓌瑋　生爲有限身　死作無名鬼
수 필 태 종 횡　신 재 극 괴 위　생 위 유 한 신　사 작 무 명 귀

自古如此多　君今爭奈何　可來白雲裏　教爾紫芝歌
자 고 여 차 다　군 금 쟁 내 하　가 래 백 운 리　교 이 자 지 가

붓을 들면 종횡무진(縱橫無盡)하고
지닌 재주, 지극히 뛰어나다네.
삶은 유한(有限)한 몸인데
죽어서 이름 없는 귀신이 되리라.
예부터 이와 같은 일, 허다하건만
그대는 지금 어찌 다투려 하는가?
오라, 여기 흰 구름 속으로
그대에게 자지가(紫芝歌)18)를 가르쳐주리라.

020.

欲得安身處　寒山可長保　微風吹幽松　近聽聲愈好
욕 득 안 신 처　한 산 가 장 보　미 풍 취 유 송　근 청 성 유 호

下有斑白人　喃喃讀黃老　十年歸不得　忘却來時道
하 유 반 백 인　남 남 독 황 로　십 년 귀 부 득　망 각 내 시 도

이 몸 편히 쉴 곳을 얻고 싶다면
한산(寒山)이 길이 보전(保全)해 주리.
미풍(微風)이 그윽한 소나무에 부나니

---

18) 자지가(紫芝歌): 상산사호(商山四皓)가 진(秦)의 난리를 피하여 남전산(藍田山)에
　　들어가 살며 지은 노래. '자지(紫芝)'는 '지치 또는 자줏빛 버섯'임.

가까이 듣자니 소리 더욱 좋구나.
그 아래 백발(白髮)의 노인(老人)이
중얼거리며 도덕경(道德經)을 읽네.
십년동안 돌아가지 않았나니
올 때의 길을 까맣게 잊었다오.

021.

俊傑馬上郎 揮鞭指柳楊 謂言無死日 終不作梯航
준 걸 마 상 랑　휘 편 지 유 양　위 언 무 사 일　종 불 작 제 항

四運花自好 一朝成萎黃 醍醐與石蜜 至死不能嘗
사 운 화 자 호　일 조 성 위 황　제 호 여 석 밀　지 사 불 능 상

제(梯): 사다리제. 위(萎): 시들어병들위.

뛰어난 말 위의 사나이
채찍을 휘두르며 버드나무를 가리키네.
일러 말하길 "죽는 날이 없으리라고."
끝내 사다리와 배를 만들지 않네.
사계절을 따라 꽃은 스스로 예쁘건만
하루아침에 병들고 시들어 버리네.
제호(醍醐)[19]와 석밀(石蜜)[20]의 훌륭한 맛을
죽을 때까지 능히 맛보지 못하리라.

---

19) 제호(醍醐): 고대에 우유에서 정제한 최상급의 음료.
20) 석밀(石蜜): 석청(石淸), 산속의 나무나 돌 사이에 벌이 모아 놓은 질이 좋은 꿀.

022.

有一餐霞子 其居諱俗游 論時實蕭爽 在夏亦如秋
유 일 찬 하 자　기 거 휘 속 유　논 시 실 소 상　재 하 역 여 추

幽澗常瀝瀝 高松風颼颼 其中半日坐 忘却百年愁
유 간 상 역 력　고 송 풍 수 수　기 중 반 일 좌　망 각 백 년 수

찬(餐): 먹을찬. 휘(諱): 꺼릴휘. 역(瀝): 거를역.력. 수(颼): 바람소리수.

안개 마시며 사는 이 있나니
그의 삶, 세속(世俗)과 어울리는 것을 꺼리네.
시절(時節)을 논(論)하면 실로 상쾌하여
여름 속에 있어도 가을 같다네.
그윽한 시내는 항상 졸졸 흐르고
높은 소나무엔 바람이 솔솔 부네.
그 속에 반나절만 앉아 있어도
백년 시름을 까맣게 잊게 된다오.

023.

妾在邯鄲住 歌聲亦抑揚 賴我安居處 此曲舊來長
첩 재 한 단 주　가 성 역 억 양　뇌 아 안 거 처　차 곡 구 래 장

既醉莫言歸 留連日未央 兒家寢宿處 繡被滿銀床
기 취 막 언 귀　유 련 일 미 앙　아 가 침 숙 처　수 피 만 은 상

뇌(賴): 힘입을뇌. 수(繡): 수놓을수.

첩(妾)이 한단(邯鄲)[21]에 사는데

노랫소리 또한 뛰어나네.

내 믿고 편안히 머무는 곳

이 가락 예부터 이어오네.

이미 취했나니 돌아간다 말하지 말게

객지에 머문 지 아직 얼마 되지 않았다네.

우리 아이가 잠자는 곳

비단 이불이 침상에 가득하네.

024.

快搒三翼舟　善乘千里馬　莫能造我家　謂言最幽野
쾌 방 삼 익 주　선 승 천 리 마　막 능 조 아 가　위 언 최 유 야

巖岫深嶂中　雲雷竟日下　自非孔丘公　無能相救者
암 수 심 장 중　운 뢰 경 일 하　자 비 공 구 공　무 능 상 구 자

방(搒): 배저을방. 수(岫): 산굴수. 장(嶂): 높고가파른산장.
경(竟): 다할경. 뢰(雷): 우레뢰.

삼익주(三翼舟)[22]를 빠르게 젓고

천리마(千里馬)를 잘 탄다 해도

능히 내 집과 같이 지을 수 없을 것이니

이르자면 가장 그윽하고 거친 곳이라네.

바위 너덜이 깊고 가파른 산속

21) 한단(邯鄲): 전국시대(戰國時代) 조(趙)나라 서울. 한단에서 꾼 꿈이라는 뜻으로,
　　인생(人生)의 부귀영화(富貴榮華)는 일장춘몽과 같이 허무(虛無)함을 이르는 말.
22) 삼익주(三翼舟): 세 개의 날개가 달린 가볍고 빠른 배.

자욱한 구름은 온종일 천둥을 치네.
스스로 공자님[23]이 아닐 터인데
능히 서로 구할 수 없으리라.

025.

智者君抛我　愚者我抛君　非愚亦非智　從此斷相聞
지 자 군 포 아　우 자 아 포 군　비 우 역 비 지　종 차 단 상 문

入夜歌明月　侵晨舞白雲　焉能住口手　端坐鬢紛紛
입 야 가 명 월　침 신 무 백 운　언 능 주 구 수　단 좌 빈 분 분

포(抛): 던질포. 빈(鬢): 귀밑털빈.

지혜로운 자는 그대 '정신'이 나, '몸뚱이'를 버리지만
어리석은 자는 내 '몸뚱이'가 그대 '정신'을 버리네.
어리석지도 않고 또한 지혜로운 것도 아니면
이를 쫓아 서로 소식이 끊어진다네.
밤이면 밝은 달 아래 노래 부르고
새벽에는 흰 구름 속에 춤추네.
어찌하면 능히 입과 손을 모은 채
귀밑머리 날리며 단정이 좌선(坐禪)을 하게 되려는지?

* 군포아(君抛我): 여기서 그대는 정신. 나는 몸뚱이를 이름. 정신이
  몸뚱이를 따르지 않음.
* 아포군(我抛君): 몸뚱이가 정신을 버림. 즉 몸뚱이가 정신을 그르침.

---

23) 공구(孔丘): 유교(儒敎)의 시조(始祖), 공자(孔子)의 이름.

026.

有鳥五色文 棲桐食竹實 徐動合禮儀 和鳴中音律
유 조 오 색 문　서 동 식 죽 실　서 동 합 예 의　화 명 중 음 률

昨來何以至 為吾暫時出 儻聞絃歌聲 作舞欣今日
작 래 하 이 지　위 오 잠 시 출　당 문 현 가 성　작 무 흔 금 일

서(棲): 깃들일서. 당(儻): 갑자기당.

새 한 마리 오색(五色)[24] 문채(文彩)를 지니고
오동(梧桐) 나무에 깃들여 죽실(竹實)을 먹네.
조용한 몸가짐은 예의(禮儀)에 부합되고
온화하게 우는 소리, 음률(音律)에 맞네.
어제 무슨 까닭으로 여기에 와
나를 위해 잠시 나타난 것인가?
갑자기 거문고와 노랫소리 들리니
흐뭇하게 오늘을 춤추리라.

027.

茅棟野人居 門前車馬疏 林幽偏聚鳥 谿闊本藏魚
모 동 야 인 거　문 전 거 마 소　임 유 편 취 조　계 활 본 장 어

山果攜兒摘 皐田共婦鋤 家中何所有 唯有一床書
산 과 휴 아 적　고 전 공 부 서　가 중 하 소 유　유 유 일 상 서

휴(攜): 끌휴. 편(偏): 치우칠편.

---

24) 오색(五色): 청(靑)·황(黃)·적(赤)·백(白)·흑(黑).

띠 집에서 야인(野人)으로 사는데
문 앞에 거마(車馬)의 자취 드므네.
숲이 그윽해 새들이 무리지어 모이고
시내가 넓어 고기가 숨을만한 터이네.
산의 과일은 아이를 이끌며 따 먹고
물가의 밭은 아내와 함께 가꾸네.
집안에 무엇을 가지고 있는가?
오직 한상의 책이 있을 뿐이네.

028.

登陟寒山道　寒山路不窮　谿長石磊磊　澗闊草濛濛
등 척 한 산 도　한 산 로 불 궁　계 장 석 뇌 뢰　간 활 초 몽 몽

苔滑非關雨　松鳴不假風　誰能超世累　共坐白雲中
태 활 비 관 우　송 명 불 가 풍　수 능 초 세 루　공 좌 백 운 중

척(陟): 오를척. 뇌(磊): 돌무더기뇌.

한산 길 오르려는데
한산 길 끝이 없네.
깊은 골짜기는 돌무더기로 쌓이고
넓은 시내엔 풀이 자욱하네.
미끄러운 이끼는 비 때문만은 아니고
바람이 불지 않아도 솔바람이 울리네.
뉘라서 능히 세상의 얽매임을 초월하는가?
백운(白雲)속에 함께 앉아 보게나.

029.

六極常攖困 九維徒自論 有才遺草澤 無藝閉蓬門
육 극 상 영 곤　 구 유 도 자 론　 유 재 유 초 택　 무 예 폐 봉 문

日上巖猶暗 煙消谷尚昏 其中長者子 箇箇摠無褌
일 상 암 유 암　 연 소 곡 상 혼　 기 중 장 자 자　 개 개 총 무 곤

영(攖): 얽힐영. 곤(褌): 잠방이곤.

육극(六極)25)으로 항상 곤란에 얽히고
구유(九維)26)에서 한갓 겉돌고 있네.
재주 있으나 초야(草野)에 묻히고
기술이 없어 사립문 닫히네.
해가 떠도 바위굴은 오히려 어둡고
안개 걷혀도 골짜기가 침침하네.
그 가운데 덕이 있는 이라고 하나
하나 같이 모두 잠방이조차도 없다네.

030.

白雲高嵯峨 綠水蕩潭波 此處聞漁父 時時鼓棹歌
백 운 고 차 아　 녹 수 탕 담 파　 차 처 문 어 부　 시 시 고 도 가

聲聲不可聽 令我愁思多 誰謂雀無角 其如穿屋何
성 성 불 가 청　 영 아 수 사 다　 수 위 작 무 각　 기 여 천 옥 하

---

25) 육극(六極): 매우 불길하게 여기는 여섯 가지 일. 변사(變死)·요사(夭死)·질(疾)·우
(憂)·빈(貧)·악(惡)·약(弱)을 이른다.
26) 구유(九維): 서경(書經) 홍범(洪範)편에 나오는 우(禹) 임금의 아홉 가지 정치철학.

차(嵯): 우뚝솟을차. 아(峨): 높을아. 탕(蕩): 쓸어버릴탕. 도(棹): 노도.

흰 구름, 높은 산에 걸리고
푸른 물, 못에 일렁거리네.
이곳 어부(漁父)가
노 두드리며 때로 부르는 노래 듣는다.
노랫소리 차마 듣지 못하는데
나로 하여금 시름에 젖게 하네.
누가 일렀든가? 참새는 뿔이 없다고
그러면, 지붕 추녀를 어찌 뚫는다던가?

031.

杳杳寒山道　落落冷澗濱　啾啾常有鳥　寂寂更無人
묘 묘 한 산 도　낙 락 냉 간 빈　추 추 상 유 조　적 적 갱 무 인

浙浙風吹面　紛紛雪積身　朝朝不見日　歲歲不知春
절 절 풍 취 면　분 분 설 적 신　조 조 불 견 일　세 세 부 지 춘

빈(濱): 물가빈. 추(啾): 소리추. 절(浙): 강이름절.

아득한 한산 길
낙락장송(落落長松)이 드리운 차가운 물가.
항상 새들이 찍찍 거리고
고요하니 다시 사람 자취 없네.
시원한 바람은 얼굴을 스치고
어지러이 흰 눈이 몸에 쌓이네.

아침마다 해를 보지 못하고

여러 해가 지나도 봄을 알지 못하네.

* 수행(修行)에 전념하여 해가 뜨고 지는 것을 보지 못하고 봄이 왔는
  지 갔는지 모르는 수행자의 모습을 엿볼 수 있음.

032.

少年何所愁 愁見鬢毛白 白更何所愁 愁見日逼迫
소 년 하 소 수　수 견 빈 모 백　백 갱 하 소 수　수 견 일 핍 박

移向東岱居 配守北邙宅 何忍出此言 此言傷老客
이 향 동 대 거　배 수 북 망 택　하 인 출 차 언　차 언 상 노 객

핍(逼): 닥칠핍. 대(岱): 큰산대. 망(邙): 산이름망.

소년(少年)은 무엇을 근심하는가?

어물쩍하다가 머리털 세는 걸 보게 될까봐 근심하네.

머리털 세면 다시 무엇을 시름하려나?

세월이 핍박하며 가는 것 보기를 시름하리.

동대(東岱)27)산에 옮겨가 살게 되려나?

북망산(北邙山)28)에 배치되어 지키게 될는지?

어찌 차마 이 말을 하는 것인가?

이 말이 늙은 나그네를 아리게 하네.

---

27) 동대(東岱): 동악(東嶽)의 대산(岱山). 이 산은 사람의 생사를 맡아서 사람이 죽으
   면 영혼이 이 산으로 돌아간다고 한다.
28) 북망(北邙): 낙양(洛陽) 교외에 있는 산. 후한(後漢)의 성양왕(城陽王)을 이 산에 장사
   지낸 뒤로 왕후공경(王侯公卿)을 여기에 장사 지냈다. 후에는 묘지의 뜻으로 쓰임.

033.

聞道愁難遣 斯言謂不真 昨朝曾趁却 今日又纏身
문 도 수 난 견　사 언 위 부 진　작 조 증 진 각　금 일 우 전 신

月盡愁難盡 年新愁更新 誰知席帽下 元是昔愁人
월 진 수 난 진　연 신 수 갱 신　수 지 석 모 하　원 시 석 수 인

전(纏): 얽힐전.

듣기에 "시름은 떨쳐버리기 어렵다고."
이 말도 이르자면 "진실이 아니라네."
어제 아침에 진즉 '시름'을 쫓아 보냈는데
오늘 또 내 몸을 휘감네.
달이 다 가도 시름은 다할 줄 모르고
해가 새로워지니 시름도 다시 새로워지네.
뉘라서 알겠는가? 모자 아래를
본디 "사람은 예부터 시름을 타고난 것을."

034.

兩龜乘犢車 驀出路頭戲 一蠆從傍來 苦死欲求寄
양 구 승 독 거　맥 출 노 두 희　일 채 종 방 래　고 사 욕 구 기

不載爽人情 始載被沈累 彈指不可論 行恩却遭刺
부 재 상 인 정　시 재 피 침 루　탄 지 불 가 론　행 은 각 조 자

독(犢): 송아지독. 맥(驀): 갑자기맥. 채(蠆): 전갈채. 자(刺): 찌를자.

두 거북이 송아지가 끄는 수레를 타고

거리로 뛰어나와 놀고 있네.
전갈 한 마리가 곁으로 다가오더니
한사코 타고자 하네.
태워주지 않다 인정(人情)에 못 이겨
비로소 태워주자 쏘아 버리네.
깜박하고 챙기지 못했는데
은혜를 베풀다 도리어 쏘이었네.

035.

三月蠶猶小　女人來采花　隈牆弄蝴蝶　臨水擲蝦蟆
삼 월 잠 유 소　여 인 내 채 화　외 장 농 호 접　임 수 척 하 마

羅袖盛梅子　金篦挑笋芽　鬪論多物色　此地勝余家
나 수 성 매 자　금 비 도 순 아　투 론 다 물 색　차 지 승 여 가

잠(蠶): 누에잠. 외(隈): 굽이외. 장(牆): 담장. 척(擲): 던질척.
하(蝦): 새우하. 마(蟆): 두꺼비마. 비(篦): 참빗비. 투(鬪): 싸움투.

삼월(三月), 누에는 아직 어린데
여인(女人)들 꽃을 꺾어오네.
담장을 돌며 나비를 희롱하고
물가에 나가 두꺼비에게 '꽃'을 던지네.
비단 소매에 매실을 따 넣고
금 빗치개로 죽순을 꺾네.
이런 풍경 다투어 말하기를
여기가 나의 집보다 뛰어나다고?

036.

東家一老婆　富來三五年　昔日貧於我　今笑我無錢
동 가 일 노 파　부 래 삼 오 년　석 일 빈 어 아　금 소 아 무 전

渠笑我在後　我笑渠在前　相笑儻不止　東邊復西邊
거 소 아 재 후　아 소 거 재 전　상 소 당 부 지　동 변 부 서 변

거(渠): 너거. 당(儻): 빼어날당.

동쪽 집의 한 노파(老婆)가

십오 년을 부자(富者)로 살아 왔네.

옛날에는 나보다 가난했는데

이제는 돈 없는 나를 비웃네.

그가 나를 비웃는 것은 뒤에 생긴 일이지만

내가 그를 비웃은 것은 앞에 있던 일이네.

만일 서로 비웃는 것을 그치지 않으면

동쪽[부자]에서 서쪽[가난]으로 반복하리라.

037.

富兒多觖掌　觸事難祗承　倉米已赫赤　不貸人斗升
부 아 다 앙 장　촉 사 난 지 승　창 미 이 혁 적　부 대 인 두 승

轉懷意鈎距　買絹先揀綾　若至臨終日　弔客有蒼蠅
전 회 의 구 거　매 견 선 간 릉　약 지 임 종 일　조 객 유 창 승

앙(觖): 가슴걸이앙. 원망앙. 지(祗): 공경할지. 구(鈎): 갈고리구.

거(距): 이를거. 릉(綾): 비단릉. 승(蠅): 파리승. 조(弔): 조상할조

부잣집 아이 바쁘고 번거로움을 핑계로

부딪히는 일마다 제대로 잇기 어렵네.

창고에 쌀이 이미 붉게 썩어도

남에게 한 말, 한 되도 꾸어주지 않네.

품은 뜻이 구부러져서

비단을 사도 먼저 비단 무늬를 따지네.

만약 '이사람' 임종(臨終)하는 날이 이르면

조문객(弔問客)이라야 쉬파리만 날리리라.

038.

白鶴銜苦桃　千里作一息　欲往蓬萊山　將此充粮食
백 학 함 고 도　천 리 작 일 식　욕 왕 봉 래 산　장 차 충 양 식

未達毛摧落　離群心慘惻　却歸舊來巢　妻子不相識
미 달 모 최 락　이 군 심 참 측　각 귀 구 래 소　처 자 불 상 식

함(銜): 머금을함. 참(慘): 참혹할참. 측(惻): 슬퍼할측.

백학(白鶴)이 쓴 복숭아를 머금고

천리를 날아 숨 한 번 쉬네.

봉래산(蓬萊山)29)으로 날아가고자

바로 이것으로 양식을 삼는 것이네.

도달하기 전에 깃털은 빠지리니

---

29) 봉래산(蓬萊山): 중국 전설에서 나타나는 가상적 영산(靈山)인 삼신산(三神山) 가
  운데 하나. 동쪽 바다 가운데 신선(神仙)이 살고 불로초(不老草)와 불사약(不死藥)
  이 있다는 영산(靈山).

무리를 떠났기에 마음이 몹시 슬프리라.

돌이켜 옛 둥지로 돌아오는데

처자(妻子)도 서로 알아보지 못하네.

039.

慣居幽隱處　乍向國淸中　時訪豐干老　仍來看拾翁
관 거 유 은 처　사 향 국 청 중　시 방 풍 간 로　잉 래 간 습 옹

獨廻上寒巖　無人話合同　尋究無源水　源窮水不窮
독 회 상 한 암　무 인 화 합 동　심 구 무 원 수　원 궁 수 불 궁

관(慣): 버릇관.

그윽한 곳에 숨어사는 것이 버릇이 되어

잠깐 국청사(國淸寺)30)로 향했네.

때에 풍간(豐干) 노사(老師)를 예방(禮訪)하고

인하여 습득(拾得) 늙은이도 찾았네.

홀로 돌아가 한암(寒巖)에 올랐는데

마음을 터놓고 이야기 할 사람이 없네.

근원(根源)이 없는 물 '자성(自性)'을 깊이 탐구(探究)하는데

근원(根源)이 다해도 물은 다함이 없으리.

---

30) 국청(國淸): 국청사(國淸寺), 절강성(浙江省) 중부 태주시(台州市) 천태현(天台縣)
의 천태산에 위치하며 제남(濟南) 영암사(靈岩寺), 진강(鎭江) 서하사(栖霞寺), 강릉
(江陵) 옥천사(玉泉寺)와 더불어 중국 4대명찰(四大名刹)의 하나이며 천태종(天台
宗)의 발상지이다.

040.

生前太愚癡　不為今日悟　今日如許貧　總是前生做
생 전 태 우 치　불 위 금 일 오　금 일 여 허 빈　총 시 전 생 주

今日又不修　來生還如故　兩岸各無船　渺渺難濟渡
금 일 우 불 수　내 생 환 여 고　양 안 각 무 선　묘 묘 난 제 도

주(做): 지을주.

전생(前生)에 몹시 어리석어서
이제껏 깨닫지 못하는 것이네.
오늘 이토록 가난한 것도
모두 전생에 지은 업(業)이네.
오늘 또 닦지 않으면
내생(來生)에 똑같은 연고(緣故)가 되리.
양쪽 언덕에 각각 배가 없으니
아득한 '피안(彼岸)'으로 건너기 어려우리.

041.

璨璨盧家女　舊來名莫愁　貪乘摘花馬　樂搒採蓮舟
찬 찬 노 가 녀　구 래 명 막 수　탐 승 적 화 마　낙 방 채 련 주

膝坐綠熊席　身披靑鳳裘　哀傷百年內　不免歸山丘
슬 좌 녹 웅 석　신 피 청 봉 구　애 상 백 년 내　불 면 귀 산 구

찬(璨): 빛날찬. 방(搒): 배저을방. 웅(熊): 곰웅. 구(裘): 가죽옷구.

눈부시게 아름다운 노가(盧家)의 딸

옛 이름은 막수(莫愁)31)라 하네.

적화마(摘花馬)32) 타는데 푹 빠지고

즐거이 연꽃 따며 뱃놀이 하네.

무릎 꿇고 푸른 곰[熊] 방석에 앉았는데

몸은 파란 봉(鳳)의 깃털로 감쌌네.

가슴 아프지만 백년(百年) 안으로

무덤으로 돌아가는 것을 면치 못한다오.

042.

氏眼鄒公妻　邯鄲杜生母　二人同老少　一種好面首
저 안 추 공 처　한 단 두 생 모　이 인 동 노 소　일 종 호 면 수

昨日會客場　惡衣排在後　秖爲着破裙　喫他殘麨麮
작 일 회 객 장　악 의 배 재 후　지 위 착 파 군　끽 타 잔 부 루

추(鄒): 나라이름추. 한(邯): 땅이름한. 단(鄲): 조나라서울단.

배(排): 물리칠배. 군(裙): 치마군. 끽(喫): 마실끽. 부(麨): 밀가루떡부.

루(麮): 둥근떡루

저안(氏眼) 땅, 추공(鄒公)의 아내와

한단(邯鄲) 땅, 두생(杜生)의 어미

두 사람은 어려서부터 늙도록 함께하는데

착한 성품(性稟)에 좋은 인상이라네.

---

31) 막수(莫愁): 남제(南齊) 때 낙양(洛陽) 출신의 소녀 막수(莫愁)가 멀리 강동(江東) 지방의 노씨(盧氏) 집안으로 출가하여 호숫가에 거주하였다고 하여 붙여진 명칭 이라 한다.

32) 적화마(摘花馬): 진귀한 작은 말. 간화마(看花馬). 과하마(果下馬).

어제는 잔치자리에서 만났는데

거친 옷차림 때문에 뒷자리로 밀리네.

다만 헤진 치마를 입었다 해서

남이 먹다 남은 밀가루 떡이나 먹는다네.

043.

獨臥重巖下 烝雲晝不消 室中雖瞹靉 心裏絶喧囂
독 와 중 암 하　증 운 주 불 소　실 중 수 옹 애　심 리 절 훤 효

夢去游金闕 魂歸度石橋 抛除鬧我者 歷歷樹間瓢
몽 거 유 금 궐　혼 귀 도 석 교　포 제 요 아 자　역 력 수 간 표

옹(瞹): 밝지않을옹. 애(靉): 구름낄애. 훤(喧): 두려울훤.

효(囂): 왁자할효. 포(抛): 던질포. 요(鬧): 시끄러울요. 표(瓢): 표주박표.

홀로 바위 숲 아래 누었는데

찌는 구름, 낮에도 걷히지 않네.

방안은 비록 흐리고 어두워도

마음속은 번거로움이 끊기었네.

꿈에 금궐(金闕)33)에서 노닐고

혼(魂)은 석교(石橋)34)를 건너네.

나를 시끄럽게 하는 것을 제거하려고

나무에 매단 표주박마저 떼어 버린다오.

---

33) 금궐(金闕): 천자(天子)의 궁궐(宮闕). 황금으로 장식한 아름다운 궁궐. 곧 대궐(大
　闕). 금궐(禁闕). 금달(禁闥). 도교(道敎)에서 천제(天帝)가 있는 곳.
34) 석교(石橋): 돌다리. 중국(中國) 천태산(天台山)에 있었다고 하는 다리.

044.

夫物有所用　用之各有宜　用之若失所　一闕復一虧
부 물 유 소 용　용 지 각 유 의　용 지 약 실 소　일 궐 부 일 휴

圓鑿而方枘　悲哉空爾為　驊騮將捕鼠　不及跛貓兒
원 착 이 방 예　비 재 공 이 위　화 류 장 포 서　불 급 파 묘 아

예(枘): 자루예. 휴(虧): 이즈러질휴. 화(驊): 준마화.

류(騮): 털빛이 붉고 갈기가 검은말 류. 파(跛): 절뚝바리파.

대개 물건은 쓸 곳이 있나니

쓰는 곳이 각각 마땅함이 있다네.

쓸 곳을 만약 잃게 되면

하나는 없어지고 다시 하나는 모자라지네.

둥근 구멍에 모난 말뚝을 박는 것

슬프다! 부질없는 짓이로다.

준마(駿馬)로 장차 쥐를 잡는다 해도

절뚝발이 고양이에게 미치지 못하리라.

045.

誰家長不死　死事舊來均　始憶八尺漢　俄成一聚塵
수 가 장 불 사　사 사 구 래 균　시 억 팔 척 한　아 성 일 취 진

黃泉無曉日　青草有時春　行到傷心處　松風愁殺人
황 천 무 효 일　청 초 유 시 춘　행 도 상 심 처　송 풍 수 살 인

누구 집인들 영원히 죽지 않겠는가?

죽는 일은 예부터 균등(均等) 하다네.

처음엔 팔 척(尺)의 사내로 기억나는데
어느새 한 줌의 티끌이 되네.
저승에는 새벽이 없다던가?
푸른 풀은 때가 있어 봄이 오는데...
가는 곳마다 마음을 아프게 하는데
솔바람이 사람을 시름에 젖게 하누나.

046.

騜馬珊瑚鞭 驅馳洛陽道 自矜美少年 不信有衰老
유 마 산 호 편　구 치 낙 양 도　자 긍 미 소 년　불 신 유 쇠 로

白髮會應生 紅顏豈長保 但看北邙山 箇是蓬萊島
백 발 회 응 생　홍 안 기 장 보　단 간 북 망 산　개 시 봉 래 도

유(騜): 털빛이 붉고 갈기가 검은말 유.

준마(駿馬)에 산호(珊瑚) 채찍으로
낙양(洛陽) 길 몰고 다니네.
스스로 뽐내는 아름다운 소년(少年)들
쇠(衰)하고 늙는 것을 믿으려 않네.
백발(白髮)이 응당 자라나는데
홍안(紅顏)의 청춘을 어찌 길게 보존하려는가?
다만 북망산을 보게나
낱낱이 이대로 쑥대 우거진 섬이라네.

047.

竟日常如醉 流年不暫停 埋着蓬蒿下 曉月何冥冥
경일상여취 유년부잠정 매착봉호하 효월하명명

骨肉消散盡 魂魄幾凋零 遮莫齩鐵口 無因讀老經
골육소산진 혼백기조령 차막교철구 무인독노경

경(竟): 다할경. 호(蒿): 쑥호. 조(凋): 시들조. 차(遮): 막을차.

막(莫): 없을막. 교(齩): 깨물교.

온종일 항상 취해있다 해도

흐르는 세월은 잠시도 머물지 않네.

쑥대 우거진 아래 묻히고 나면

새벽달을 어찌 어둡다 하겠는가?

뼈와 살이 사라져 흩어지고 나면

혼과 넋도 거의 시들어버린다네.

무쇠를 씹은 입이라도 막을 수 없고

노경(老經)35)을 읽은 인연(因緣)도 '쓸모' 없다네.

048.

一向寒山坐 淹留三十年 昨來訪親友 太半入黃泉
일향한산좌 엄류삼십년 작래방친우 태반입황천

漸滅如殘燭 長流似逝川 今朝對孤影 不覺淚雙懸
점멸여잔촉 장류사서천 금조대고영 불각누쌍현

---

35) 노경(老經): 노자도덕경(老子道德經).

엄(淹): 담글엄. 현(懸): 매달현.

한번 한산을 향해 앉았는데

어느덧 삼십년을 머물렀다네.

어제 돌아와 친구를 찾았더니

거의 반(半)이나 황천(黃泉)에 갔네.

점차 소멸하는 것이 마치 쇠잔(衰殘)한 촛불 같은데

길게 흘러가는 것은 흡사 흐르는 시냇물 같네.

오늘 아침 외로운 그림자를 대하고 보니

나도 모르게 두 줄기 눈물이 흘러내리네.

049.

相喚採芙蓉 可憐淸江裡 游戲不覺暮 屢見狂風起
상 환 채 부 용　가 련 청 강 리　유 희 불 각 모　누 견 광 풍 기

浪捧鴛鴦兒 波搖鸂鶒子 此時居舟楫 浩蕩情無已
낭 봉 원 앙 아　파 요 계 칙 자　차 시 거 주 즙　호 탕 정 무 이

누(屢): 여러누. 봉(捧): 받들봉. 원(鴛): 원앙원. 앙(鴦): 원앙앙.

계(鸂): 비오리계. 칙(鶒): 뜸부기칙. 집(楫): 노집.

서로 부르며 부용(芙蓉) 꽃을 따느라

맑은 강물 속에 흠뻑 빠졌네.

질펀하게 노느라, 해 저문 줄 깨닫지 못했는데

미친바람이 일어나는 것 여러 번 보이네.

원앙새는 물결 따라 오르고

물새들이 파도에 흔들거리네.
이런 때, 배와 노를 물결에 맡겼나니
호탕한 정(情), 그칠 줄 모르네.

050.

吾心似秋月　碧潭清皎潔　無物堪比倫　教我如何說
오 심 사 추 월　벽 담 청 교 결　무 물 감 비 륜　교 아 여 하 설

감(堪): 견딜감. 교(皎): 달빛교. 윤(倫): 무리윤.

나의 마음은 흡사 가을 달 같나니
푸른 못, 맑은 달빛처럼 깨끗하다오.
견주고 비교할만한 물건 없나니
'나'를 무슨 말로 가르쳐야 될 거나?

051.

垂柳暗如煙　飛花飄似霰　夫居離婦州　婦住思夫縣
수 류 암 여 연　비 화 표 사 산　부 거 이 부 주　부 주 사 부 현

各在天一涯　何時得相見　寄語明月樓　莫貯雙飛鷰
각 재 천 일 애　하 시 득 상 견　기 어 명 월 루　막 저 쌍 비 연

표(飄): 회오리바람표. 산(霰): 싸라기눈산. 연(鷰): 제비연.
저(貯): 쌓을저.

늘어진 버들, 자욱한 안개 같고

나르는 꽃잎, 싸라기눈처럼 나부끼네.
남편은 아내 떠난 고을에서 사는데
아내는 남편의 그리움 속 '마음인' 고을에 머무르네.
각각 하늘가에 있나니
어느 때 서로 만나보게 되려나?
세상에 이르노니, 달 밝은 누대(樓臺)
쌍쌍이 나는 제비가 집을 짓지 못하게 하게.

052.

有酒相招飮 有肉相呼喫 黃泉前後人 少壯須努力
유주상초음 유육상호끽 황천전후인 소장수노력

玉帶暫時華 金釵非久飾 張翁與鄭婆 一去無消息
옥대잠시화 금채비구식 장옹여정파 일거무소식

채(釵): 비녀채. 식(飾): 꾸밀식.

술이 있거든 서로 초청해 마시고
고기 생기면 서로 불러 먹게나.
황천(黃泉)으로 앞서거니 뒤서거니 갈사람
젊어서 모름지기 힘써야하네.
옥대(玉帶)도 잠시(暫時)의 영화(榮華)요.
금비녀도 오래갈 장식이 아니네.
장씨 노인과 정씨 노파(老婆)도
한 번 가더니 다시 소식(消息)이 없다오.

053.

可憐好丈夫　身體極稜稜　春秋未三十　才藝百般能
가 련 호 장 부　신 체 극 능 릉　춘 추 미 삼 십　재 예 백 반 능

金羈逐俠客　玉饌集良朋　唯有一般惡　不傳無盡燈
금 기 축 협 객　옥 찬 집 양 붕　유 유 일 반 악　부 전 무 진 등

능(稜): 모서리능. 기(羈): 굴레기. 찬(饌): 반찬찬.

사랑스럽다, 헌칠한 장부여!
몸짓이 지극하여 위엄(威嚴)이 있네.
나이 아직 서른도 안됐는데
재주와 기술이 백가지가 능(能)하네.
황금 굴레로 호협(豪俠)한 이들과 어울리고
귀한 음식으로 어진 벗들을 모으네.
오직 한 가지 모자란 점이 있나니
'불법(佛法)'의 다함없는 등불36)을 전할 수 없네.

054.

桃花欲經夏　風月催不待　訪覓漢時人　能無一箇在
도 화 욕 경 하　풍 월 최 부 대　방 멱 한 시 인　능 무 일 개 재

朝朝花遷落　歲歲人移改　今日揚塵處　昔時為大海
조 조 화 천 락　세 세 인 이 개　금 일 양 진 처　석 시 위 대 해

---

36) 무진등(無盡燈): 하나의 등불로 수천 수백의 등잔에 불을 붙이듯 불법(佛法)으로
중생을 인도함을 비유로 이르는 말. 부처의 가르침이 잇따라 전파되어 다함이 없
음을 의미함.

복사꽃이 여름을 지내고자 해도
시절이 재촉하며 기다려 주지 않는다.
한(漢)나라 때의 사람을 찾고자 한들
능히 한 사람도 있을 수 없으니.
아침마다 꽃은 떨어지기 마련이고
해마다 사람은 늙어가는 것이네.
오늘 먼지 날리는 이곳도
옛날에는 큰 바다 이었네.

055.

我見東家女　年可十有八　西舍競來問　願姻夫妻佸
아 견 동 가 녀　연 가 십 유 팔　서 사 경 래 문　원 인 부 처 괄

烹羊煮衆命　聚頭作婬殺　含笑樂呵呵　啼哭受殃決
팽 양 자 중 명　취 두 작 음 살　함 소 낙 가 가　제 곡 수 앙 결

괄(佸): 힘쓸괄. 팽(烹): 삶을팽. 자(煮): 삶을자. 요(嬈): 예쁠요.
가(呵): 껄껄웃는모양가.

내가 본 동쪽 집 처녀
나이 이제 열여덟이네.
서쪽 집에서 갑자기 찾아와 묻기를
혼인(婚姻)하자며 부처(夫妻)가 힘쓰네.
염소를 삶고 온갖 고기를 장만하여
머리를 맞대고 음살계(婬殺戒)를 범하네.
웃음 머금고 즐거워 깔깔대는데

목 노아 울부짖는 재앙(災殃)을 받게 되리라.

056.

田舍多桑園 牛犢滿廏轍 肯信有因果 頑皮早晚裂
전 사 다 상 원   우 독 만 구 철   긍 신 유 인 과   완 피 조 만 렬

眼看消磨盡 當頭各自活 紙袴瓦作褌 到頭凍餓殺
안 간 소 마 진   당 두 각 자 활   지 고 와 작 곤   도 두 동 아 살

구(廏): 마구간구. 철(轍): 바퀴자국철. 완(頑): 완고할완.

고(袴): 바지고. 곤(褌): 잠방이곤.

시골집, 뽕나무 밭이 많고

소와 송아지가 외양간에 가득하네.

기꺼이 인과(因果)를 믿을 양이면

질긴 가죽도 조만(早晚)간 찢어지기 마련이네.

눈으로 모두 사라지는 것을 보거나

가까이 닥쳐야 각자 스스로 살길을 찾을 것인가?

종이 바지와 기와 잠방이를 만든다 해도

결국에는 굶주리고 얼어 죽게 되느니라.

057.

我見百十狗　箇箇毛鬔鬠　臥者渠自臥　行者渠自行
아 견 백 십 구　개 개 모 쟁 녕　와 자 거 자 와　행 자 거 자 행

投之一塊骨　相與嗌喋爭　良由為骨少　狗多分不平
투 지 일 괴 골　상 여 애 재 쟁　양 유 위 골 소　구 다 분 불 평

애(嗌): 물어뜯을애. 쟁(鬔): 털더부룩할쟁. 녕(鬠): 머리더부룩할녕.

재(喋): 개싸움할재.

내가 본 백 십여 마리 개들

저마다 털이 더부룩하네.

누운 놈은 저 스스로 누워있고

다니는 놈은 저 스스로 다니네.

뼈 한 조각 던지면

서로 붙어서 물어뜯고 다투네.

한참 있으면 뼈 조각이 작아지는데

개가 많아서 나눠 먹기엔 공평하지 않다네.

058.

極目兮長望　白雲四茫茫　鴟鴉飽朘腰　鸞鳳饑傍徨
극 목 혜 장 망　백 운 사 망 망　치 아 포 외 뇌　난 봉 기 방 황

駿馬放石磧　蹇驢能至堂　天高不可問　鷦鷯在滄浪
준 마 방 석 적　건 려 능 지 당　천 고 불 가 문　초 료 재 창 랑

치(鴟): 솔개치. 아(鴉): 까마귀아. 포(飽): 배부를포. 외(朘): 살찔외.

뇌(腰): 연약한모양뇌. 방(傍): 방황할방. 황(徨): 노닐황.

적(磧): 너덜적. 건(蹇): 절름발이건. 려(驢): 나귀려.

초(鷦): 뱁새초. 겹(鵊): 두견이겹. 창(滄): 싸늘할창.

시력(視力)을 다해 멀리 바라보는데

흰 구름이 사방에 아득하네.

솔개와 까마귀는 배불러 늘어지고

난 새와 봉새는 굶주려 방황하네.

준마는 자갈밭에 버려져 있는데

절름발이 나귀는 마구간에 매어있네.

하늘은 높아 자문(諮問)할 수 없는데

뱁새는 큰 바닷가에 헤엄치고 있네.

* 솔개와 까마귀, 난 새와 봉황, 준마와 절름발이 나귀로 현실과 이상
을 비유함.

059.

洛陽多女兒 春日逞華麗 共折路邊花 各持插高髻
낙 양 다 여 아　 춘 일 영 화 려　 공 절 노 변 화　 각 지 삽 고 계

髻高花偛匝 人見皆睥睨 別求酢醦憐 將歸見夫壻
계 고 화 갑 잡　 인 견 개 비 예　 별 구 참 참 련　 장 귀 견 부 서

영(逞): 군셀영. 삽(插): 꽂을삽. 계(髻): 상투계. 갑(偛): 두를갑.

잡(匝): 돌잡. 비(睥): 흘겨볼비. 예(睨): 흘겨볼예. 참(酢): 초참.

서(壻): 사위서.

낙양(洛陽)의 많은 여자 아이들
봄날에 저마다 아름다움을 뽐내네.
함께 길가의 꽃을 꺾더니
각자 쪽머리에 높이 꽂네.
쪽머리에 높이 꽂고 빙빙 도는데
사람들 모두 흘겨보네.
달리 사랑을 구하려거든
돌아가 남편에게나 보여주렴.

060.

春女衒容儀　相將南陌陲　看花愁日晚　隱樹怕風吹
춘 녀 현 용 의　상 장 남 맥 수　간 화 수 일 만　은 수 파 풍 취

年少從傍來　白馬黃金羈　何須久相弄　兒家夫壻知
연 소 종 방 래　백 마 황 금 기　하 수 구 상 롱　아 가 부 서 지

현(衒): 돌아다니며팔현. 맥(陌): 두렁맥. 수(陲): 부근수.
파(怕): 두려워할파. 기(羈): 굴레기.

봄 처녀, 몸단장하고 뽐내는데
서로 어울려 들길을 누비네.
꽃구경하다 해가 짧은 것을 탓하더니
나무에 숨어 바람이 불까 두려워하네.
젊은이들 곁을 따라오는데
백마(白馬)에 황금(黃金) 굴레로 꾸몄네.
어찌 오래 희롱할 수 있겠는가?

자기 집 남편이 알아 챌 텐데.

061.

群女戲夕陽 風來滿路香 綴裙金蛺蝶 插髻玉鴛鴦
군 녀 희 석 양　풍 래 만 로 향　철 군 금 협 접　삽 계 옥 원 앙

角婢紅羅縝 閹奴紫錦裳 爲觀失道者 鬢白心惶惶
각 비 홍 라 진　엄 노 자 금 상　위 관 실 도 자　빈 백 심 황 황

철(綴): 꿰맬철. 군(裙): 치마군. 협(蛺): 나비협. 접(蝶): 나비접.

계(髻): 상투계. 원(鴛): 원앙원. 앙(鴦): 원앙앙. 비(婢:)여자종비.

진(縝): 삼실진. 엄(閹): 내시엄. 빈(鬢): 귀밑털빈. 황(惶): 두려워할황.

처녀들 무리지어 석양을 희롱하는데

바람 부니 길에 향기가 가득하네.

겹치마에 수놓은 황금 나비

머리엔 옥(玉) 원앙(鴛鴦)을 꽂았네.

각비(角婢)37)가 붉은 비단 옷 곱게 차리고

엄노(閹奴)38)는 자주 빛 비단 치마를 입었네.

도(道)를 잃은 자들을 보게나

머리털 희어지자 마음속 두려워하네.

---

37) 각비(角婢): 나이 어린 계집종. 머리를 묶은 모양이 뿔처럼 보여서 붙여진 이름.
38) 엄노(閹奴): 궁 밖에서도 궁 안의 환관(宦官)과 같은 노비(奴婢)가 있었다.

062.

若人逢鬼魅 第一莫驚懼 捺硬莫采渠 呼名自當去
약 인 봉 귀 매　제 일 막 경 거　날 경 막 채 거　호 명 자 당 거

燒香請佛力 禮拜求僧助 蚊子釘鐵牛 無渠下觜處
소 향 청 불 력　예 배 구 승 조　문 자 정 철 우　무 거 하 자 처

매(魅): 도깨비매. 거(懼): 부끄러울거. 날(捺): 누를날. 경(硬): 굳을경.

문(蚊): 모기문. 정(釘): 못정. 자(觜): 부리자.

만약 그대가 귀신을 만나더라도
첫째는 놀라거나 두려워 말라.
억지로 그를 잡으려 말고
이름을 부르면 절로 물러가리라.
향을 사루고 부처님의 법력(法力)을 청하고
예배(禮拜)를 드리며 스님께 도움을 구(求)하라.
모기가 무쇠소를 깨문다 한들
거기엔 주둥이를 붙일 곳이 없느니라.

063.

浩浩黃河水 東流長不息 悠悠不見清 人人壽有極
호 호 황 하 수　동 류 장 불 식　유 유 불 견 청　인 인 수 유 극

苟欲乘白雲 曷由生羽翼 唯當鬢髮時 行住須努力
구 욕 승 백 운　갈 유 생 우 익　유 당 진 발 시　행 주 수 노 력

구(苟): 진실로구. 갈(曷): 어찌갈. 진(鬢): 숱많을진.

가없이 넓은 황하(黃河)의 물

동으로 흘러 길이 쉬지를 않네.

유유히 흘러도 맑아지는 것 보지 못한다 함은

누구나 사람 목숨은 끝이 있어서이네.

진실로 흰 구름을 타고자 하나

어찌 날개를 돋게 할 수 있다던가?

오직 마땅히 머리털 검을 때

행주좌와(行住坐臥)39)에 부디 노력하게나.

064.

乘茲朽木船 采彼紝婆子 行至大海中 波濤復不止
승 자 후 목 선　채 피 임 파 자　행 지 대 해 중　파 도 부 부 지

唯齎一宿粮 去岸三千里 煩惱從何生 愁哉緣苦起
유 재 일 숙 량　거 안 삼 천 리　번 뇌 종 하 생　수 재 연 고 기

임(紝): 짤임. 도(濤): 큰물결도. 재(齎): 가져올재.

여기 이 썩은 배를 타고

저 임바(紝婆)40) 열매를 따려는 사람들

가다가 큰 바다 복판에 이르렀는데

파도조차 다시 그치지 않네.

오직 하룻밤 양식만 가져왔는데

---

39) 행주(行住): 행주좌와(行住坐臥)의 일상(日常).

40) 임바(紝婆,賃婆): 산스크리트어 nimba의 음사. 인도에서 자라는 교목으로 봄에 옅
　은 황백색의 작은 꽃이 피고 쓴맛이 나는 나무껍질과 잎과 열매는 두통을 치료하
　는 데 사용함.

해안(海岸)을 떠나 삼천리네.

번뇌(煩惱)[41]는 무엇을 쫓아 일어나는가?

시름이여! 괴로움을 연유(緣由)로 일어난다네.

065.

默默永無言　後生何所述　隱居在林藪　智境何由出
묵 묵 영 무 언　후 생 하 소 술　은 거 재 임 수　지 경 하 유 출

枯槁非堅衛　風霜成天疾　土牛耕石田　未有得稻日
고 고 비 견 위　풍 상 성 천 질　토 우 경 석 전　미 유 득 도 일

수(藪): 덤불수. 고(槁): 마를고. 위(衛): 지킬위. 도(稻): 벼도.

침묵하며 영원히 말이 없다면

뒷사람이 무엇으로 진리를 나타내고

숲속에 숨어 살면

지혜(智慧)의 경지(境地)는 어디서 나오겠는가?

고고(枯槁)해 하는 것이 굳게 지킴이 아니니

온갖 풍상(風霜)이 선천적인 질병을 이루네.

흙 소로 돌밭을 간다 해도

벼를 수확하는 날은 있을 수 없으리라.

---

41) 번뇌(煩惱): 탐(貪), 진(嗔), 치(痴)를 말함.

066.

山中何太冷 自古非今年 沓嶂恒凝雪 幽林每吐煙
산 중 하 태 랭　자 고 비 금 년　답 장 항 응 설　유 림 매 토 연

草生芒種後 葉落立秋前 此有沈迷客 窺窺不見天
초 생 망 종 후　엽 락 입 추 전　차 유 침 미 객　규 규 불 견 천

답(沓): 합할답. 장(嶂): 높고가파른산장. 항(恒): 항상항.

응(凝): 엉길응. 토(吐): 토할토. 규(窺): 엿볼규.

산중은 어찌 몹시 추운 것인가?

예로부터 그랬고 금년만이 아니네.

겹겹이 두른 산들은 항상 눈이 엉키고

그윽한 숲은 매양 안개를 토하네.

풀은 망종(芒種)42) 뒤에 돋아나고

잎은 입추(立秋)43) 이전에 떨어진다네.

여기서 길 잃은 나그네가 되면

애써 찾아도 하늘을 보지 못하리라.

---

42) 망종(芒種): 24절기(節氣)의 하나. 양력(陽曆) 6월 5일 무렵으로, 보리가 익고 모를
심기 좋은 때.
43) 입추(立秋): 24절기(節氣)의 열셋째. 대서(大暑)와 처서(處暑) 사이에 드는데, 양력
(陽曆) 8월 8일이나 9일이 됨.

067.

山客心悄悄 常嗟歲序遷 辛勤采芝朮 搜斥詎成仙
산 객 심 초 초　상 차 세 서 천　신 근 채 지 출　수 척 거 성 선

庭廓雲初卷 林明月正圓 不歸何所為 桂樹相留連
정 곽 운 초 권　임 명 월 정 원　불 귀 하 소 위　계 수 상 유 련

차(嗟): 탄식할차. 거(詎): 어찌거. 진실로거. 곽(廓): 둘레곽.

산중의 나그네 마음이 두려워서

항상 세월이 차례로 바뀌는 것을 탄식하네.

애써 영지(靈芝)44)와 백출(白朮)45)을 구하는데

'약초'를 수집한들 어찌 신선(神仙)이 되겠는가?

뜰 주변에 구름이 겨우 걷히고

숲이 환하니 정녕 보름달이네.

무슨 까닭으로 돌아가지 않는 것인가?

'아쉬워' 달과 서로 머무르려 한다오.

068.

有人坐山陘 雲卷兮霞纓 秉芳兮欲寄 路漫兮難征
유 인 좌 산 형　운 권 혜 하 영　병 방 혜 욕 기　노 만 혜 난 정

心惆悵狐疑 年老已無成 衆喔咿斯蹇 獨立兮忠貞
심 추 창 호 의　연 로 이 무 성　중 악 이 사 건　독 립 혜 충 정

---

44) 영지(靈芝): 모균류(帽菌類)에 딸린 버섯. 옛날에는 복초(福草)라고 하여 상서(祥瑞)로운 것으로 여겼음.

45) 백출(白朮): 삽주의 덩어리진 뿌리. 성질(性質)이 따뜻하며 비위(脾胃)를 돕고 소화(消化) 불량(不良)·구토(嘔吐)·설사(泄瀉)·습증 등(等)에 씀.

형(陘): 언덕형. 영(纓): 갓끈영. 만(漫): 질펀할만. 추(惆): 슬퍼할추.

창(悵): 슬퍼할창. 악(喔): 닭소리악. 이(咿): 선웃음칠이.

건(蹇): 절름발이건.

여기 한사람 산등성이에 앉았는데
구름이 걷히며 노을 한 줄기 감도네.
꽃을 꺾어 전하고 싶지만
길이 질펀해 가기 어렵네.
시름에 잠겨 망설이는데
나이만 늙었지 이룬 것이 없다네.
모두가 절름발이 삶을 비웃는데
홀로 꼿꼿이 절개를 지키며 서 있다오.

069.

猪喫死人肉　人喫死猪腸　猪不嫌人臭　人返道猪香
저 끽 사 인 육　인 끽 사 저 장　저 불 혐 인 취　인 반 도 저 향

猪死抛水內　人死掘土藏　彼此莫相噉　蓮花生沸湯
저 사 포 수 내　인 사 굴 토 장　피 차 막 상 담　연 화 생 비 탕

저(猪): 돼지저. 장(腸): 창자장. 포(抛): 던질포. 굴(掘): 팔굴.

담(噉): 씹을담. 비(沸): 끓을비.

돼지는 죽은 사람의 살을 먹고
사람은 죽은 돼지의 창자를 먹네.
돼지는 송장 냄새를 꺼리지 않고

사람도 도리어 돼지가 구수하다 이르네.

돼지는 죽으면 물속에 던지는데

사람은 죽으면 흙을 파고 묻네.

사람과 돼지 서로 먹지 않으면

연꽃이 끓는 물에서 피어나리라.

070.

快哉混沌身 不飮復不尿 遭得誰鑽鑿 因玆立九竅
쾌 재 혼 돈 신　불 음 부 불 뇨　조 득 수 찬 착　인 자 입 구 규

朝朝為衣食 歲歲愁租調 千箇爭一錢 聚頭亡命叫
조 조 위 의 식　세 세 수 조 조　천 개 쟁 일 전　취 두 망 명 규

돈(沌): 어두울돈. 뇨(尿): 오줌뇨. 찬(鑽): 끌찬. 착(鑿): 뚫을착.

규(竅): 엿볼규. 조(租): 세금조. 조(調): 고를조. 규(叫): 부르짖을규.

통쾌하도다. 혼돈의 몸이여!

마시지 않으면 다시 싸지도 않나니.

뉘라서 파고 뚫고 하였던가?

인하여 여기 아홉 구멍46)이 생겼노라.

아침마다 입고 먹을 것 신경 쓰고

해마다 세금 때문에 걱정이네.

뭇 사람들 한 푼을 다투는데

머리를 부딪치며 죽기로 부르짖네.

---

46) 구규(九竅): 눈·코·입귀의 일곱 구멍과 똥·오줌 구멍을 합하여 모두 아홉 구멍을
일컬음.

071.

啼哭緣何事　淚如珠子顆　應當有別離　復是遭喪禍
제 곡 연 하 사　누 여 주 자 과　응 당 유 별 리　부 시 조 상 화

所爲在貧窮　未能了因果　冢間瞻死屍　六道不干我
소 위 재 빈 궁　미 능 요 인 과　총 간 첨 사 시　육 도 불 간 아

과(顆): 낟알과. 총(冢): 무덤총.

무엇 때문에 울부짖는가?

눈물이 마치 염주 알 같네.

응당 이별을 했거나

다시 상(喪)이라도 당했단 말인가?

까닭이 빈궁(貧窮)에 있다고 하나

인과(因果)47)를 알지 못하기 때문이네.

무덤 사이로 죽은 시체를 보게

육도(六道)48)도 나를 간섭하지 못하리라.

072.

婦女慵經織　男夫懶耨田　輕浮耽挾彈　跕躧拈抹絃
부 녀 용 경 직　남 부 나 누 전　경 부 탐 협 탄　접 사 염 말 현

凍骨衣應急　充腸食在先　今誰念於汝　苦痛哭蒼天
동 골 의 응 급　충 장 식 재 선　금 수 염 어 여　고 통 곡 창 천

---

47) 인과(因果): 불교의 근본교리 가운데 하나. 원인(原因)과 결과(結果)를 연결시켜서
　　현상을 수용하는 사상.
48) 육도(六道): 지옥(地獄)·아귀(餓鬼)·축생(畜生)·수라(修羅)·인간(人間)·천상(天上)의
　　육계.

용(慵): 게으를용. 나(懶): 게으를나. 누(耨): 김맬누. 탐(耽): 즐길탐.
협(挾): 낄협. 접(跕): 밟을접. 사(䍤): 짚신사. 염(拈): 집을염.

부녀자가 베를 짜는데 게으르고
지아비는 밭을 가는데 게으르네.
총에 실탄 재우느라 신중하지 못하고
활시위 당기느라 짚신이 닳네.
언 몸에는 옷이 응당 급하고
창자를 채우는 데는 밥이 먼저이건만
이제 뉘라서 너를 생각하겠는가?
고통에 못 이겨 푸른 하늘에 곡(哭)을 하리라.

073.

不行眞正道　隨邪號行婆　口慙神佛少　心懷嫉妒多
불행진정도　수사호행파　구참신불소　심회질투다

背後噇魚肉　人前念佛陀　如此修身處　應難避奈河
배후당어육　인전염불타　여차수신처　응난피내하

참(慙): 부끄러울참. 당(噇): 탐욕스럽게먹을당.

참되고 바른 길을 행하지 않고
사(邪)를 따르면 겉치레 수행자라 부르네.
입으로는 신불(神佛)께 부족하다며 부끄러워하는데
마음속으론 시기와 질투가 많네.
등 뒤에선 고기를 함부로 먹고

남들 앞에선 부처님을 염(念)한다네.

이와 같이 몸을 닦는 곳

응당 내하(奈河)[49]을 피하기 어려 우리.

074.

世有一等愚　茫茫恰似驢　還解人言語　貪婬狀若猪
세 유 일 등 우　망 망 흡 사 려　환 해 인 언 어　탐 음 상 약 저

險巇難可測　實語却成虛　誰能共伊語　令教莫此居
험 희 난 가 측　실 어 각 성 허　수 능 공 이 어　영 교 막 차 거

려(驢): 나귀려. 희(巇): 험준할희.

세상에서 제일 어리석은 사람이 있으니

어둡고 아둔하기 흡사 나귀와 같네.

사람의 말은 이해하면서

탐욕스럽고 음탕하기 돼지와 같네.

마음이 험악하여 제대로 헤아리기 어려운데

진실한 말도 도리어 허망해지네.

누가 능히 그와 함께 이야기 할 수 있겠는가?

하여금 이렇게 살지 못하게 가르치게나.

---

49) 내하(奈河): 범어(梵語) Naraka의 음역(音譯), 나락(奈落). 지옥을 의미함. 또는 불교에서 말하는 망자(亡者)가 죽은 지 14일이 되면 건너게 된다는 큰 강의 이름.

075.

有漢姓傲慢 名貪字不廉 一身無所解 百事被他嫌
유한성오만　명탐자불렴　일신무소해　백사피타혐

死惡黃連苦 生憐白蜜甜 喫魚猶未止 食肉更無猒
사악황련고　생련백밀첨　끽어유미지　식육갱무염

오(傲): 오만할오. 만(慢): 게으를만. 첨(甜): 달첨

여기 한 놈이 있는데 성(姓)이 오만(傲慢)이요.
이름은 탐(貪)에, 자(字)는 불염(不廉)이네.
한 몸뚱이 뿐, 아는 바 없고
모든 일마다 남의 혐오를 받네.
죽도록 황련(黃連)50)의 쓴맛을 미워하고
살며 백밀(白蜜)51)의 단맛만 좋아하네.
생선 맛에 빠져 오히려 그치지 않고
고기를 먹으며 다시 싫어함이 없다네.

076.

縱你居犀角 饒君帶虎睛 桃枝將辟穢 蒜殼取為瓔
종이거서각　요군대호정　도지장피예　산각취위영

暖腹茱萸酒 空心枸杞羹 終歸不免死 浪自覓長生
난복수유주　공심구기갱　종귀불면사　낭자멱장생

---

50) 황련(黃連): 깽깽이 풀의 뿌리. 눈병·설사(泄瀉)등(等)을 다스리는 약재(藥材)로 씀.
51) 백밀(白蜜): 봉밀(蜂蜜)을 말한다.

종(縱): 쫓을종. 이(儞): 너이. 서(犀): 물소서. 정(睛): 눈동자정.

피(辟): 피할피. 예(穢): 더러울예. 산(蒜): 달래산. 각(殼): 껍질각.

영(瓔): 구슬영. 수(茱): 수유수. 유(萸): 수유유. 구(枸): 호깨나무구.

기(杞): 구기나무기. 갱(羹): 국갱. 멱(覓): 찾을멱.

비록 그대 물소 뿔을 달고 살며

설사 호랑이 눈동자를 끼고 있다 하고

복숭아 가지로 장차 재앙을 피하며

마늘 껍질로 영락(瓔珞)을 삼는다 해도

수유(茱萸)술로 배를 따뜻이 하고

구기자(枸杞子) 국으로 마음을 비운다 한들

마침내 죽음을 면치 못하게 되나니

부질없이 스스로 오래 살기를 찾을 것인가?

077.

卜擇幽居地 天台更莫言 猿啼谿霧冷 嶽色草門連
복 택 유 거 지　천 태 갱 막 언　원 제 계 무 랭　악 색 초 문 련

折葉覆松室 開池引澗泉 已甘休萬事 採蕨度殘年
절 엽 복 송 실　개 지 인 간 천　이 감 휴 만 사　채 궐 도 잔 년

원(猿): 원숭이원. 복(覆): 뒤집힐복. 채(採): 캘채. 궐(蕨): 고사리궐.

그윽한 곳을 골라 살 땅을 잡았나니

천태(天台)를 다시 들먹거리지 말라.

원숭이는 울고 골짜기엔 안개가 써늘한데

산 빛은 풀로 엮은 사립문에 이어지네.
나뭇잎 꺾어 솔 집을 덮고
연못을 파서 개울물 끌어오네.
이미 모든 일 쉬고 감수(甘受)했나니
고사리 캐며 남은여생을 지내리라.

078.

益者益其精 可名為有益 易者易其形 是名爲有易
익 자 익 기 정　가 명 위 유 익　역 자 역 기 형　시 명 위 유 역

能益復能易 當得上仙籍 無益復無易 終不免死厄
능 익 부 능 역　당 득 상 선 적　무 익 부 무 역　종 불 면 사 액

적(籍): 장부적.

익자(益者)란 그 정(精)을 더하는 것이니
가히 더해야 할 것을 더하는 것이며
역자(易者)란 그 형(形)을 바꾸는 것이니
이는 바꿔야 할 것을 바꾸는 것이네.
능히 더하고 다시 능히 바꿀 수 있다면
마땅히 선적(仙籍)에 오르리라.
더하는 것도 없고 다시 바꾸는 것도 없다면
마침내 죽음의 재앙을 면치 못하리라.

079.

徒勞說三史　浪自看五經　洎老檢黃籍　依前注白丁
도 로 설 삼 사　낭 자 간 오 경　계 노 검 황 적　의 전 주 백 정

筮遭連蹇卦　生主虛危星　不及河邊樹　年年一度青
서 조 연 건 괘　생 주 허 위 성　불 급 하 변 수　연 년 일 도 청

계(洎): 미칠계. 서(筮): 점대서. 건(蹇): 절건.

헛되이 삼사(三史)52)를 해설(解說)하고
부질없이 오경(五經)53)을 읽네.
늙도록 황적(黃籍)54)을 뒤적이는데
예나 다름없이 보통사람으로 머무르려네.
점 쾌를 뽑으니 연건괘(連蹇卦)55)가 나오고
삶은 허위(虛危)56)별이 주재한다네.
물가의 나무보다 못한 몸이여.
'나무'는 해마다 한 번씩 푸르련만...

---

52) 삼사(三史): 사기(史記)·전한서(前漢書)·후한서(後漢書).
53) 오경(五經): 시경(詩經)·서경(書經)·주역(周易)·예기(禮記)·춘추(春秋).
54) 황적(黃籍): 도교(道敎) 서적(書籍).
55) 연건괘(連蹇卦): 주역(周易)의 괘(掛) 이름. 일이 좋지 않는 운수를 이른다.
56) 허위(虛危): 천문학(天文學)의 이십팔수(二十八宿:각항저방심미기두우여허위실벽
　　규루위묘필자삼정귀유성장익진(角亢氐房心尾箕斗牛女虛危室璧奎婁胃昴畢觜參井
　　鬼柳星張翼軫)에 있는 두별 이름. 죽음과 기아(飢餓), 병란(兵亂)을 뜻한다 함.

080.

碧澗泉水清 寒山月華白 默知神自明 觀空境逾寂
벽 간 천 수 청　한 산 월 화 백　묵 지 신 자 명　관 공 경 유 적

묵(默): 묵묵할묵. 유(逾): 넘을유.

푸른 시내에 샘물이 맑고

한산(寒山)에 달빛이 밝네.

말없이 알아가노라니 정신이 절로 밝은데

공(空)으로 관(觀)하자 경계가 더욱 고요하네.

081.

我今有一襦 非羅復非綺 借問作何色 不紅亦不紫
아 금 유 일 유　비 라 부 비 기　차 문 작 하 색　불 홍 역 부 자

夏天將作衫 冬天將作被 冬夏遞互用 長年秪這是
하 천 장 작 삼　동 천 장 작 피　동 하 체 호 용　장 년 지 저 시

유(襦): 저고리유. 기(綺): 비단기. 체(遞): 번갈아체. 지(秪): 다만지.

나에게 지금 저고리 하나 있는데

명주도 아니고 다시 비단도 아니네.

묻나니 무슨 빛깔이던가?

붉은 빛도 아니요. 자주 빛도 아니네.

여름에는 무릇 적삼으로 여기고

겨울에는 대저 이불로 삼네.

겨울과 여름, 번갈아 서로 쓰는데

오랫동안 다만 적삼이자 이불이었네.

082.

白拂栴檀柄 馨香竟日聞 柔和如卷霧 搖拽似行雲
백 불 전 단 병　형 향 경 일 문　유 화 여 권 무　요 예 사 행 운

禮奉宜當暑 高提復去塵 時時方丈內 將用指迷人
예 봉 의 당 서　고 제 부 거 진　시 시 방 장 내　장 용 지 미 인

전(栴): 전단나무전. 단(檀): 박달나무단. 요(搖): 흔들릴요. 예(拽): 끌예.

흰 불자(拂子)[57]의 전단(栴檀)[58]나무 자루여!

그 향기(香氣) 하루 종일 풍기네.

부드러워 마치 안개가 감긴 듯 하고

하늘하늘 흡사 구름이 흘러가는 것 같네.

예(禮)로 받들며 으레 더위를 물리치는데

높이 휘둘러 다시 먼지도 터네.

때때로 방장(方丈)[59] 실(室) 안에서

---

57) 백불(白拂): 흰 소나 말의 꼬리털을 묶어서 자루 끝에 매어 단 장식물. 불자(拂子). 먼지떨이. 원래(原來) 인도(印度)에서 승려(僧侶)가 모기나 파리를 쫓는 데 쓰던 것인데 지금은 선종(禪宗)의 승려(僧侶)가 법구(法具)로 사용함.

58) 전단(栴檀): 전단나(栴檀那)의 약칭. 향나무의 이름. 번역하여 여약(與藥)이라 한다. 남인도의 마라야산(摩羅耶山)에서 나는 데 그 산의 모양이 우두(牛頭)와 같기 때문에 우두전단(牛頭栴檀)이라고도 함.

59) 방장(方丈): 방장은 원래 사방으로 1장(丈)이 되는 방이란 뜻이다. 그 뒤 그 뜻이 달라져 주로 큰 절의 주지(主持)를 가리켜서 방장화상이라고 하였다. 현재 우리나라에는 해인사의 해인총림(海印叢林), 송광사(松廣寺)의 조계총림(曹溪叢林), 통도사(通度寺)의 영축총림(靈鷲叢林), 수덕사(修德寺)의 덕숭총림(德崇叢林)등에 방장이 있다. 방장(方丈)은 강원(講院)·선원(禪院)·율원(律院)·염불원(念佛院)·종무원(宗務院) 등을 갖춘 종합수도원을 이른다.

장차 미혹(迷惑)한 사람을 지도(指導)하는데 쓰이리.

083.

多少般數人　百計求名利　心貪覓榮華　經營圖富貴
다 소 반 수 인　백 계 구 명 리　심 탐 멱 영 화　경 영 도 부 귀

心未片時歇　奔突如煙氣　家眷實團圓　一呼百諾至
심 미 편 시 헐　분 돌 여 연 기　가 권 실 단 원　일 호 백 락 지

不過七十年　冰銷瓦解置　死了萬事休　誰人承後嗣
불 과 칠 십 년　빙 소 와 해 치　사 료 만 사 휴　수 인 승 후 사

水浸泥彈丸　方知無意智
수 침 니 탄 환　방 지 무 의 지

헐(歇): 쉴헐. 소(銷): 녹일소. 침(浸): 담글침. 니(泥): 진흙니.

적지 않은 일반 사람들
온갖 계획으로 명리(名利)를 구하네.
탐욕에 눈먼 마음으로 영화(榮華)를 찾고
경영(經營)은 오로지 부귀(富貴)를 도모하는 것이네.
마음을 잠시도 쉬지 못하는데
마치 굴뚝에서 연기가 뿜어 나오듯...
가족끼리는 진실로 원만하여
한 명이 부르면 백 명의 대답이 이르네.
'사람의 일생이라야' 칠십년에 지나지 않나니
얼음이 녹듯, 기와가 부서지듯이...
죽고 나면 만사(萬事)가 끝인데

누군들 뒤를 이을 수 있다던가?
진흙으로 만든 탄환(彈丸)을 물에 담가봐야
바야흐로 보잘 것 없는 지혜임을 알게 되리라.

084.

貪人好聚財　恰如梟愛子　子大而食母　財多還害己
탐 인 호 취 재　흡 여 효 애 자　자 대 이 식 모　재 다 환 해 기

散之即福生　聚之即禍起　無財亦無禍　鼓翼青雲裏
산 지 즉 복 생　취 지 즉 화 기　무 재 역 무 화　고 익 청 운 리

흡(恰): 마치흡. 효(梟): 올빼미효. 고(鼓): 두드릴고. 익(翼): 날개익.

탐욕스러운 사람은 재물을 모으기를 좋아하는데
마치 올빼미가 새끼를 사랑하는 것 같네.
새끼가 자라면 어미를 잡아먹듯이
재물이 많아지면 도리어 자기를 해치게 되네.
'재물'을 흩으면 곧 복(福)이 생기고
모으면 곧 화(禍)를 일으키네.
재물(財物)도 없고 또 화(禍)도 없다면
푸른 하늘, 구름 속으로 '훨훨' 날개를 치리.

085.

去家一萬里 提劍擊匈奴 得利渠即死 失利汝即殂
거 가 일 만 리 제 검 격 흉 노 득 리 거 즉 사 실 리 여 즉 조

渠命既不惜 汝命亦何辜 教汝百勝術 不貪為上謨
거 명 기 불 석 여 명 역 하 고 교 여 백 승 술 불 탐 위 상 모

격(擊): 부딪칠격. 고(辜): 허물고(磔刑).

집을 떠나 만 리 밖인데
칼을 쥐고 흉노(匈奴)60)를 치네.
승리(勝利)를 얻으면 그가 곧 죽고
승리(勝利)를 잃으면 내가 곧 죽네.
그의 목숨을 이미 아끼지 않았다면
너의 목숨인들 또한 어찌 책형(磔刑)61)이 아니겠는가?
너에게 백번 이기는 꾀를 가르쳐 주리니
탐(貪)하지 않는 것이 최상(最上)의 꾀이니라.

086.

瞋是心中火 能燒功德林 欲行菩薩道 忍辱護真心
진 시 심 중 화 능 소 공 덕 림 욕 행 보 살 도 인 욕 호 진 심

진(瞋): 성낼진. 호(護): 보호할호.

---

60) 흉노(匈奴): 기원전(紀元前) 4세기(世紀)에서 1세기(世紀) 사이에 몽고(蒙古) 지방
  (地方) 에서 세력(勢力)을 떨쳤던 유목(遊牧) 민족(民族).
61) 책형(磔刑): 기둥에 묶어세우고 창으로 찔러 죽이던 형벌(刑罰).

성냄이 이대로 마음속의 불이니

능히 공덕(功德)의 숲을 태우느니라.

보살(菩薩)의 길을 행하고 싶거든

인욕(忍辱)62)하며 진실한 마음을 지녀라.

087.

惡趣甚茫茫　冥冥無日光　人間八百歲　未抵半宵長
악 취 심 망 망　명 명 무 일 광　인 간 팔 백 세　미 저 반 소 장

此等諸癡子　論情甚可傷　勸君求出離　認取法中王
차 등 제 치 자　논 정 심 가 상　권 군 구 출 리　인 취 법 중 왕

저(抵): 거스를저. 소(宵): 밤소. 치(癡): 어리석을치.

악취(惡趣)63)가 심히 아득한데

캄캄해서 햇빛도 비출 수 없느니라.

인간이 팔백세(八百歲)64)를 산다 해도

그곳의 밤, 반(半)에도 미치지 못 하느니라.

이들은 모두 어리석은 자이니

그 정황(情況)을 말하면 심히 애달프니라.

그대에게 권하니 ‘그곳 악취를’ 벗어나려면

법 중의 왕인 ‘부처님 법’을 따라야 하느니라.

62) 인욕(忍辱): 육바라밀(六波羅蜜)의 하나. 보시(布施)·지계(持戒)·인욕(忍辱)·정진(精
進)·선정(禪定)·지혜(智慧)의 여섯 가지를 말한다.
63) 악취(惡趣): 악한 짓이 원인이 되어 받는 곧 삼악취(三惡趣)이니, 지옥(地獄)·아귀
(餓鬼)· 축생(畜生).
64) 팔백세(八百歲): 팽조(彭祖)가 800년이나 살았다는 중국 전설 속의 장수 일화(逸話).

088.

世有多解人 愚癡徒苦辛 不求當來善 唯知造惡因
세 유 다 해 인　우 치 도 고 신　불 구 당 래 선　유 지 조 악 인

五逆十惡輩 三毒以為親 一死入地獄 長如鎮庫銀
오 역 십 악 배　삼 독 이 위 친　일 사 입 지 옥　장 여 진 고 은

세상에는 많이 아는 사람도 있는데

어리석게도 괴로움과 쓰라림을 따르네.

앞으로 다가올 착한 복은 구하지 않고

오직 악한 인연을 지을 줄만 아네.

오역(五逆)65)죄와 십악(十惡)66)을 저지르는 무리들

삼독(三毒)을 이로써 친(親)하고 있네.

한 번 죽어 지옥으로 들어가면

영원히 진고은(鎮庫銀)67)과 같이 쓸모없노라.

089.

天高高不窮 地厚厚無極 動物在其中 憑茲造化力
천 고 고 불 궁　지 후 후 무 극　동 물 재 기 중　빙 자 조 화 력

爭頭覓飽暖 作計相噉食 因果都未詳 盲兒問乳色
쟁 두 멱 포 난　작 계 상 담 식　인 과 도 미 상　맹 아 문 유 색

---

65) 오역(五逆): 무간지옥(無間地獄)에 떨어질 다섯 가지 악행(惡行). 아버지를 죽이는
　　일. 어머니를 죽이는 일. 아라한(阿羅漢)을 죽이는 일. 승려의 화합을 깨뜨리는 일.
　　불신(佛身)을 손상하는 일.
66) 십악(十惡): 신구의(身口意)의 세 가지에서 나는 열 가지의 악업(惡業). 곧 살생(殺
　　生)·투도(偸盜)·사음(邪淫) 따위의 신업(身業)과 망어(妄語)·기어(綺語)·양설(兩舌)·
　　악구(惡口) 따위의 구업(口業)과 탐욕(貪慾)·진에(瞋恚)·우치(愚癡)의 의업(意業).
67) 진고은(鎮庫銀): 창고 속에 감추어진 은(銀). 쓸데없는 것.

빙(憑): 기댈빙. 담(噉): 씹을담.

하늘은 높고 높아서 그 끝을 알 수 없고
땅은 두텁고 두터워 그 두께가 끝이 없네.
동물은 그 가운데 있는데
이 '하늘과 땅' 조화(造化)의 힘에 기대네.
서로 다투어 먹을 것, 입을 것을 찾는데
꾀만 만들어 서로 물어뜯으려 하네.
인과(因果)란 도무지 자세하지 않나니
눈먼 아이가 젖 빛깔을 묻는 것 같다네.

090.

天下幾種人	論時色數有	賈婆如許夫	黃老元無婦
천하기종인	논시색수유	가파여허부	황로원무부

衛氏兒可憐	鐘家女極醜	渠若向西行	我便東邊走
위씨아가련	종가여극추	거약향서행	아편동변주

세상에는 몇 종(種)의 사람이 있는지?
따져 보면 때에 따라 피부색이 여럿이라네.
가파(賈婆)[68]는 추하나 왕후가 되고
황로(黃老)는 원래 아내가 없네.
위씨아(衛氏兒)[69]는 아름다웠으나 왕후가 되지 못했고

---

68) 가파(賈婆): 진혜제(晉惠帝)의 왕후(王后) 가남풍(賈南風), 얼굴이 추하였으나 왕후
  (王后)가 되었다.
69) 위씨아(衛氏兒): 진(晉) 위관(衛瓘)의 딸로 성품이 어질고 아름다웠으나 왕후(王后)
  가 되지 못했다.

종가녀(鍾家女)70)는 지극히 추하였는데 왕후가 되었네.

네가 만약 서쪽을 향해 간다면

나는 문득 동쪽으로 가려네.

091.

賢士不貪婪　癡人好鑪冶　麥地占他家　竹園皆我者
현 사 불 탐 람　치 인 호 노 야　맥 지 점 타 가　죽 원 개 아 자

努膊覓錢財　切齒驅奴馬　須看郭門外　壘壘松栢下
노 박 멱 전 재　절 치 구 노 마　수 간 곽 문 외　누 루 송 백 하

람(婪): 탐할람. 노(鑪): 화로노. 야(冶): 다스릴야.

박(膊): 들추어낼박. 누(壘): 성채누.

어진 이는 욕심을 부리지 않는데

어리석은 사람은 이권(利權)71)을 좋아하네.

보리밭은 남의 것까지 차지하고

대숲을 모두 내 것이라 우기네.

팔을 걷고 돈과 재물을 찾는데

이를 악물고 종과 말을 부리네.

모름지기 성 밖을 보게나.

솔밭아래 무덤이 빽빽이 들어 있느니라.

---

70) 종가녀(鍾家女): 얼굴이 추했으나 어진 심성으로 제선왕(齊宣王)의 왕후(王后)가
　　되었다.

71) 노야(鑪冶): 금속을 용광로에 녹여 정제(精製)하다. 여기서는 이권(利權)을 이름.

092.

噴噴買魚肉 擔歸餧妻子 何須殺他命 將來活汝己
홍 홍 매 어 육　담 귀 위 처 자　하 수 살 타 명　장 래 활 여 기

此非天堂緣 純是地獄滓 徐六語破堆 始知沒道理
차 비 천 당 연　순 시 지 옥 재　서 륙 어 파 퇴　시 지 몰 도 리

홍(噴): 노래홍. 담(擔): 멜담. 위(餧): 먹일위. 순(純): 순수할순.

재(滓): 찌꺼기재. 퇴(堆): 언덕퇴.

콧노래 부르며 생선과 고기를 사서
메고 돌아가 처자(妻子)를 먹이네.
어찌 구태여 남의 목숨을 죽일 것인가?
되는대로 살아갈 따름이네.
이는 천상(天上)에 태어날 인연이 아니요.
순전히 지옥으로 갈 앙금이라네.
명의(名醫) 서육(徐六)[72]도 부서져 버릴 몸이라 말했나니
비로소 도리(道理)에 어긋났음을 알게 되리라.

093.

有人把椿樹 喚作白栴檀 學道多沙數 幾箇得泥洹
유 인 파 춘 수　환 작 백 전 단　학 도 다 사 수　기 개 득 니 원

棄金却擔草 謾他亦自謾 似聚沙一處 成團也大難
기 금 각 담 초　만 타 역 자 만　사 취 사 일 처　성 단 야 대 난

---

72) 서육(徐六): 남북조시대의 명의(名醫), 서지재(徐之才)의 별명. 서웅(徐雄)의 여섯
째아들.

춘(椿): 참죽나무춘. 만(謾): 속일만.

누군가 참죽나무를 잡고서
흰 전단(栴檀) 향나무라 부르네.
도를 배우는 자는 모래알처럼 많은데
몇이나 니르바나[73]를 얻는다던가?
황금을 버리고 도리어 풀을 걸머지는데
남을 속이고 또 자신도 속는 것이네.
흡사 모래를 한 곳에 모으는 것 같아서
단(團)을 이루기가 몹시 어려우리라.

094.

烝砂擬作飯 臨渴始掘井 用力磨甋甎 那堪將作鏡
증 사 의 작 반　임 갈 시 굴 정　용 력 마 녹 전　나 감 장 작 경

佛說元平等 摠有真如性 但自審思量 不用閑爭競
불 설 원 평 등　총 유 진 여 성　단 자 심 사 량　불 용 한 쟁 경

의(擬): 헤아릴의. 갈(渴): 목마를갈. 굴(掘): 팔굴. 마(磨): 갈마.
녹(甋): 벽돌녹. 전(甎): 벽돌전. 감(堪): 견딜감.

모래를 삶아 밥을 지으려 흉내 내고
목마르자 비로소 우물을 파네.
힘써 벽돌을 간들

---

73) 니원(泥洹): 불도(佛道)를 완전(完全)하게 이루어 일체(一切)의 번뇌(煩惱)를 해탈(解脫)한 최고(最高)의 경지(境地). 니르바나. 열반(涅槃)이라고 음역(音譯)함.

어찌 장차 거울이 만들어 지겠는가?

부처님 말씀은 원래 평등(平等) 하여

모두 진여(眞如)[74]의 성품이 있다 하였네.

다만 스스로 깊이 생각해야 하나니

한가히 다투는 것은 쓸모없다네.

095.

推尋世間事 子細摠皆知 凡事莫容易 盡愛討便宜
추 심 세 간 사　자 세 총 개 지　범 사 막 용 이　진 애 토 편 의

護即弊成好 毀即是成非 故知雜濫口 背面摠由伊
호 즉 폐 성 호　훼 즉 시 성 비　고 지 잡 남 구　배 면 총 유 이

冷暖我自量 不信奴脣皮
냉 난 아 자 량　불 신 노 순 피

폐(弊): 해질폐. 훼(毀): 헐훼. 남(濫): 넘칠남. 순(脣): 입술순. 이(伊): 저이.

세상 일 미루어 살피면

자세히 모두 알게 된다네.

대개 일이란 쉬운 것이 없는데

모두 편의(便宜)만 찾기 좋아하네.

보호(保護)한 즉 해진 것도 좋아지고

헐뜯은 즉 옳은 것도 그르게 되네.

그렇게 온갖 구설을 알게 되나니

---

74) 진여(眞如): 우주(宇宙) 만유(萬有)의 실체(實體)로서, 현실적(現實的)이며 평등(平
　　等) 무차별(無差別)한 절대(絶對)의 진리(眞理). 진성(眞性).

반대도 모두 거기에 있네.
차고 더운 세상물정 나 스스로 헤아리나니
저들의 입술을 믿지 말게나.

096.

蹭蹬諸貧士 饑寒成至極 閑居好作詩 札札用心力
층 등 제 빈 사　기 한 성 지 극　한 거 호 작 시　찰 찰 용 심 력

賤人言孰采 勸君休歎息 題安餬餅上 乞狗也不喫
천 인 언 숙 채　권 군 휴 탄 식　제 안 호 병 상　걸 구 야 불 끽

층(蹭): 비틀거릴층. 등(蹬): 비틀거릴등. 찰(札): 패찰. 호(餬): 풀호.
병(餅): 떡병. 끽(喫): 마실끽.

비틀거리며 헤매[75]는 가난한 선비들
굶주림과 추위가 지극하다네.
한가히 살며 시(詩) 짓기 좋아하는데
정성을 다해 마음과 힘을 쓴다네.
천한 사람의 말을 누가 택하겠는가?
그대에게 권하니 탄식은 그만두게나.
떡 위에 글을 적어서
개에게 던져 주어도 '글'은 먹지 않는다네.

---

75) 층등(蹭蹬): 발을 헛디디거나 실족함. 전하여 세력(勢力)을 잃고 어정거림을 이름.

097.

欲	識	生	死	譬
욕	식	생	사	비

且	將	冰	水	比
차	장	빙	수	비

水	結	即	成	冰
수	결	즉	성	빙

冰	銷	返	成	水
빙	소	반	성	수

已	死	必	應	生
이	사	필	응	생

出	生	還	復	死
출	생	환	부	사

冰	水	不	相	傷
빙	수	불	상	상

生	死	還	雙	美
생	사	환	쌍	미

비(譬): 비유할비. 소(銷): 녹일소.

삶과 죽음을 비유하여 알고 싶은가?
자! 얼음과 물로 비교하리라.
물이 얼면 곧 얼음이 되고
얼음을 녹이면 도로 물이 되네.
이미 죽으면 반드시 태어나게 되고
태어나면 도로 다시 죽느니라.
얼음과 물은 서로를 상하게 하지 않나니
삶과 죽음도 둘 다 아름답게 순환(巡還) 하느니라.

098.

尋	思	少	年	日
심	사	소	년	일

游	獵	向	平	陵
유	렵	향	평	릉

國	使	職	非	願
국	사	직	비	원

神	仙	未	足	稱
신	선	미	족	칭

聯	翩	騎	白	馬
연	편	기	백	마

喝	兔	放	蒼	鷹
갈	토	방	창	응

不	覺	大	流	落
불	각	대	유	락

皤	皤	誰	見	矜
파	파	수	견	긍

엽(獵): 사냥렵. 연(聯): 연결할연. 편(翩): 나부낄편. 기(騎): 말탈기.
갈(喝): 꾸짖을갈. 토(兔): 토끼토. 창(蒼): 푸를창. 응(鷹): 매응.
파(皤): 머리센모양파. 긍(矜): 불쌍히여길긍.

어렸을 때를 빠짐없이 생각해보니
평릉에서 사냥하던 때 생각나네.
국가(國家)의 공직(公職)을 바란 것도 아니고
신선(神仙) 노릇도 들먹거릴 것이 못 되네.
옷깃을 펄럭이며 백마를 타고
토끼를 쫓으며 참 매를 풀어 놓았네.
고향을 떠나 떠돌이로 깨닫지 못했는데
백발의 늙은이를 누가 불쌍히 여기겠는가?

099.

偃息深林下　從生是農夫　立身既質直　出語無諂諛
언 식 심 림 하　종 생 시 농 부　입 신 기 질 직　출 어 무 첨 유

保我不鑒璧　信君方得珠　焉能同汎灎　極目波上鳧
보 아 불 감 벽　신 군 방 득 주　언 능 동 범 렴　극 목 파 상 부

언(偃): 누을언. 첨(諂): 아첨할첨. 유(諛): 아첨할유. 감(鑒): 거울감.
벽(璧): 둥근옥벽. 범(汎): 뜰범. 염(灎): 물결출렁거릴렴. 부(鳧): 오리부.

깊은 숲 아래 누워 쉬나니
태어날 때부터 농부(農夫)라네.
입신(立身)[76] 출세(出世)에는 이미 소박하나니
이러쿵저러쿵 아첨한적 없다네.
나를 지키고자 재물은 욕심내지 않았고

---

76) 입신(立身): 사회에 나아가서 자기의 기반을 확립하여 출세(出世)함.

그대를 믿어 바야흐로 훌륭한 친구를 얻게 되었네.

어찌 세상과 함께 휩쓸리면서

눈을 부릅뜨고 파상부(波上鳧)[77]를 쫓겠는가?

100.

不須攻人惡　何用伐己善　行之則可行　卷之則可卷
불 수 공 인 악　하 용 벌 기 선　행 지 즉 가 행　권 지 즉 가 권

祿厚憂責大　言深慮交淺　聞茲若念茲　小兒當自見
녹 후 우 책 대　언 심 여 교 천　문 자 약 염 자　소 아 당 자 견

녹(祿): 복록. 후(厚): 두터울후. 우(憂): 근심할우. 책(責): 꾸짖을책.

여(慮): 생각할여. 천(淺): 얕을천.

구태여 남의 허물은 꾸짖지 말아야 하니

어찌 자기의 착한 일, 자랑하는데 쓸 수 있겠는가?

행(行)해야 할 일은 곧 행(行) 하고

거둬야 할 일은 곧 거둬야 하네.

녹(祿)이 두터워지면 책임도 클 것을 걱정해야 하고

말이 심하면 교류(交流)가 옅어질 것을 염려(念慮)해야 하네.

이를 듣고 만약 이점을 염려(念慮)하면

어린 애라도 마땅히 스스로 깨우치게 되리라.

---

77) 파상부(波上鳧): 초사(楚辭) 복거(卜居)편에 유래하는 것으로 시속(時俗)을 쫓지
　　않겠다는 일화(逸話).

101.

富兒會高堂 華燈何煒煌 此時無燭者 心願處其傍
부 아 회 고 당　화 등 하 위 황　차 시 무 촉 자　심 원 처 기 방

不意遭排遣 還歸暗處藏 益人明詎損 頓訝惜餘光
불 의 조 배 견　환 귀 암 처 장　익 인 명 거 손　돈 아 석 여 광

위(煒): 빛날위. 황(煌): 빛날황. 거(詎): 어찌거. 돈(頓): 깨칠돈.
아(訝): 맞을아.

부잣집 아이들 높은 집에 모였는데

화려한 등불, 어찌 이리도 빛이 나는가?

이 때 촛불 없이 사는 자

마음으로 그 곁에 살기 원하네.

뜻밖에 등불이 비쳐지다가

도로 등불이 어두워지네.

남에게 유익하다고 빛이 어찌 덜어지든가?

문득, 남은 빛이라도 아끼시게나.

102.

世有聰明士 勤苦探幽文 三端自孤立 六藝越諸君
세 유 총 명 사　근 고 탐 유 문　삼 단 자 고 립　육 예 월 제 군

神氣卓然異 精彩超衆群 不識箇中意 逐境亂紛紛
신 기 탁 연 리　정 채 초 중 군　불 식 개 중 의　축 경 난 분 분

세상에는 총명한 선비가 있는데

부지런히 그윽한 글을 탐구(探究) 하네.

삼단(三端)78)을 스스로 외로이 지키며

육예(六藝)79)에 모든 사람보다 뛰어나네.

신기(神氣)80)가 탁월(卓越)하게 다르고

정채(精彩)81)는 모든 무리를 초월(超越)하였네.

'그러나' 이것의 뜻을 알지 못하니

경계를 쫓아 어지러이 갈피를 잡지 못하네.

103.

層層山水秀 煙霞鎖翠微 嵐拂紗巾濕 露霑蓑草衣
층 층 산 수 수　연 하 쇄 취 미　남 불 사 건 습　노 점 사 초 의

足躡游方履 手執古藤枝 更觀塵世外 夢境復何為
족 섭 유 방 리　수 집 고 등 지　갱 관 진 세 외　몽 경 부 하 위

쇄(鎖): 쇠사슬쇄. 남(嵐): 산속아지랑이남. 불(拂): 떨칠불.

사(蓑): 도롱이사. 섭(躡): 밟을섭. 리(履): 신발리. 등(藤): 등나무등.

층층의 산과 물이 빼어난데

안개와 노을이 먼 산 빛과 엉키네.

산 기운은 두건의 습기를 털고

이슬이 도롱이를 적시네.

발에 새 신발을 신고 놀러 가는데

손에 등나무 지팡이를 짚었네.

---

78) 삼단(三端): 문사(文士)의 붓끝, 무사(武士)의 칼끝, 변사(辯士)의 혀끝. 세 가지.

79) 육예(六藝): 예(禮)·악(樂)·사(射)·어(御)·서(書)·수(數).

80) 신기(神氣): 만물을 만들어 내는 원기(元氣).

81) 정채(精彩): 아름답게 빛나는 색채(色彩).

다시 속세(俗世)의 밖을 보나니
꿈같은 경계를 다시 말해 무엇 하겠는가?

104.

滿卷才子詩 溢壺聖人酒 行愛觀牛犢 坐不離左右
만권재자시 일호성인주 행애관우독 좌불이좌우

霜露入茅檐 月華明瓮牖 此時吸兩甌 吟詩三兩首
상로입모첨 월화명옹유 차시흡양구 음시삼양수

일(溢): 넘칠일. 호(壺): 병호. 독(犢): 송아지독. 첨(檐): 처마첨.
옹(瓮): 항아리옹. 유(牖): 창문유. 구(甌): 사발구.

책에 재자(才子)의 시(詩)로 가득하고
항아리엔 맑은 술이 넘치네.
걸으며 송아지 떼를 어여삐 바라보고
자리엔 시(詩)와 술이 좌우에서 떠나지 않네.
서리와 이슬이 띠 집 처마에 내리는데
달빛은 항아리 모양의 창을 비추네.
이런 때 두어 사발의 술을 마시며
두 세수의 시(詩)를 읊어 본다오.

105.

施家有兩兒　以藝干齊楚　文武各自備　託身為得所
시 가 유 양 아　이 예 간 제 초　문 무 각 자 비　탁 신 위 득 소

孟公問其術　我子親教汝　秦衛兩不成　失時成齟齬
맹 공 문 기 술　아 자 친 교 여　진 위 양 불 성　실 시 성 저 어

진(秦): 나라이름진. 위(衛): 지킬위. 저(齟): 어긋날저. 어(齬): 어긋날어.

시씨(施氏)의 집에 두 아이가 있는데
재주로 제(齊)와 초(楚)에 벼슬하였네.
문무(文武)를 각각 스스로 갖추고
몸소 노력하여 하고 싶은 바를 얻었네.
맹공(孟公)이 그 술책(術策)을 물으며
"자기 아들에게 자네가 친히 가르치라네."
진(秦)과 위(衛), 양쪽에 뜻을 이루지 못했는데
때를 잃고 그만 어긋났다네.

106.

止宿鴛鴦鳥　一雄兼一雌　銜花相共食　刷羽每相隨
지 숙 원 앙 조　일 웅 겸 일 자　함 화 상 공 식　쇄 우 매 상 수

戲入煙霄裏　宿歸沙岸湄　自憐生處樂　不奪鳳凰池
희 입 연 소 리　숙 귀 사 안 미　자 련 생 처 락　불 탈 봉 황 지

자(雌): 암컷자. 함(銜): 재갈함. 쇄(刷): 쓸쇄. 수(隨): 따를수.
희(戲): 희롱할희. 소(霄): 하늘소. 미(湄): 물가미.

곤히 잠든 원앙(鴛鴦) 새여.

수컷 한 마리에 암컷 한 마리.

꽃을 따서 서로 나누어 먹고

깃을 다듬으며 매양 서로 따르네.

안개와 하늘이 비친 물속으로 헤엄치다가

모래 언덕으로 돌아와 잠자네.

스스로 사는 곳의 즐거움을 아끼며

봉황(鳳凰)이 깃든 연못은 넘보지 않네.

107.

或有衒行人　才藝過周孔　見罷頭兀兀　看時身侗侗
혹 유 현 행 인　재 예 과 수 공　견 파 두 올 올　간 시 신 동 동

繩牽未肯行　錐刺猶不動　恰似羊公鶴　可憐生氊氋
승 견 미 긍 행　추 자 유 부 동　흡 사 양 공 학　가 련 생 동 몽

현(衒): 자랑할현. 파(罷): 그만둘파. 올(兀): 우뚝할올.

동(侗): 어리석을동. 추(錐): 송곳추. 자(刺): 찌를자.

동(氊): 털흩어질동. 몽(氋): 털흩어질몽.

간혹 자기의 수행을 자랑하는 사람이 있는데

재능이 주공(周公)과 공자(孔子)님보다 낫다고 하네.

처음 보았을 때 머리가 똑똑하였는데

볼 때마다 어리석어지네.

밧줄로 당겨도 기꺼이 오지 않는데

송곳으로 찔러도 오히려 움직이지 않네.

흡사 양공학(羊公鶴)[82]과 같아서

가엽게도 털이 흩어져 떨어지네.

108.

少小帶經鋤 本將兄共居 緣遭他輩責 剩被自妻疏
소 소 대 경 서　본 장 형 공 거　연 조 타 배 책　잉 피 자 처 소

抛絕紅塵境 常游好閱書 誰能借斗水 活取轍中魚
포 절 홍 진 경　상 유 호 열 서　수 능 차 두 수　활 취 철 중 어

서(鋤): 호미서. 책(責): 꾸짖을책. 잉(剩): 남을잉. 포(抛): 던질포.

열(閱): 검열할열. 차(借): 빌차. 철(轍): 바퀴자국철.

젊어서부터 경(經)[83]을 끼고 밭 갈며

본래 형님과 함께 사네.

다른 무리한테 책망을 듣고

아내의[84] 버림마저 당했네.

---

82) 양공학(羊公鶴): 유명무실한 사람을 비유 하는 말. 양숙자가 춤을 잘 추는 학이
　　있다고 빈객에게 자랑하였는데 빈객이 시험하여 보았더니 춤을 추지 않았다는
　　고사에서 유래 하였다.

83) 대경서(帶經鋤): 한나라 때 예관(倪寬)은 공안국에게 오경을 배웠는데 집이 가난해
　　학비를 낼 수 없었다. 대신 밭에 나가 일했는데 그때도 늘 경서(經書)를 가지고
　　갔으며 쉬는 시간이 되면 온전히 공부에 몰두하였다.

84) 피자처소(被自妻疏): 주매신(朱買臣), 전한(前漢) 회계(會稽) 오현(吳縣, 강소성 蘇
　　州) 사람. 자는 옹자(翁子), 학문을 좋아하나 집안이 가난하여 나무를 팔아 생계를
　　유지 했다. 아내가 이를 부끄럽게 여겨 헤어졌다. 나중에 장안(長安)에 와서 상서
　　(上書)하여 상계리(上計吏)에 속해 지내던 중 엄조(嚴助)의 추천으로 무제(武帝)에
　　게 춘추(春秋)를 강설하게 되어 중대부(中大夫)에 오르게 되었다. 그 뒤 회계태수
　　(會稽太守)가 되어 고향에 돌아가 헤어진 아내와 그의 남편을 불러 도와주었는데,
　　그 아내는 부끄러워 자살했다고 한다.

세속(世俗)의 경계를 끊어 내고자

항상 놀 때도 책을 열람(閱覽)하였네.

뉘라서 능히 한말의 물을 빌려주어

수레바퀴속의 물고기[85]를 살려줄 수 있을지?

109.

變化計無窮　生死竟不止　三途鳥雀身　五岳龍魚已
변 화 계 무 궁　생 사 경 부 지　삼 도 조 작 신　오 악 용 어 이

世濁作猊獳　時淸爲騄駬　前廻是富兒　今度成貧士
세 탁 작 예 누　시 청 위 녹 이　전 회 시 부 아　금 도 성 빈 사

예(猊): 오랑캐양예. 누(獳): 오랑캐양누. 녹(騄): 말이름녹.

이(駬): 말이름이.

변화(變化)의 계획은 끝이 없나니

생사(生死)란 마침내 그치지 않네.

---

85) 철중어(轍中魚): 장자(莊子)에 나오는 수레바퀴 자국에 갇힌 붕어 일화로 장자가
집안이 가난하여 감하후(監河侯)에게 식량을 빌리러 갔는데 장자의 사정을 듣고
감하후가 승낙하기를 세금을 걷은 후에 삼백 금을 빌려주면 되겠소? 장자가 분통
이 터져 얼굴빛을 바꾸며 말하길 '내가 어제 길을 가다가 나를 부르는 소리를 듣고
수레바퀴 자국을 보았더니 붕어 한 마리가 있었소. 내가 묻기를 붕어야! 네가 여기
웬 일이냐?' 붕어가 대답하기를 '나는 동해의 파신(波臣)인데 그대가 한 말의 물로
나를 살려줄 수 있겠소?' 내가 말하길 '그래, 내가 지금 남으로 오(吳)와 월(越)나라
땅으로 놀러 가는데 서강의 물을 끌어다 너를 살리면 되겠느냐?' 그랬더니 붕어가
화를 내며 말하기를 '나는 물이 없으면 살지 못하는데 내가 있는 수레바퀴 속에는
물이 없소. 한 말의 물만 있으면 살 수 있는데 그대는 서강의 물을 운운한단 말이
오. 나중에 나를 건어물 가게에서 찾는 이만 같지 못할 것이오.' 붕어에겐 한 말의
물이면 되는데 서강 물을 끌어오겠다는 것이나 당장 한 말의 곡식이 필요한데
삼백금(三百金) 운운하니 어처구니없는 궤변이다.

삼도(三途)86)에서 조작(鳥雀)의 몸이었다가
오악(五嶽)87)에서 이미 용과 고기의 몸이네.
세상이 흐릴 때는 오랑캐의 양(羊)이 되었다가
시절이 맑을 제는 준마(駿馬)가 되었네.
전생에는 윤회(輪廻)하며 부자였는데
금생에는 가난한 선비가 되었네.

110.

書判全非弱 嫌身不得官 銓曹被拗折 洗垢覓瘡瘢
서 판 전 비 약　혐 신 부 득 관　전 조 피 요 절　세 구 멱 창 반

必也關天命 今年更試看 盲兒射雀目 偶中亦非難
필 야 관 천 명　금 년 갱 시 간　맹 아 사 작 목　우 중 역 비 난

혐(嫌): 싫어할혐. 전(銓): 저울질할전. 요(拗): 꺾을요. 구(垢): 때구.
창(瘡): 부스럼창. 반(瘢): 흉터반.

글과 판단이 모자라지 않은데
몸이 벼슬을 얻지 못한 것을 싫어하네.
시험관에게 꺾이었는데
때를 씻어가며 흉터를 찾네.
반드시 천명(天命)의 소관(所關)이더라도
금년에 다시 시험을 치르리라.

---

86) 삼도(三途): 지옥(地獄) 아귀(餓鬼) 축생(畜生)을 말함.
87) 오악(五嶽): 중국의 오대 명산으로 중악(中嶽)인 숭산(崇山), 동악(東嶽)인 태산(泰山),
　　서악(西嶽)인 화산(華山), 남악(南嶽)인 형산(衡山), 북악(北嶽)인 항산(恒山)을 말함.

장님 아이가 참새 눈을 쏘아서

우연히 적중하는 것만큼 또한 어렵지 않겠는가.

111.

貧驢欠一尺　富狗剩三寸　若分貧不平　中半富與困
빈　려　흠　일　척　　부　구　잉　삼　촌　　약　분　빈　불　평　　중　반　부　여　곤

始取驢飽足　却令狗饑頓　為汝熟思量　令我也愁悶
시　취　여　포　족　　각　령　구　기　돈　　위　여　숙　사　량　　영　아　야　수　민

여(驢): 나귀여. 민(悶): 번민할민.

가난한 집 나귀는 한 자[尺]의 여물로도 모자란데

부잣집 개는 세치[寸]의 밥도 남기네.

만약 가난을 공평하지 못하다 하여

부(富)와 가난을 반으로 나눈다 하자.

비로소 나귀가 배불리 먹게 되는데

도리어 개는 굶주려 무너지네.

그대를 위해 깊이 생각하는데

나로 하여금 또 수심에 빠지게 하네.

112.

柳郎八十二　藍嫂一十八　夫妻共百年　相憐情狡猾
유 랑 팔 십 이　남 수 일 십 팔　부 처 공 백 년　상 련 정 교 활

弄璋字烏虓　擲瓦名姯妠　屢見枯楊荑　常遭青女殺
농 장 자 오 도　척 와 명 완 납　누 견 고 양 제　상 조 청 녀 살

남(藍): 쪽남. 수(嫂): 부부수. 교(狡): 교활할교. 활(猾): 교활할활.

장(璋): 반쪽홀장. 도(虓): 범도. 척(擲): 던질척. 완(姯): 품성좋을완.

납(妠): 장가들납. 제(荑): 싹제.

유(柳)씨 신랑은 이미 여든 둘인데

남(藍)가 신부는 겨우 열여덟이네.

부부(夫婦)로 맺어 백년(百年)을 함께하는데.

서로 아끼며 정(情)이 지극하다네.

아들을 낳아 자(字)[88]를 오도(烏虓)라 부르고

딸을 낳자 이름을 완납(姯妠)이라 하였네.

마른 버드나무 싹을 여러 번 보았는데

항상 서리를 맞아 시들까 걱정이네.

113.

大有饑寒客　生將獸魚殊　長存廟石下　時哭路邊隅
대 유 기 한 객　생 장 수 어 수　장 존 묘 석 하　시 곡 노 변 우

屢日空思飯　終冬不識襦　唯齎一束草　並帶五升麩
누 일 공 사 반　종 동 불 식 유　유 재 일 속 초　병 대 오 승 부

---

88) 자(字): 실제의 이름(本名)이 아닌 부명(副名)이라 할 수 있다. 예로부터 우리나라
에서는 웬만큼 글자를 아는 사람이면 성명 외에 자(字)와 호(號)를 지녔다.

수(獸): 짐승수. 묘(廟): 사당묘. 우(隅): 모퉁이우.

유(襦): 저고리유. 재(齎): 가져올재. 부(麩): 밀기울부.

굶주림과 추위에 떠는 이가 있는데

짐승이나 물고기와는 삶이 다르네.

오래도록 사당 축대 밑에서 살며

때로는 길모퉁이에서 통곡을 하네.

여러 날 부질없이 밥을 생각하고

겨울이 다하도록 속옷조차 모르네.

오직 한 묶음의 풀[89]과

아울러 다섯 되의 밀기울을 지녔을 뿐이네.

114.

赫赫誰壚肆　其酒甚濃厚　可憐高幡幟　極目平升斗
혁 혁 수 노 사　기 주 심 농 후　가 련 고 번 치　극 목 평 승 두

何意訝不售　其家多猛狗　童子欲來沽　狗齩便是走
하 의 아 불 수　기 가 다 맹 구　동 자 욕 래 고　구 교 편 시 주

노(壚): 술집노. 사(肆): 저자사. 농(濃): 짙을농. 번(幡): 깃발번.

치(幟): 깃발치. 아(訝): 맞을아. 수(售): 팔수. 맹(猛): 사나울맹.

교(齩): 깨물교.

누구의 술집, 소문이 자자한데

---

89) 일속초(一束草): 한(漢)나라 손진(孫晨)이 공조(工曹)에 있을 때 가난하여 밤에 마른풀 한 묶음으로 덮고 잤다함.

그 집 술맛이 몹시 짙은맛이네.

높이 달린 깃발을 사랑하나니

눈여겨봐도 말이나 되가 공평하네.

무슨 뜻으로 손님에게 팔지 않는지?

그 집에는 사나운 개가 많다네.

동자(童子)가 술을 받으러 오다가

개에게 물려 문득 달아나네.

115.

吁嗟濁濫處　羅刹共賢人　謂是等流類　焉知道不親
우 차 탁 남 처　나 찰 공 현 인　위 시 등 유 류　언 지 도 불 친

狐假師子勢　詐妄却稱珍　鉛礦入鑪冶　方知金不眞
호 가 사 자 세　사 망 각 칭 진　연 광 입 노 야　방 지 금 부 진

우(吁): 탄식할우. 차(嗟): 탄식할차. 남(濫): 넘칠남. 연(鉛): 납덩이연.

광(礦): 쇳돌광. 노(鑪): 화로노. 야(冶): 꾸밀야.

아 슬프다! 흙탕물로 넘치는 곳

나찰(羅刹)[90]과 어진이가 함께 사네.

이들 무리를 같은 부류라 이르는데

어찌 도(道)와 친(親), 불친(不親)을 알겠는가?

여우가 사자의 위세(威勢)를 가장해

---

90) 나찰(羅刹): 악(惡)한 귀신(鬼神)으로 푸른 눈, 검은 몸, 붉은 머리털을 하고서 사람
　을 잡 먹으며 지옥(地獄)에서 죄인(罪人)을 못살게 군 다고 함. 야차(夜叉)와 함께
　비사문천(毘沙門天)에게 딸린 식구(食口).

거짓 까맣게 잊고 보배라 일컫는 다네.

연광(鉛鑛)[91]도 용광로의 도야(陶冶)를 거치고 서야

비로소 금(金)이 진짜인지 가짜인지 안 다네.

116.

田家避暑月 斗酒共誰歡 雜雜排山果 疎疎圍酒樽
전 가 피 서 월　두 주 공 수 환　잡 잡 배 산 과　소 소 위 주 준

蘆筲將代席 蕉葉且充盤 醉後搘頤坐 須彌小彈丸
노 소 장 대 석　초 엽 차 충 반　취 후 지 이 좌　수 미 소 탄 환

배(排): 밀칠배. 준(樽): 술통준. 노(蘆): 갈대노. 소(筲): 모진풀소.

초(蕉): 파초초. 지(搘): 버틸지. 이(頤): 턱이.

더위를 농가(農家)로 피해왔는데

말술을 누구와 함께 즐기랴?

온갖 산과(山果)를 진열해 놓고

듬성듬성 술통을 둘러놓았네.

산 갈대로 자리를 대신 마련하고

파초 잎으로 또 소반을 삼았네.

취한 뒤에 턱 괴고 앉았는데

수미산(須彌山)[92]이 작은 탄환(彈丸)만 하다오.

---

91) 연광(鉛鑛): 납이 들어 있는 광석.

92) 수미(須彌): 수미산(須彌山). 불교의 우주관에서 나온 세계의 중심에 있다고 하는
　　상상의 산. 수미산을 중심으로 주위에는 승신주(勝身洲)·섬부주(贍部洲)·우화주(牛
　　貨洲)·구로주(俱盧洲)의 4대 주가 동남서북에 있고, 그것을 둘러싼 구산(九山)과
　　팔해(八海)가 있다. 이 수미산의 하계(下界)에는 지옥이 있고, 수미산의 가장 낮은

117.

箇是何措大 時來省南院 年可三十餘 曾經四五選
개 시 하 조 대　시 래 성 남 원　연 가 삼 십 여　증 경 사 오 선

囊裏無靑蚨 篋中有黃卷 行到食店前 不敢暫廻面
낭 리 무 청 부　협 중 유 황 권　행 도 식 점 전　불 감 잠 회 면

조(措): 그만둘조. 낭(囊): 주머니낭. 부(蚨): 파랑강충이부.

협(篋): 상자협. 잠(暫): 잠시잠.

저이가 어떤 선비인데

때마다 남원(南院)을 살피는 것인가?

나이는 갓 서른 남짓

일찍이 네댓 번 과거를 보았다네.

주머니 속에 동전(銅錢) 한 푼 없는데

상자엔 경전(經典)으로 차 있네.

길을 가다가 음식점 앞에 이르면

감히 잠시도 고개를 돌리지 못한다네.

118.

為人常喫用 愛意須慳惜 老去不自由 漸被他排斥
위 인 상 끽 용　애 의 수 간 석　노 거 부 자 유　점 피 타 배 척

送向荒山頭 一生願虛擲 亡羊罷補牢 失意終無極
송 향 황 산 두　일 생 원 허 척　망 양 파 보 뢰　실 의 종 무 극

곳에는 인간계가 있다. 또 수미산 중턱의 사방으로 동방에는 지국천(持國天), 남쪽
에는 증장천(增長天), 서쪽에는 광목천(廣目天), 북쪽에는 다문천(多聞天)의 사왕
천(四王天)이 있다.

간(慳): 아낄간. 석(惜): 아낄석. 점(漸): '점점' 점. 파(罷): 그칠파.
뢰(牢): 가축우리뢰.

남에게 항상 억눌려 사는데
애정(愛情)을 가지고 부디 아끼게.
늙어 갈수록 자유스럽지 못한데
점점 남의 배척(排斥)을 당하게 되네.
황산(荒山)으로 보내지면
일생의 소원이 헛되이 던져진다네.
염소 잃고 외양간 고치는 짓일랑 그만 두게나
절망과 후회로 마침내 끝이 없으리라.

119.

浪造凌霄閣　虛登百尺樓　養生仍天命　誘讀詎封侯
낭 조 능 소 각　허 등 백 척 루　양 생 잉 천 명　유 독 거 봉 후

不用從黃口　何須猒白頭　未能端似箭　且莫曲如鉤
불 용 종 황 구　하 수 염 백 두　미 능 단 사 전　차 막 곡 여 구

능(凌): 능가할능. 소(霄): 하늘소. 잉(仍): 인할잉. 유(誘): 유혹할유.
거(詎): 어찌거. 염(猒): 싫을염. 전(箭): 화살전. 구(鉤): 갈고리구.

부질없이 능소각(凌霄閣)93)을 지으며
헛되이 백 척 누각에 오르네.

---

93) 능소각(凌霄閣): 위(魏)의 명제(明帝)때 세운 누각(樓閣)의 이름.

섭생(攝生)을 해도 이내 천명(天命)이 있을 터

공부한다고 어찌 벼슬을 한다던가?

어린아이 입을 따르는 것 쓸모없다하여

어찌 백발을 싫어할게 있겠는가?

능히 화살처럼 곧게 살지 못하더라도

부디, 굽은 낚시처럼 살지는 말게.

120.

富貴踈親聚　秖為多錢米　貧賤骨肉離　非關少兄弟
부 귀 소 친 취　지 위 다 전 미　빈 천 골 육 리　비 관 소 형 제

急須歸去來　招賢閣未啟　浪行朱雀街　踏破皮鞋底
급 수 귀 거 래　초 현 각 미 계　낭 행 주 작 가　답 파 피 혜 저

혜(鞋): 짚신혜.

부(富)하고 귀(貴)하면 먼 친척(親戚)도 모이나니

다만 돈과 쌀이 많기 때문이네.

가난하고 천(賤)하면 골육(骨肉)이 떠나는데

형제(兄弟)가 적어서 관계되는 것은 아니네.

서둘러 전원(田園)으로 돌아가게

초현각(招賢閣)94)은 아직 열리지 않았다네.

부질없이 주작가(朱雀街)95)를 다녀야

---

94) 초현각(招賢閣): 연(燕)나라 소왕(昭王)이 부국강병(富國强兵)의 꿈을 이루기 위해
　　상국(相國) 곽외(郭隗)의 제안을 받아 들여 역수(易水)가에 초현대(招賢臺)를 높이
　　짓고 천하의 현사(賢士)를 불러 모았다는 고사(故事)를 인용한 것임.
95) 주작가(朱雀街): 당대(唐代)에 명문(名門) 대가(大家)들이 거주하든 곳.

가죽신 바닥만 닳게 되리니.

121.

我見一癡漢 仍居三兩婦 養得八九兒 摠是隨宜手
아 견 일 치 한　잉 거 삼 양 부　양 득 팔 구 아　총 시 수 의 수

丁戶是新差 資財非舊有 黃蘗作驢緅 始知苦在後
정 호 시 신 차　자 재 비 구 유　황 벽 작 여 추　시 지 고 재 후

벽(蘗): 황경나무벽. 려(驢): 나귀려.

추(緅): 껑거리추.(길마를 얹을 때 소의 궁둥이에 대는 막대기)

내가 한 어리석은 사내를 보았는데

언제나 두세 명의 계집을 거느리네.

팔구명의 아이를 낳아 기르는데

모두 손에 집히는 대로 제멋대로 행동하네.

정호(丁戶)96)를 새로 차려주는데

살림이나 재물이 옛것은 아니네.

황벽(黃蘗)97)으로 나귀의 궁둥이에 추(緅)를 만들면

비로소 뒤에 따를 고생(苦生)을 알게 되리라.

---

96) 정호(丁戶): 군역(軍役)을 부담하던 민호(民戶)를 이르는 말. 빈부(貧富)의 차이에
　　따라 한 집 또는 몇 집을 아울러서 한 호(戶)로 정하고, 그 군역에 대한 부담을
　　달리 하였다.
97) 황벽(黃蘗): 황벽나무속, 식물은 전 세계에 약 4종이 있으며 주로 아시아의 동부에
　　분포한다. 중국에는 약 2종과 1종의 변종이 있는데 모두 약(藥)으로 사용된다.

122.

新穀尚未熟　舊穀今已無　就貸一斗許　門外立踟蹰
신 곡 상 미 숙　구 곡 금 이 무　취 대 일 두 허　문 외 입 지 주

夫出教問婦　婦出遣問夫　慳惜不救乏　財多為累愚
부 출 교 문 부　부 출 견 문 부　간 석 불 구 핍　재 다 위 누 우

지(踟): 머뭇거릴지. 주(蹰): 머뭇거릴주. 견(遣): 보낼견.

간(慳): 아낄간. 핍(乏): 가난할핍.

햇곡은 오히려 아직 여물지 않았는데

묵은 곡식은 이미 떨어졌네.

한말이라도 꾸어볼 요령으로

문밖에서 머뭇거리네.

사내가 나와선 아내에게 물어보라 하고

아내는 나와 사내한테 가서 물어보라네.

인색해서 남의 궁핍(窮乏)을 구제할 줄 모르는데

재물이 많아 도리어 어리석은 짐이 되리라.

123.

大有好笑事　略陳三五箇　張公富奢華　孟子貧轗軻
대 유 호 소 사　약 진 삼 오 개　장 공 부 사 화　맹 자 빈 감 가

祇取侏儒飽　不憐方朔餓　巴歌唱者多　白雪無人和
지 취 주 유 포　불 련 방 삭 아　파 가 창 자 다　백 설 무 인 화

감(轗): 가기힘들감. 가(軻): 굴대가. 주(侏): 난쟁이주. 유(儒): 선비유.

포(飽): 배부를포. 련(憐): 불쌍히여길련. 삭(朔): 초하루삭.

아(餓): 굶주릴아. 파(巴): 땅이름파.

크게 웃을 일이 있는데

대략 서너 다섯 가지를 펼쳐 보리라.

장공(張公)[98]은 부자라서 화려(華麗)하게 사치(奢侈)를 하고

맹자(孟子)[99]는 가난하여 불우한 처지였네.

다만 주유(侏儒)[100]의 배부름을 따르는데

동방삭(東方朔)[101]의 굶주림은 불쌍히 여기지 않네.

파가(巴歌)[102]를 부르는 이는 많으나

고아(高雅)한 작품엔 아무도 화답(和答) 하는 이 없다네.

---

98) 장공(張公): 진대(晉代)의 장화(張華)를 말함. 뇌환(雷煥)이 풍성현령(豊城縣令)이
되어 감옥 터를 파다가 태아검(太阿劍)과 용천검(龍泉劍)이란 보검 두 자루를 얻었
는데, 그중 하나인 용천검을 장화에게 바쳤음. 훗날 장화가 조왕(趙王) 사마륜(司
馬倫)에게 살해되자 보검은 벽을 뚫고 날아가 버렸다고 함.

99) 맹자(孟子): 맹자孟子, 즉 맹선생의 성은 맹(孟)이며 이름은 가(軻)이다. 추(鄒)라는
지방 출신인데 추는 공자가 태어난 노(魯)나라에 속한 지방이라는 설도 있고 독립
된 나라라는 설도 있다. 어느 쪽이든 공자의 고향인 곡부(曲阜)에서 가까운 곳이었
다. 일찍 아버지를 여의고 교육에 열심인 어머니 슬하에서 자랐다. 어머니가 아들
의 좋은 교육환경을 위해 이사를 세 번 했다거나 중도에 공부를 그만두어서는
안 된다는 것을 아들에게 명심시키기 위해 자신이 짜던 베를 잘랐다는 이야기들이
전해온다.

100) 주유(侏儒): 난쟁이. 옛적 궁중(宮中)의 배우(俳優).

101) 방삭(方朔): 중국(中國) 한(漢)나라 무제(武帝) 때의 사람. 속설(俗說)에, 서왕모(西
王母)의 복숭아를 훔쳐 먹고 장수(長壽)하였으므로 삼천(三千) 갑자(甲子) 동방삭
(東方朔) 이라고 일컬음.

102) 파가(巴歌): 파인(巴人). 촌뜨기. 시골의 교양(敎養) 없는 사람의 노래.

124.

老翁娶少婦 髮白婦不耐 老婆嫁少夫 面黃夫不愛
노옹취소부 발백부불내 노파가소부 면황부불애

老翁娶老婆 一一無棄背 少婦嫁少夫 兩兩相憐態
노옹취노파 일일무기배 소부가소부 양량상련태

내(耐): 견딜내. 가(嫁): 시집갈가. 기(棄): 버릴기. 태(態): 모양태.

늙은 영감이 젊은 아내를 맞았는데
머리가 흰 것을 아내가 견디지 못하네.
늙은 노파가 젊은 남편을 맞았는데
얼굴 누르다고 남편이 불평하네.
늙은 영감이 늙은 노파를 맞으니
하나도 배척하거나 버릴 것 없네.
젊은 계집이 젊은 사내에게 시집을 가니
둘 다 서로 아끼는 모습이라네.

125.

雍容美少年 博覽諸經史 盡號曰先生 皆稱為學士
옹용미소년 박람제경사 진호왈선생 개칭위학사

未嘗得官職 不解秉耒耜 冬披破布衫 蓋是書誤己
미상득관직 불해병뇌사 동피파포삼 개시서오기

옹(雍): 누그러질옹. 박(博): 넓을박. 상(嘗): 일찍상. 뇌(耒): 쟁기뇌.
사(耜): 보습사. 삼(衫): 적삼삼.

부드러운 용모의 아름다운 소년
널리 경전(經典)과 사적(史籍)[103]을 읽었네.
사람들 다 선생(先生)이라 부르고
모두 학사(學士)라고 일컫는 다네.
아직 벼슬도 얻지 못했지만
쟁기와 보습을 잡고 다룰 줄도 모르네.
겨우내 찢어진 베적삼을 입고 견디면서
이것이 모두 책이 자기를 그르쳤다고 하네.

126.

鳥語情不堪　其時臥草庵　櫻桃紅爍爍　楊柳正毿毿
조 어 정 불 감　기 시 와 초 암　앵 도 홍 삭 삭　양 류 정 삼 삼

旭日銜青嶂　晴雲洗綠潭　誰知出塵俗　馭上寒山南
욱 일 함 청 장　청 운 세 녹 담　수 지 출 진 속　어 상 한 산 남

감(堪): 견딜감. 앵(櫻): 앵두나무앵. 삭(爍): 빛날삭. 삼(毿): 털길삼.

욱(旭): 아침해욱. 함(銜): 재갈함. 장(嶂): 높고가파른산장.

어(馭): 말부릴어.

지저귀는 새소리에 정(情)을 이기지 못하고
그때 초암(草庵)에 누었네.
앵도(櫻桃)는 알알이 붉게 빛나고
버들이 죽죽 늘어졌네.

---

103) 경사(經史): 경전(經典)와 사적(史籍)을 아울러 이르는 말.

아침 햇살은 푸른 산을 머금고
갠 구름은 푸른 못을 씻어내네.
뉘라서 티끌세상 벗어나
말 몰고 한산 남쪽에 오를는지?

127.

昨日何悠悠 場中可憐許 上為桃李徑 下作蘭蓀渚
작 일 하 유 유　장 중 가 련 허　상 위 도 리 경　하 작 난 손 저

復有綺羅人 舍中翠毛羽 相逢欲相喚 脉脉不能語
부 유 기 라 인　사 중 취 모 우　상 봉 욕 상 환　맥 맥 불 능 어

경(徑): 지름길경. 손(蓀): 창포손. 저(渚): 물가저. 기(綺): 비단기.

취(翠): 비취취.

지난 날 어찌 느긋했던가?
그 자리에 있었던 일 아련하네.
위로는 복사꽃과 오얏꽃이 핀 지름길이 있고
아래로 난초와 창포 핀 물가라네.
다시 아리따운 이가 있는데
집안에서 비취빛 우모(羽毛)를 나부끼네.
서로 만나고자 부르려 했으나
말없이 은근히 보다가 말을 건네지 못하네.

128.

丈夫莫守困 無錢須經紀 養得一牸牛 生得五犢子
장 부 막 수 곤　무 전 수 경 기　양 득 일 자 우　생 득 오 독 자

犢子又生兒 積數無窮已 寄語陶朱公 富與君相似
독 자 우 생 아　적 수 무 궁 이　기 어 도 주 공　부 여 군 상 사

자(牸): 암소자. 독(犢): 송아지독.

장부여! 곤궁(困窮)을 지킬 필요 없나니

돈이 없어도 모쪼록 경영을104) 도모하게.

암소 한 마리를 기르게 되면

송아지 다섯 마리를 얻을 것이네.

송아지가 또 새끼를 낳으면

불어난 수가 끝이 없으리.

도주공(陶朱公)105) 그대에게 말하노니

내 부(富)가 그대와 서로 같아지리라.

129.

之子何惶惶 卜居須自審 南方瘴癘多 北地風霜甚
지 자 하 황 황　복 거 수 자 심　남 방 장 려 다　북 지 풍 상 심

荒陬不可居 毒川難可飮 魂兮歸去來 食我家園葚
황 추 불 가 거　독 천 난 가 음　혼 혜 귀 거 래　식 아 가 원 심

---

104) 경기(經紀): 경륜기리(經綸紀理)의 준말. 계획을 잘 세워 다스린다는 뜻으로, 계
　　획·대책·방도등의 의미를 가짐.
105) 도주공(陶朱公): 춘추 시대 월(越)의 공신(功臣). 이름은 범려(范蠡)로 후에 치이
　　자피(鴟夷子皮)라 칭하며 재물을 모았다가 백성들에게 모두 나누어 주고 다시 도
　　(陶) 땅에서 호(號)를 도주공(陶朱公)이라 하고 수만금을 모아 대부호가 되었다.

황(惶): 두려울황. 장(瘴): 풍토병장. 려(癘): 염병려. 추(陬): 모퉁이추.
심(葚): 오디심.

그대 어찌 허둥대는가?
집터 잡으려거든 부디 잘 살펴보게.
남방(南方)은 전염병이 많고
북쪽 땅에는 바람과 서리가 심하네.
거친 골짜기는 살 수가 없나니
독이 있는 시냇물은 마시기 어렵네.
혼(魂)이여! 돌아 가세나
우리 집 정원의 오디를 따 먹으리라.

130.

昨夜夢還家 見婦機中織 駐梭如有思 擎梭似無力
작 야 몽 환 가　견 부 기 중 직　주 사 여 유 사　경 사 사 무 력

呼之廻面視 況復不相識 應是別多年 鬢毛非舊色
호 지 회 면 시　황 부 불 상 식　응 시 별 다 년　빈 모 비 구 색

주(駐): 머무를주. 사(梭): '베짜는' 북사. 경(擎): 들경.

어젯밤 고향집으로 돌아간 꿈을 꾸었는데
아내는 베틀에서 베를 짜네.
북을 멈추고 생각에 잠긴 듯하더니
북을 들고는 흡사 무력(無力) 하였네.
부르자, 얼굴을 돌려 보는데

게다가 서로 알아보지 못하네.

응당 이는 오랫동안 떨어져 있는 탓인데

귀밑머리도 옛 빛이 아니네.

131.

人生不滿百 常懷千載憂 自身病始可 又為子孫愁
인 생 불 만 백　상 회 천 재 우　자 신 병 시 가　우 위 자 손 수

下視禾根下 上看桑樹頭 秤鎚落東海 到底始知休
하 시 화 근 하　상 간 상 수 두　칭 추 낙 동 해　도 저 시 지 휴

칭(秤): 저울칭. 추(鎚): 저울추.

인생(人生)이라야 백년도 채우지 못하는데

항상 천년의 근심을 품고 사네.

자신의 병이 탈이 났는데

또한 자손들 근심뿐이네.

아래로 벼 뿌리를 보고

위로는 뽕나무가지 끝을 살피네.

저울추가 동해(東海)로 떨어지고

바닥에 닿아야 비로소 쉴 줄 알게 되려나?

132.

世有一等流 悠悠似木頭 出語無知解 云我百不憂
세 유 일 등 류　유 유 사 목 두　출 어 무 지 해　운 아 백 불 우

問道道不會 問佛佛不求 子細推尋著 茫然一場愁
문 도 도 불 회　문 불 불 불 구　자 세 추 심 착　망 연 일 장 수

세상에는 한 등속(等屬)의 부류(部類)가 있는데

느긋하니 흡사 나무토막 같네.

나오는 말이 아는 것이 없고

이르길 "나는 온갖 근심하지 않는다네."

도(道)를 물어도 도를 알지 못하고

부처를 물으니 부처를 구하지 않는다네.

자세히 미루어 알아보았더니

멍하니 한 바탕 근심뿐이네.

133.

董郎年少時 出入帝京裡 衫作嫩鵝黃 容儀畫相似
동 랑 연 소 시　출 입 제 경 리　삼 작 눈 아 황　용 의 화 상 사

常騎踏雪馬 拂拂紅塵起 觀者滿路傍 箇是誰家子
상 기 답 설 마　불 불 홍 진 기　관 자 만 노 방　개 시 수 가 자

동(董): 감독할동. 눈(嫩): 고을눈. 아(鵝): 거위아.

동랑(董郎)의 나이 젊었을 적에

황제가 사는 서울을 드나들었네.

적삼은 거위의 누런 털로 곱게 지었고

얼굴 모습은 그림으로 그려 놓은 듯...

항상 네 발굽이 흰 답설마(踏雪馬)106)를 타는데

붉은 먼지가 어지러이 이네.

길가에 모여 바라보는 사람들

저이는 뉘 집 아들이냐며 수근 거리네.

134.

簡是誰家子 爲人大被憎 癡心常憤憤 肉眼醉瞢瞢
개 시 수 가 자　위 인 대 피 증　치 심 상 분 분　육 안 취 몽 몽

見佛不禮佛 逢僧不施僧 唯知打大臠 除此百無能
견 불 불 예 불　봉 승 불 시 승　유 지 타 대 련　제 차 백 무 능

분(憤): 성낼분. 몽(瞢): 어두울몽.

저 아이, 뉘 집 자식이든가?

몹시 남의 미움을 받네.

어리석은 마음에 항상 성내고

육안(肉眼)107)은 취한 듯 흐리멍덩하네.

부처님을 뵈어도 예불(禮佛)할 줄 모르고

스님을 만나도 보시(布施)를 모르네.

오직 고기 먹을 줄만 아는데

이를 제하고 백가지 능한 것이 없네.

---

106) 답설마(踏雪馬): 네 발굽이 눈처럼 흰 말.

107) 육안(肉眼): 중생의 육신에 갖추어져 있는 눈. 수행인은 육안(肉眼)에 대하여 심
안(心眼)·천안(天眼)·혜안(慧眼)·법안(法眼)·불안(佛眼)을 갖도록 노력한다.

135.

人以身為本 本以心為柄 本在心莫邪 心邪喪本命
인 이 신 위 본　본 이 심 위 병　본 재 심 막 사　심 사 상 본 명

未能免此殃 何言懶照鏡 不念金剛經 却令菩薩病
미 능 면 차 앙　하 언 나 조 경　불 념 금 강 경　각 령 보 살 병

앙(殃): 재앙앙. 나(懶)게으를나. 살(薩): 보살살.

사람은 몸으로 근본을 삼고

근본인 '몸은' 마음으로 자루를 삼네.

근본인 마음이 삿되지 않아야 하는데

마음이 삿되면 목숨을 잃게 되네.

아직 이 재앙을 면하지 못하였다면

어찌 거울을 보는 것을 게을리 할 수 있겠는가?

금강경(金剛經)108)을 염(念)하지 않으면

도리어 보살(菩薩)109)도 병(病)이 난다네.

136.

城北仲家翁 渠家多酒肉 仲翁婦死時 弔客滿堂屋
성 북 중 가 옹　거 가 다 주 육　중 옹 부 사 시　조 객 만 당 옥

仲翁自身亡 能無一人哭 喫他盃臠者 何太冷心腹
중 옹 자 신 망　능 무 일 인 곡　끽 타 배 련 자　하 태 냉 심 복

---

108) 금강경(金剛經): 금강반야경(金剛般若經)이라고도 한다. 금강경은 동아시아에서
　　널리 읽히고 있는 짧고 매우 함축적인 대승불교 경전이며 한국의 대표적 불교 종단
　　인 조계종을 비롯한 많은 선종(禪宗)계통 종단 소의경전(所依經典)의 하나이다.
109) 보살(菩薩): 위로는 깨달음을 구(求)하고 아래로는 중생(衆生)을 교화(敎化)하는,
　　부처의 버금이 되는 성인(聖人).

련(臠): 저민고기련.

성(城) 북쪽의 중씨(仲氏) 늙은이

그 집에는 술과 고기가 넉넉하네.

중씨(仲氏) 부인(婦人)이 죽었을 때는

조문(弔問)하는 손님이 집에 가득하였네.

중씨(仲氏) 자신(自身)이 죽게 되니

한 사람도 울어주는 이 없다네.

남의 술과 고기를 얻어먹는 사람들

어찌 뱃속이 지나치게 찬 것인가?

137.

下愚讀我詩 不解却嗤誚 中庸讀我詩 思量云甚要
하 우 독 아 시　불 해 각 치 초　중 용 독 아 시　사 량 운 심 요

上賢讀我詩 把著滿面笑 楊脩見幼婦 一覽便知妙
상 현 독 아 시　파 착 만 면 소　양 수 견 유 부　일 람 편 지 묘

치(嗤): 웃을치. 초(誚): 꾸짖을초. 파(把): 잡을파. 수(脩): 닦을수.

어리석은 이가 내 시(詩)를 읽으면

이해하지 못하고 도리어 비웃으리.

어중간한 사람이 내 시를 읽으면

깊이 생각하고 이르기를 “매우 중요(重要)하다.”고

어진 이가 내 시를 읽으면

움켜잡고 얼굴 가득 웃으리라.

양수(楊脩)110)가 유부(幼婦)를 보듯

한 번 척보고 문득 묘(妙)함을 알게 되리라.

   * 노자도덕경(老子道德經) 41장

上士聞道 勤而行之 中士聞道 若存若亡
상 사 문 도 근 이 행 지 중 사 문 도 약 존 약 망

下士聞道 大笑之 不笑 不足以爲道
하 사 문 도 대 소 지 불 소 부 족 이 위 도

상사(上士)가 도(道)에 대해서 들으면 부지런히 행(行)하고 닦으며

중사(中士)는 도(道)에 대해 들으면 긴가민가하고

하사(下士)가 도(道)에 대해서 들으면 크게 비웃으리라.

비웃지 않는다면 이를 도(道)라 이르기 부족(不足) 하리.

138.

自有慳惜人 我非慳惜輩 衣單爲舞穿 酒盡緣歌啐
자 유 간 석 인 아 비 간 석 배 의 단 위 무 천 주 진 연 가 채

當取一腹飽 莫令兩脚儽 蓬蒿鑽髑髏 此日君應悔
당 취 일 복 포 막 령 양 각 래 봉 호 찬 촉 루 차 일 군 응 회

배(輩): 무리배. 채(啐): 맛볼채. 각(脚): 다리각. 래(儽): 나른할래.

찬(鑽): 끌찬. 촉(髑): 해골촉. 루(髏): 해골루. 회(悔): 뉘우칠회.

스스로 인색한 사람이 있으니

---

110) 양수(楊脩): 후한 말기 홍농(弘農) 화음(華陰) 사람. 자(字)는 덕조(德祖)이고 양표
    (楊彪)의 아들이다. 여섯 재상을 낸 명문 출신으로 박학다식하고 언변이 좋았다.

자기는 인색한 무리가 아니라 하네.

옷은 단벌인데 춤추느라 구멍 뚫리고

술이 바닥날 때까지 노래하며 마시네.

갑자기 한 번에 배터지게 먹는데

양쪽 다리가 하여금 견딜 수 없다네.

쑥대밭에 해골이 묻히게 되면

이런 날, 그대 응당 후회하리라.

139.

我行經古墳 淚盡嗟存沒 冢破壓黃腸 棺穿露白骨
아 행 경 고 분　누 진 차 존 몰　총 파 압 황 장　관 천 노 백 골

歆斜有瓮餠 振撥無簪笏 風至攪其中 灰塵亂壄壄
의 사 유 옹 병　쟁 발 무 잠 홀　풍 지 교 기 중　회 진 난 발 발

분(墳): 무덤분. 압(壓): 누를압. 관(棺): 널관. 의(歆): 감탄할의.

옹(瓮): 항아리옹. 병(餠): 판금병. 쟁(振): 닿을쟁. 발(撥): 다스릴발.

잠(簪): 비녀잠. 홀(笏): 홀홀. 교(攪): 어지러울교. 발(壄): 티끌발.

내가 옛무덤을 지나다가

아! 삶과 죽음, 눈물마저 마르네.

무덤이 무너져 누런 창자를 누르고

널은 뚫어져 백골(白骨)이 드러나 있네.

항아리와 병이 한쪽으로 흩어졌는데

파헤쳐져 비녀와 홀이 간데없네.

바람이 그 속을 휘몰아치니

흙먼지가 어지러이 날리네.

140.

夕陽下西山　草木光曄曄　復有朦朧處　松蘿相連接
석 양 하 서 산　초 목 광 엽 엽　부 유 몽 롱 처　송 라 상 연 접

此中多伏虎　見我奮迅鬣　手中無寸刃　爭不懼懾懾
차 중 다 복 호　견 아 분 신 렵　수 중 무 촌 인　쟁 불 구 섭 섭

엽(曄): 빛날엽. 몽(朦): 풍부할몽. 롱(朧): 흐릿할롱. 라(蘿): 칡라.

분(奮): 성낼분. 신(迅): 신속할신. 렵(鬣): 갈기렵. 구(懼): 두려워할구.

섭(懾): 두려워할섭.

석양(夕陽)이 서산으로 지며

풀과 나무에 빛이 반짝이네.

다시 흐릿한 곳도 있는데

솔과 칡넝쿨이 서로 엉키어 있네.

이 가운데 엎드린 호랑이

나를 보더니 성내서 갈기를 세우네.

손에 한 치 칼도 없는데

어찌 두려워 떨지 않을 수 있겠는가?

141.

出身既擾擾 世事非一狀 未能捨流俗 所以相追訪
출 신 기 요 요　세 사 비 일 상　미 능 사 유 속　소 이 상 추 방

昨弔徐五死 今送劉三葬 日日不得閑 爲此心悽愴
작 조 서 오 사　금 송 유 삼 장　일 일 부 득 한　위 차 심 처 창

요(擾): 어지러울요. 처(悽): 슬퍼할처. 창(愴): 슬퍼할창.

출신 신분이 이미 어지럽고

세상 일, 한 형상이 아니네.

속세의 인연 능히 흘러 보내지 못하는데

그런 까닭에 서로 쫓으며 찾아가네.

어제는 서오(徐五)111)가 죽어 조문(弔問)을 했는데

오늘은 유삼(劉三)을 장사(葬事) 지냈네.

하루하루 한가함을 얻지 못하는데

이 때문에 마음이 슬프고 처량하네.

142.

有樂且須樂 時哉不可失 雖云一百年 豈滿三萬日
유 락 차 수 락　시 재 불 가 실　수 운 일 백 년　기 만 삼 만 일

寄世是須臾 論錢莫啾唧 孝經末後章 委曲陳情畢
기 세 시 수 유　논 전 막 추 즐　효 경 말 후 장　위 곡 진 정 필

기(寄): 의탁할기. 유(臾): 잠깐유. 추(啾): 시끄러운소리추.

---

111) 서오(徐五), 유삼(劉三): 특정한 사람이 아닌 장삼이사(張三李四) 같은 말.

즐(喞): 두근거릴즐. 위(委): 맡길위.

즐거운 일 있으면 모름지기 즐겨야 하니
때를 놓치지 말게.
비록 이르길, 백년이라고 하나
어찌 삼 만일을 채울 수 있다던가?
세상에 사는 것 잠깐일 뿐인데
돈이 어떻다고 따지지 말라.
효경(孝經)[112] 맨 끝의 '상친(喪親)'장(章)에
그 사정(事情)을 자세히 진술하였네.

143.

獨坐常忽忽　情懷何悠悠　山腰雲漫漫　谷口風颼颼
독 좌 상 총 총　정 회 하 유 유　산 요 운 만 만　곡 구 풍 수 수

猿來樹嫋嫋　鳥入林啾啾　時催鬢颯颯　歲盡老惆惆
원 래 수 요 요　조 입 임 추 추　시 최 빈 삽 삽　세 진 노 추 추

요(腰): 허리요. 만(漫): 질펀할만. 수(颼): 바람소리수. 원(猿): 원숭이원.
요(嫋): 예쁠요. 추(啾): 소리추. 최(催): 재촉할최. 삽(颯): 바람소리삽.
추(惆): 슬퍼할추.

홀로 앉아도 늘 서두르는데
회포(懷抱)가 어찌 느긋하겠는가?

---

112) 효경(孝經): 유교 경전(經典)의 하나. 공자(孔子)와 그의 제자(弟子) 증자(曾子)가
　　효에 대(對)해 한 말을 적은 책(冊)으로 제18장이 상친장(喪親章)임.

산허리에는 구름이 질펀하고
골짜기 어귀에는 바람이 솨솨 부네
원숭이는 나무에서 재롱을 떨고
새는 숲에서 찍찍 거리네.
시간의 재촉에 머리는 희끗희끗해 졌나니
세월이 다한 늙은이 주름투성이라네.

144.

一人好頭肚　六藝盡皆通　南見驅歸北　西逢趁向東
일 인 호 두 두　육 예 진 개 통　남 견 구 귀 북　서 봉 진 향 동

長漂如汎萍　不息似飛蓬　問是何等色　姓貧名曰窮
장 표 여 범 평　불 식 사 비 봉　문 시 하 등 색　성 빈 명 왈 궁

두(肚): 배두. 구(驅): 몰구. 진(趁): 좇을진. 표(漂): 떠돌표.

어떤 사람 머리가 좋아
육예(六藝)를 모두 통달하였네.
남쪽에 나타났다가 북으로 달리고
서쪽에서 만났다 동쪽으로 향하네.
오랫동안 부평초처럼 떠도는데
쉬지 않는 것이 흡사 바람에 나부끼는 쑥대와 같네.
묻나니, 이는 어떤 유(類)의 사람이던가?
성(姓)은 빈(貧)이요, 이름은 궁(窮)이라네.

145.

他賢君卽受　不賢君莫與　君賢他見容　不賢他亦拒
타 현 군 즉 수　불 현 군 막 여　군 현 타 견 용　불 현 타 역 거

嘉善矜不能　仁徒方得所　勸逐子張言　抛却卜商語
가 선 긍 불 능　인 도 방 득 소　권 축 자 장 언　포 각 복 상 어

거(拒): 막을거. 가(嘉): 기쁠가. 긍(矜): 아낄긍. 축(逐): 좇을축.

포(抛): 던질포.

남이 어질거든, 그대 곧 받아들이고

어질지 못하면, 그대 어울리지 말게.

그대가 현명(賢明)하면 남이 용납하지만

어질지 못하면 남도 또한 거부(拒否)한다네.

선(善)을 기뻐하고 부족한 이를 아끼며

인(仁)을 따르면 바야흐로 바라는 바를 얻으리.

권하노니 자장(子張)113)의 말은 따르고

복상(卜商)114)의 말은 던져 버리게.

---

113) 자장(子張): 전손사(顓孫師)는 진(陳)나라 사람이고 자(字)를 자장(子張)이라 했
　　다. 공자보다 48년 아래이다. 자장이 벼슬하는 것에 대해 묻자 공자는 "많이 듣고
　　의심나는 것은 보류해두고, 다 아는 일을 신중히 말하면 허물이 적을 것이다. 많이
　　보고 위험한 일을 보류해 두며, 다 아는 일을 신중하게 행동하면 후회가 적을 것이
　　다. 말에 허물이 적고 행동에 후회가 적으면 벼슬이 그 안에 있다." 라고 하였다.
114) 복상(卜商): 자(字)는 자하(子夏)로 존칭하여 복자(卜子)라고 부르며 자하(子夏)라
　　는 이름으로 더 잘 알려져 있다. 진(晉)나라 온(溫) 사람으로 공자의 수제자인 공문
　　십철(孔門十哲)로 또 공문 칠십이현(七十二賢) 중의 한 사람이다.

146.

俗薄眞成薄 人心箇不同 殷翁笑柳老 柳老笑殷翁
속 박 진 성 박　인 심 개 부 동　은 옹 소 유 로　유 로 소 은 옹

何故兩相笑 俱行譣詖中 裝車競嶻嵲 翻載各瀧涷
하 고 양 상 소　구 행 험 피 중　장 거 경 체 얼　번 재 각 농 동

박(薄): 엷을박. 험(譣): 간사한말험. 피(詖): 치우칠피. 장(裝): 꾸밀장.

경(競): 겨룰경. 체(嶻): 높을체. 얼(嵲): 산 높을얼. 번(翻): 날번.

재(載): 실을재. 농(瀧): 비올농. 동(涷): 소나기동.

세속의 박정(薄情)이 진정 박(薄)하다 해도

사람 마음 그렇다고 다 같지 않네.

은(殷) 영감은 유(柳) 노인을 비웃고

유(柳) 노인은 은(殷) 영감을 비웃네.

무슨 연고로 둘이 서로 비웃는가?

함께 간사하여 치우치기 때문이네.

수레를 몰며 험한 산길에서 다투면

짐이 뒤집히고 각각 물속으로 빠지게 되네.

147.

是我有錢日 恆爲汝貸將 汝今旣飽暖 見我不分張
시 아 유 전 일　긍 위 여 대 장　여 금 기 포 난　견 아 불 분 장

須憶汝欲得 似我今承望 有無更代事 勸汝熟思量
수 억 여 욕 득　사 아 금 승 망　유 무 갱 대 사　권 여 숙 사 량

억(憶): 생각할억. 숙(熟): 익을숙.

내가 돈이 있을 때
항상 너를 위해 꾸어주었건만
너 이제 이미 배부르고 등 따뜻해지니
나를 보고도 나눌 줄 모르네.
꼭 기억해보게, 네가 얻고 싶을 때
지금의 나와 같은 바램 이었을 것을...
있다간 없고, 다시 바뀐다하니
너에게 권하니 깊이 생각해보게.

148.

人生一百年 佛說十二部 慈悲如野鹿 瞋忿似家狗
인 생 일 백 년　불 설 십 이 부　자 비 여 야 록　진 분 사 가 구

家狗趁不去 野鹿常好走 欲伏獼猴心 須聽獅子吼
가 구 진 불 거　야 록 상 호 주　욕 복 미 후 심　수 청 사 자 후

진(瞋): 성낼진. 구(狗): 개구. 미(獼): 원숭이미. 후(猴): 원숭이후.
사(獅): 사자사. 후(吼): 울후.

* 열반경(涅槃經)에 "성내는 마음은 집에서 기르는 개와 같아서 쫓아
버리기 어렵고 자비(慈悲)는 들 사슴 같아서 달아나기에 성내는 마음
은 버리기 어렵고 자비는 지키기 어렵다"는 비유.

사람이 사는 것은 기껏 백년(百年)인데
부처님 말씀은 십이부(十二部)115)라네.
자비(慈悲)는 야생(野生)의 사슴 같고

성냄은 집을 지키는 개와 같다네.

집을 지키는 개는 쫓아도 가지 않는데

야생(野生)의 사슴은 항상 달아나기를 좋아하네.

원숭이 같은 마음을 항복(降伏) 받고 싶거든

모름지기 사자후(獅子吼)[116]를 들어야 하네.

149.

教汝數般事 思量知我賢 極貧忍賣屋 纔富須買田
교 여 수 반 사　사 량 지 아 현　극 빈 인 매 옥　재 부 수 매 전

空腹不得走 枕頭須莫眠 此言期衆見 掛在日東邊
공 복 부 득 주　침 두 수 막 면　차 언 기 중 견　괘 재 일 동 변

재(纔): 겨우재. 침(枕): 베개침. 괘(掛): 걸괘.

그대에게 몇 가지 가리키나니

생각해보면 나의 어진 점을 알게 되리라.

지극히 가난해도 집 파는 것은 참아야 하고

겨우 돈이 생기거든 먼저 밭을 사게나.

뱃속이 비었거든 달리지 말고

베개를 베고는 부디 잠들지 말게.

이 말을 대중이 볼 수 있도록

---

115) 십이부(十二部): 십이부경(十二部經), 부처의 가르침을 그 성질(性質)과 형식(形
　　式)을 따라 열둘로 나눈 경전(經典). 곧 수다라, 기야, 기타, 이타나, 이제불타가,
　　사다가, 아부다달마, 아파타나, 우바제사, 아타나, 비불략, 화가라.
116) 사자후(獅子吼): 사자의 울부짖음이라는 뜻으로, 석가모니(釋迦牟尼)의 목소리를
　　사자의 포효(咆哮) 소리에 비유(譬喩) 함.

해 뜨는 동쪽에 걸어 두게나.

150.

寒山多幽奇 登者皆恆懾 月照水澄澄 風吹草獵獵
한 산 다 유 기 등 자 개 긍 섭 월 조 수 징 징 풍 취 초 엽 렵

凋梅雪作花 朳木雲充葉 觸雨轉鮮靈 非晴不可涉
조 매 설 작 화 올 목 운 충 엽 촉 우 전 선 령 비 청 불 가 섭

섭(懾): 두려워할섭. 징(澄): 맑을징. 엽(獵): 사냥엽. 조(凋): 시들조.
올(朳): 나무그루터기올. 청(晴): 갤청. 섭(涉): 건널섭.

한산(寒山)은 그윽하고 기이함이 많은데
오르는 자들은 모두 항상 두려워하네.
달이 비추면 물이 투명(透明)하게 빛나고
바람이 불면 풀은 하늘하늘 나풀거리네.
시든 매화 그루에 눈이 꽃을 피우고
나무 뭉치엔 구름이 잎을 붙이네.
비가 스치면 더욱 선명(鮮明)해지는데
맑은 날이 아니면 건너가지 못하네.

151.

有樹先林生 計年逾一倍 根遭陵谷變 葉被風霜改
유 수 선 임 생　계 년 유 일 배　근 조 능 곡 변　엽 피 풍 상 개

咸笑外凋零 不憐內紋綵 皮膚脫落盡 唯有貞實在
함 소 외 조 령　불 련 내 문 채　피 부 탈 락 진　유 유 정 실 재

유(逾): 넘을유. 조(遭): 만날조. 조(凋): 시들조. 문(紋): 무늬문.

채(綵): 비단채. 부(膚): 살갗부.

나무는 숲보다 먼저 자라는데

햇수를 따지면 배(倍)도 넘으리.

뿌리는 능선과 골짜기의 변화를 겪고

잎은 바람과 서리에 고쳐 피네.

겉이 시들고 마르니 모두 비웃는데

안에 새겨진 무늬를 사랑할 줄 몰라서 이리.

껍질이 벗겨지고 떨어져 다한다 해도

오직 곧은 진실은 남아 있다네.

152.

寒山有躶蟲 身白而頭黑 手把兩卷書 一道將一德
한 산 유 나 충　신 백 이 두 흑　수 파 양 권 서　일 도 장 일 덕

住不安釜竈 行不齎衣褽 常持智慧劍 擬破煩惱賊
주 불 안 부 조　행 불 재 의 극　상 지 지 혜 검　의 파 번 뇌 적

나(躶): 발가벗을나. 조(竈): 부엌조. 재(齎): 가져올재.

극(褽): 옷뒷자락극. 혜(慧): 슬기로울혜. 의(擬): 헤아릴의.

한산(寒山)에 벌거벗은 벌레 있는데
몸뚱이는 희고 머리는 검네.
손에 두어 권의 책을 잡고 있는데
한권은 도(道)요. 또 한권은 덕(德)이네.
집에 솥과 부엌을 안치(安置)도 않고
다닐 때 옷을 걸치려 않네.
항상 지혜(智慧)의 검을 지니고
번뇌(煩惱)라는 적(賊)을 헤아려 깨트리네.

* 나충(躶蟲), 한산(寒山) 자신을 말함.

153.

有人畏白首 不肯捨朱紱 采藥空求仙 根苗亂挑掘
유 인 외 백 수　불 긍 사 주 불　채 약 공 구 선　근 묘 난 도 굴

數年無效驗 癡意瞋怫鬱 獵師披袈裟 元非汝使物
수 년 무 효 험　치 의 진 불 울　엽 사 피 가 사　원 비 여 사 물

불(紱): 인끈불. 묘(苗): 싹묘. 도(挑): 돋울도. 굴(掘): 팔굴.
불(怫): 발끈할불. 피(披): 나눌피. 가(袈): 가사가. 사(裟): 가사사.

백수(白首)117)를 두려워하는 사람이 있는데
붉은색 인끈인 '관직'을 버리려 않네.
약을 캐서 부질없이 신선(神仙)을 구하며

---

117) 백수(白首): 관직을 갖지 못한 자.

뿌리와 싹을 어지러이 파며 헤치네.

여러 해 효험(效驗)이 없는데

어리석게도 성내고 불평을 하네.

사냥꾼이 가사(袈裟)118)를 입은 것과 같아서

원래 그대가 사용할 물건이 아니네.

154.

昔時可可貧 今朝最貧凍 作事不諧和 觸途成倥偬
석 시 가 가 빈　금 조 최 빈 동　작 사 불 해 화　촉 도 성 공 총

行泥屢脚屈 坐社頻腹痛 失却斑貓兒 老鼠圍飯瓮
행 니 누 각 굴　좌 사 빈 복 통　실 각 반 묘 아　노 서 위 반 옹

동(凍): 얼동. 해(諧): 화할해. 공(倥): 어리석을공. 총(偬): 바쁠총.

니(泥): 진흙니. 굴(屈): 굽을굴. 빈(頻): 자주빈. 복(腹): 배복.

반(斑): 얼룩반. 묘(貓): 고양이묘. 서(鼠): 쥐서.

옛날에는 가난해도 가난 커니 했는데

오늘 아침 가장 가난하고 춥네.

일을 해도 순조롭지 못하고

길에 나서면 바쁘기만 하네.

진흙길을 가면 거듭해서 다리를 삐고

잔칫집에 앉으면 자주 복통(腹痛)이 나네.

얼룩 고양이마저 잃어버렸는데

---

118) 가사(袈裟): 승려(僧侶)가 입는 법의(法衣). 장삼 위에 왼쪽 어깨에서 오른쪽 겨드
랑이 밑으로 걸치는 긴 네모로 된 천.

늙은 쥐들이 밥그릇을 맴 도네.

155.

我見世間人	堂堂好儀相	不報父母恩	方寸底模樣
아 견 세 간 인	당 당 호 의 상	불 보 부 모 은	방 촌 저 모 양
欠負他人錢	蹄穿始惆悵	箇箇惜妻兒	爺娘不供養
흠 부 타 인 전	제 천 시 추 창	개 개 석 처 아	야 랑 불 공 양
兄弟似寃家	心中常悵怏	憶昔少年時	求神願成長
형 제 사 원 가	심 중 상 창 앙	억 석 소 년 시	구 신 원 성 장
今為不孝子	世間多此樣	買肉自家噇	抹觜道我暢
금 위 불 효 자	세 간 다 차 양	매 육 자 가 당	말 자 도 아 창
自逞說嘍囉	聰明無益當	牛頭努目嗔	出去始時髏
자 령 설 누 라	총 명 무 익 당	우 두 노 목 진	출 거 시 시 향
擇佛燒好香	揀僧歸供養	羅漢門前乞	趂却閑和尚
택 불 소 호 향	간 승 귀 공 양	나 한 문 전 걸	진 각 한 화 상
不悟無為人	從來無相狀	封疏請名僧	覰錢兩三樣
불 오 무 위 인	종 래 무 상 장	봉 소 청 명 승	친 전 양 삼 양
雲光好法師	安角在頭上	汝無平等心	聖賢俱不降
운 광 호 법 사	안 각 재 두 상	여 무 평 등 심	성 현 구 불 강
凡聖皆混然	勸君休取相	我法妙難思	天龍盡迴向
범 성 개 혼 연	권 군 휴 취 상	아 법 묘 난 사	천 룡 진 회 향

제(蹄) : 발굽제. 추(惆): 슬퍼할추. 창(悵): 슬퍼할창. 야(爺): 아비야.

원(寃): 원통할원. 앙(怏): 원망할앙. 당(噇): 탐욕스러울당.

말(抹): 쓰다듬을말. 자(觜): 털뿔자. 창(暢): 펼창. 령(逞): 굳셀령.

누(嘍): 시끄러울누. 라(囉): 소리얽힐라. 향(髏): 앞서향.

진(趁): 좇을진. 친(賑): 배풀친.

내가 본 세상 사람들
번듯하니 모습은 좋게 보이네.
부모(父母)님 은혜(恩惠)는 갚을 줄 모르는데
가슴속이 어찌 그 모양인가?
남의 돈 빌리고 갚지 않다가
'소로 태어나' 발굽이 뚫리고서야 비로소 슬퍼하네.
저마다 처자식은 아끼는데
아비와 어미에게는 공양(供養)할 줄 모르네.
형제(兄弟)간에는 원수 같아서
마음속으로 항상 원망하네.
그 옛날 어렸을 때를 생각하면
신(神)에게 성장(成長)을 바라고 구했으리.
이제 불효자(不孝子)가 되었는데
세상에 이런 양상(樣相) 허다(許多) 하다네.
고기를 사도 자기 식구끼리만 먹고
머리를 만지며 나는 화락(和樂)하다 이르네.
스스로 잘난 체 지껄이지만
총명(聰明)한들 무익(無益)한 것이네.
'지옥의' 우두(牛頭)119)가 눈을 부릅뜨게 되면
비로소 깨달았을 땐 이미 지났으리.
부처님을 택해서 좋은 향을 사루고

---

119) 우두(牛頭): 지옥(地獄)의 옥졸(獄卒)

스님을 모셔다 공양(供養)120)을 올리는데

나한(羅漢)121)이 문 앞에서 구걸하면

한가한 화상(和尙)122)이라 쫓아 보내네.

깨닫지 못한 하릴없는 사람들

지금껏 저지른 현상을 갖출 수 없네.

'나라에' 소(疏)를 올려 훌륭한 스님을 청해도

보시(布施)123)라야 두세 냥 뿐이네.

운광(雲光)124)은 훌륭한 법사(法師)인데

어찌 머리에 뿔난 소가 되었는가?

네게 평등(平等)한 마음이 없으면

성현(聖賢)이 갖추어 강림(降臨) 하지 않으리라.

범부(凡夫)와 성인(聖人)은 모두 섞여있는데

그대 권하나니, 모습에서 취하지 말게.

나의 법은 묘(妙)하여 생각하기 어려운데

천룡(天龍)도 모두 회향(廻向)125) 하느니라.

---

120) 공양(供養): 불법승 삼보(三寶)에 대해서 공경하는 마음으로 공물(供物)을 올림.

121) 나한(羅漢): 불교의 수행을 완성하고, 사람들로부터 공양과 존경을 받을 값어치가 있는 성자. 산스크리트어를 음역한 아라한(阿羅漢)의 약칭.

122) 화상(和尙): 수행을 많이 한 고승에 대한 존칭. 도를 가르치는 승려.

123) 보시(布施): 대승불교의 실천수행 방법 가운데 하나로 베풀어 주는 일을 말하며, 중생의 구제를 그 목표로 하고 있는 이타정신(利他精神)의 극치라 함.

124) 운광법사(雲光法師): 양나라 무제 때의 중. 계율을 지키지 않다가 소가 되었다고 한다.

125) 회향(廻向): 회전취향(廻轉趣向)의 준말. 스스로 쌓은 선근(善根) 공덕(功德)을 다른 사람에게 돌려 자타(自他)가 함께 불과(佛果)의 성취를 기하려는 것.

156.

身着空花衣 足躡龜毛履 手把兎角弓 擬射無明鬼
신 착 공 화 의　족 섭 구 모 리　수 파 토 각 궁　의 사 무 명 귀

구(龜): 거북구. 섭(躡): 밟을섭. 의(擬): 헤아릴의.

몸에 허공의 꽃으로 지은 옷 입고

발에 거북의 털로 짠 신을 신네.

손에 토끼 뿔로 만든 활을 잡았나니

헤아려 무명(無明)126)의 귀신을 쏘네.

157.

可貴天然物 獨一無伴侶 覓他不可見 出入無門戶
가 귀 천 연 물　독 일 무 반 려　멱 타 불 가 견　출 입 무 문 호

促之在方寸 延之一切處 你若不信受 相逢不相遇
촉 지 재 방 촌　연 지 일 체 처　니 약 불 신 수　상 봉 불 상 우

니(你): 너니. 촉(促): 재촉할촉.

귀하다. 천연(天然)127)의 물건이여!

홀로 하나 "이것은" 짝이 없노라.

---

126) 무명(無明): 과거(過去)에 지은 업(業)을 따라서 현재(現在)의 과보(果報)를 받으
　　며, 현재(現在)의 업을 따라 미래(未來)의 고통(苦痛)을 받는 열두 인연(因緣). 곧
　　무명(無明)·행(行)·식(識)·명색(名色)·육입(六入)·촉(觸)·수(受)·애(愛)·취(取)·유(有)·
　　생(生)·노사(老死). 십이인연(十二因緣)의 하나.
127) 천연물(天然物): 진여(眞如) 자성(自性). 이것, 시심마(是甚麽), 한 물건 등으로 비
　　유함.

다른 곳에서 찾으려 하나 볼 수 없나니

나고 드는 문이 없느니라.

재촉하면 한 치에도 있으나

늘이면 일체의 곳을 덮느니라.

네가 만약 믿고 받아들이지 않으면

서로 만나도, 마주치지 못하리라.

158.

余家有一窟　窟中無一物　清潔空堂堂　光華明日日
여가유일굴　굴중무일물　청결공당당　광화명일일

蔬食養微軀　布裘遮幻質　任你千聖現　我有天真佛
소식양미구　포구차환질　임니천성현　아유천진불

소(蔬): 푸성귀소. 구(裘): 가죽옷구. 차(遮): 막을차.

나의 집에 한 개의 굴(窟)이 있는데

굴(窟) 속에 한 물건도 없네.

깨끗하니 비고 당당(堂堂)한데.

아름다운 빛으로 날마다 밝네.

나물밥으로 보잘것없는 몸 기르며

누더기 옷으로 허깨비 같은 몸을 가리네.

너에게 일천 성인이 나타나 맡는다 해도...

나에게는 천진불(天眞佛)128)이 있느니라.

---

128) 천진불(天眞佛): (법신(法身)은 천연(天然)의 진리(眞理)이며, 우주(宇宙)의 본체
　　라 하여) '법신불(法身佛)'을 달리 이르는 말.

159.

男兒大丈夫　作事莫莽鹵　勁挺鐵石心　直取菩提路
남 아 대 장 부　작 사 막 망 로　경 정 철 석 심　직 취 보 리 로

邪路不用行　行之枉辛苦　不要求佛果　識取心王主
사 로 불 용 행　행 지 왕 신 고　불 요 구 불 과　식 취 심 왕 주

망(莽): 우거질망. 로(鹵): 소금로. 경(勁): 굳셀경. 정(挺): 뺄정.

왕(枉): 굽을왕. 리(提): 음역(音譯)으로 보리(菩提)리.

남아(男兒) 대장부(大丈夫)라면

일을 하되 경솔히 말라.

굳세기 철석(鐵石)같은 마음으로

곧바로 보리(菩提)129)의 길을 걷도록 하라.

삿된 길은 행하지 않아야 하니

행(行)하면 괴로운 고생이 되느니라.

굳이 불과(佛果)130)를 구하려 하지 말고

심왕(心王)131)의 주인을 인식(認識)해야 하느니라.

---

129) 보리(菩提): 불교(佛敎)에서 최상(最上)의 이상(理想)인 불타(佛陀) 정각(正覺)의
　　지혜(智慧).
130) 불과(佛果): 수행으로 이른 부처의 경지. 깨달음의 경지. 깨달음.
131) 심왕(心王): 의식(意識) 작용(作用)의 본체(本體). 객관(客觀) 대상(對象)에 대 (對)
　　하여 그 일반성(一般性)을 인식(認識)하는 정신(精神) 작용(作用).

160.

粤自居寒山 曾經幾萬載 任運遯林泉 棲遲觀自在
월 자 거 한 산　증 경 기 만 재　임 운 둔 임 천　서 지 관 자 재

寒巖人不到 白雲常靉靆 細草作臥褥 青天爲被蓋
한 암 인 부 도　백 운 상 애 체　세 초 작 와 욕　청 천 위 피 개

快活枕石頭 天地任變改
쾌 활 침 석 두　천 지 임 변 개

월(粤): 어조사월. 둔(遯): 달아날둔.돈. 서(棲): 깃들일서.

지(遲): 더딜지. 애(靉): 구름낄애. 체(靆): 구름낄체. 욕(褥): 요욕.

내가 한산(寒山)에 산지

일찍이 몇 만 년이 지났던가?

자연(自然)에 맡겨 사노라니

세상을 피해 자재(自在)[132]로 관(觀)하노라.

한암(寒巖)은 사람이 이르지 못하는데

흰 구름이 항상 자욱하다네.

부드러운 풀로 요를 만들고

푸른 하늘을 이불로 덮네.

즐거이 돌베개를 베나니

하늘과 땅의 변화(變化)에 맡길 뿐이네.

---

132) 자재(自在): 마음대로 무엇이나 자유롭지 않은 것이 없고 장애될 것이 없음을
　　일컫는 말.

161.

可重是寒山 白雲常自閑 猿啼暢道內 虎嘯出人間
가 중 시 한 산　백 운 상 자 한　원 제 창 도 내　호 소 출 인 간

獨步石可履 孤吟藤好攀 松風淸颯颯 鳥語聲喧喧
독 보 석 가 리　고 음 등 호 반　송 풍 청 삽 삽　조 어 성 관 관

창(暢): 화창할창. 소(嘯): 울부짖을소. 리(履): 밟을리. 등(藤): 등나무등.

반(攀): 매달릴반. 삽(颯): 바람소리삽. 관(喧): 새서로지저귈관.

귀중 하도다, 이 한산(寒山)이여!

흰 구름이 늘 스스로 한가하네.

원숭이 울자 구역 안까지 울리고

호랑이가 으르렁 대니 인간세계 벗어났네.

홀로 돌길을 밟고 걷다가

외로이 읊으며 등나무를 휘어잡고 오르네.

솔바람 맑게 쏴쏴 부는데

새들이 쩍쩍 노래 부르네.

162.

閑自訪高僧 煙山萬萬層 師親指歸路 月掛一輪燈
한 자 방 고 승　연 산 만 만 층　사 친 지 귀 로　월 괘 일 륜 등

한가히 덕이 있는 스님을 찾았는데

안개 자욱한 산, 무수한 층(層)이네.

스승이 친히 돌아갈 길을 가리키는데

달이 한 바퀴의 등불로 걸렸더라.

163.

閑游華頂上 日朗晝光輝 四顧晴空裏 白雲同鶴飛
한 유 화 정 상　일 랑 주 광 휘　사 고 청 공 리　백 운 동 학 비

휘(輝): 빛날휘. 고(顧): 돌아볼고.

한가히 화정(華頂) 위에서 노는데

날씨 좋아 한낮의 빛이 반짝이네.

사방을 돌아보니 갠 허공 속으로

흰 구름이 학과 함께 나르네.

164.

世有多事人 廣學諸知見 不識本眞性 與道轉懸遠
세 유 다 사 인　광 학 제 지 견　불 식 본 진 성　여 도 전 현 원

若能明實相 豈用陳虛願 一念了自心 開佛之知見
약 능 명 실 상　기 용 진 허 원　일 념 요 자 심　개 불 지 지 견

광(廣): 넓을광. 전(轉): 구를전. 현(懸): 매달현.

세상엔 일이 많은 사람이 있는데

널리 여러 지견(知見)133)을 배우려 하네.

근본인 진성(眞性)134)은 알지 못하는데

도(道)와 더불어 멀리 떨어진 것이네.

만약 능히 실상(實相)을 밝힐 수 있다면

---

133) 지견(知見): 사물을 분별하여 알아 낼 수 있는 능력.
134) 진성(眞性): 모든 현상의 있는 그대로의 참모습.

어찌 허망한 소원을 펴겠는가?
한 생각 스스로의 마음을 헤아리면
부처님의 지견(知見)을 열게 되리라.

165.

寒山有一宅　宅中無闌隔　六門左右通　堂中見天碧
한 산 유 일 택　택 중 무 난 격　육 문 좌 우 통　당 중 견 천 벽

房房虛索索　東壁打西壁　其中一物無　免被人來惜
방 방 허 색 색　동 벽 타 서 벽　기 중 일 물 무　면 피 인 내 석

寒到燒軟火　饑來煮菜喫　不學田舍翁　廣置牛莊宅
한 도 소 연 화　기 래 자 채 끽　불 학 전 사 옹　광 치 우 장 택

盡作地獄業　一入何曾極　好好善思量　思量知軌則
진 작 지 옥 업　일 입 하 증 극　호 호 선 사 량　사 량 지 궤 칙

난(闌): 가로막을난. 격(隔): 가릴격. 색(索): 찾을색. 소(燒): 불태울소.

연(軟): 연할연. 자(煮): 삶을자. 치(置): 둘치. 장(莊): 풀성할장.

옥(獄): 감옥옥. 궤(軌): 궤도궤.

한산에 집 한 칸 있는데
집에 난간이나 벽이 없네.
육문(六門)135)은 좌우(左右)로 통하고
집안에서 하늘이 파랗게 보이네.
방마다 텅 비어 허전한데

---

135) 육문(六門): 육근(六根)의 문, 즉 안근(眼根)·이근(耳根)·비근(鼻根)·설근(舌根)·신근(身根)·의근(意根)을 말한다.

동쪽 벽이 서쪽 벽을 치네.

그 가운데 한 물건도 없나니

누가 와도 아까워할게 없네.

추위가 오면 불 때고

배고프면 나물을 삶아서 먹네.

배우지 못한 시골 늙은이

여러 채의 집에 우사(牛舍)를 두었네.

모두 지옥(地獄)136)의 업(業)을 짓는 것인데

한 번 들어가면 어찌 일찍이 마칠 수 있다던가?

잘 생각 해 보게

생각하노라면 법칙(法則)을 알게 되리라.

* 위의 시는 앞뒤 문맥(文脈)으로 보아 두수[二首]인 듯하다.

166.

儂家暫下山	入到城隍裡	逢見一群女	端正容貌美
농 가 잠 하 산	입 도 성 황 리	봉 견 일 군 녀	단 정 용 모 미

頭戴蜀樣花	臙脂塗粉膩	金釧鏤銀朶	羅衣緋紅紫
두 대 촉 양 화	연 지 도 분 니	금 천 누 은 타	나 의 비 홍 자

朱顔類神仙	香帶氛氳氣	時人皆顧眄	癡愛染心意
주 안 유 신 선	향 대 분 온 기	시 인 개 고 혜	치 애 염 심 의

---

136) 지옥(地獄): 산스크리트어 naraka 악한 짓을 한 중생이 그 과보로 받는다고 하는,
온갖 고통으로 가득 찬 곳.

謂言世無雙　魂影隨他去　狗齩枯骨頭　虛自舐脣齒
위 언 세 무 쌍　혼 영 수 타 거　구 교 고 골 두　허 자 지 순 치

不解返思量　與畜何曾異　今成白髮婆　老陋若精魅
불 해 반 사 량　여 축 하 증 리　금 성 백 발 파　노 루 약 정 매

無始由狗心　不超解脫地
무 시 유 구 심　불 초 해 탈 지

농(儂): 나농. 황(隍): 해자황. 대(戴): 올릴대. 촉(蜀): 나라이름촉.

연(臙): 연지연. 지(脂): 기름지. 도(塗): 진흙도. 분(粉): 가루분.

니(膩): 살찔니. 천(釧): 팔찌천. 누(鏤): 새길누. 타(朶): 꽃송이타.

비(緋): 붉은빛비. 분(氛): 기운분. 온(氳): 기운성할온.

혜(盻): 흘겨볼혜. 교(齩): 깨물교. 지(舐): 핥을지. 순(脣): 입술순.

루(陋): 좁을루. 매(魅): 도깨비매.

나 잠깐 산에서 내려와

성 안으로 들어가 보았네.

한 무리의 여자들을 만났는데

단정(端正)하니 용모(容貌)가 아름답네.

머리에는 촉(蜀)의 양화(樣花)를 꽂고

얼굴에는 분(粉) 바르고 연지(臙脂) 찍었네.

금팔찌엔 은으로 꽃무늬 새기고

비단 옷은 분홍(粉紅)에 자주 빛이네.

불그레한 얼굴은 신선과 같고

향기로운 띠에 향기가 풍기네.

그때 사람들 모두 돌아보고

어리석은 애욕(愛慾)으로 마음을 물들이네.

이르기를 "세상에 둘도 없다고."

혼이 빠져 그들을 따라가네.

개가 마른 뼈다귀를 물어뜯다가

부질없이 제 입술을 핥는 것처럼...

다시 생각을 돌이킬 줄 모르니

짐승과 더불어 일찍이 무엇이 다르겠는가?

이제 백발(白髮)의 할머니가 되면

늙고 추해져 도깨비처럼 되리라.

먼 옛날부터 짐승과 같은 마음으로 말미암아

해탈(解脫)137)의 땅으로 벗어나지 못하는 것이니라.

167.

一自遯寒山　養命餐山果　平生何所憂　此世隨緣過
일 자 둔 한 산　양 명 찬 산 과　평 생 하 소 우　차 세 수 연 과

日月如逝川　光陰石中火　任你天地移　我暢巖中坐
일 월 여 서 천　광 음 석 중 화　임 니 천 지 이　아 창 암 중 좌

둔(遯): 달아날둔. 서(逝): 갈서. 니(你): 너니.

한 번 스스로 한산에 숨은 뒤

산과(山果)를 먹으며 명(命)을 기르네.

평생(平生) 무엇을 근심하겠는가?

이 세상 인연(因緣)138) 따라 지내리라.

---

137) 해탈(解脫): 번뇌(煩惱)의 속박(束縛)을 풀어 삼계(三界)의 업고에서 벗어남.
138) 인연(因緣): 인(因)과 연(緣). 곧 안에서 결과를 만드는 직접적인 원인과 그 인(因)

세월은 마치 흘러가는 시내와 같나니
시간은 부싯돌의 반짝하는 불빛이라네.
그대 천지가 옮기는 대로 맡겨두게나
나, 바위틈에 앉아 후련 하노라.

168.

我見世間人 茫茫走路塵 不知此中事 將何爲去津
아 견 세 간 인　망 망 주 로 진　부 지 차 중 사　장 하 위 거 진

榮華能幾日 眷屬片時親 縱有千斤金 不如林下貧
영 화 능 기 일　권 속 편 시 친　종 유 천 근 금　불 여 임 하 빈

진(津): 나루진. 권(眷): 돌아볼권. 속(屬): 맺을속. 종(縱): 늘어질종.

내가 본 세상 사람들
아득하게 먼지 길 달리네.
이 가운데 일, 알지 못하는데
장차 무엇으로 나루를 건너겠는가?
영화(榮華)라야 능히 몇 날 인데
권속(眷屬)도 잠시 친할 뿐이네.
비록 천근의 황금이 있다 해도
숲속의 가난만 같지 못하느니라.

을 밖 에서 도와서 결과를 만드는 간접적인 힘이 되는 연(緣), 모든 사물은 이 인연
(因緣)에 의하여 생멸(生滅)한다함.

169.

自聞梁朝日　四依諸賢士　寶誌萬廻師　四仙傳大士
자 문 양 조 일　사 의 제 현 사　보 지 만 회 사　사 선 부 대 사

顯揚一代教　作持如來使　建造僧伽藍　信心歸佛理
현 양 일 대 교　작 지 여 래 사　건 조 승 가 람　신 심 귀 불 리

雖乃得如斯　有為多患累　與道殊懸遠　折西補東爾
수 내 득 여 사　유 위 다 환 루　여 도 수 현 원　절 서 보 동 이

不達無為功　損多益少矣　有聲而無形　至今何處是
부 달 무 위 공　손 다 익 소 의　유 성 이 무 형　지 금 하 처 시

지(誌): 기록할지. 부(傳): 스승부.

내가 듣기로 양무제(梁武帝)139)의 조정(朝庭)에서

사의(四依)140)를 갖춘 여러 현사(賢士)들

보지(寶誌) 화상(和尙)과 만회사(萬廻師),

사선(四仙)141)과 부대사(傳大士)142)여!

---

139) 양무제(梁武帝): 중국 남조(南朝), 양(梁)나라의 초대 황제(재위 502~549). 도읍
　　건강을 함락시켜 남제를 멸망시키고, 제위에 올라 국호를 양이라 했다. 불교사상
　　은 황금시대였고 정치(政治)는 파국의 징조를 보이기 시작했다.
140) 사의(四依): 쉬라마나(śramaṇa)의 음역. 인도에서 진리구도를 위해 출가하여 고
　　행·명상 등의 여러 가지 방법으로 수행하는 관습이 있었으며 석가모니 부처님도
　　그러한 관습에 따라서 출가하여 한 명의 사문이 되어 수행한 것이다. 사문에게는
　　사의(四依)라고 하는 생활 규범이 있는데, 걸식을 의미하는 탁발(托鉢), 남이 버린
　　옷을 입는 분소의(糞掃衣), 나무 아래에서 기거하며 수행하는 수하좌(樹下座), 동
　　물의 대소변으로 만든 약인 진기약(陳棄藥)에 의해서 생활하는 것을 말한다. 불교
　　에서 출가 수행하는 전통이 여기서 시작 되었다.
141) 사선(四仙): 양(梁)나라의 화양진인(華陽眞人)·청허진인(淸虛眞人)·자양진인(紫陽
　　眞人)·동백진인(桐柏眞人)을 이름.
142) 부대사(傳大士): 양(梁)나라 때 스님. 절강성(浙江省) 동양(東陽) 출신. 성(姓)은
　　부(傳), 이름은 흡(翕), 자(字)는 현풍(玄風), 호는 선혜(善慧). 쌍림대사(雙林大士)·
　　동양대사(東陽大士)라고도 함.

'부처님' 일대교(一代敎)[143]를 널리 드날리고

여래(如來)[144]의 사자(使者)로 계(戒)를 수지(受持)하였네.

스님들의 가람(伽藍)[145]을 지으시고

신심(信心)으로 부처님 교리(敎理)에 귀의(歸依) 하였네.

비록 이와 같은 소득(所得)이 있다 해도

유위(有爲)[146]라서 근심으로 얽매인 것이네.

도(道)와 달리 멀리 떨어진 것이니

서(西)쪽을 꺾어 동(東)쪽을 보충(補充)하는 것이네.

무위(無爲)[147]의 공(功)은 통달하지 못한 것이니

손해(損害)는 많고 이익(利益)은 적으리.

소리는 있는데 형상이 없나니

지금(至今) 어느 곳을 "이것" 이라 할 수 있겠는가?

---

143) 일대교(一代敎): 석가모니가 성도(成道)한 뒤 멸도(滅度)할 때까지 베푼 가르침.

144) 여래(如來): 석가모니(釋迦牟尼)를 성스럽게 일컫는 말.

145) 가람(伽藍): 승가람마(僧伽藍摩)의 준말로, 승려들이 불도(佛道)를 닦으면서 머무
는 절.

146) 유위(有爲): 산스크리트어 saṃskṛta 온갖 분별을 잇달아 일으키는 마음 작용. 분
별하고 차별 하는 인식 주관의 작용. 허망한 분별을 일으키는 의식의 작용.

147) 무위(無爲): 불교에서, 여러 가지 원인(原因)이나 인연(因緣)에 의해 생성되는 것
이 아닌 존재(asaṃskṛta). 시간적인 생멸변화(生滅變化)를 초월하는 상주(常住)·절
대의 진실로, 열반(涅槃)의 이명(異名)으로도 사용된다. 무위(無爲)는 생멸(生滅)
변화(變化)가 없는 모든 법의 진실 체를 설명하는 말로 위(爲)는 위작(僞作)·조작
(造作)이란 뜻이다. 인연에 의한 위작·조작을 떠나서 생주이멸(生住異滅)의 변천이
없는 진리(眞理). 열반(涅槃)·진여(眞如)·법성(法性)·실상(實相)과 같은 뜻이다.

170.

吁嗟貧復病　為人絕友親　甕裏長無飯　甑中屢生塵
우 차 빈 부 병　위 인 절 우 친　옹 리 장 무 반　증 중 누 생 진

蓬庵不免雨　漏榻劣容身　莫怪今顦顇　多愁定損人
봉 암 불 면 우　누 탑 열 용 신　막 괴 금 초 췌　다 수 정 손 인

옹(甕): 단지옹. 증(甑): 시루증. 루(漏): 샐루. 탑(榻): 평상탑.

초(顦): 파리할초. 췌(顇): 파리할췌.

아! 가난에 다시 병(病)까지 있으니

사람의 일, 친구도 친척도 끊기네.

밥그릇엔 오래도록 밥이 없고

시루 속엔 켜켜 먼지만 생기네.

쑥대로 이은 암자라서 비를 막지 못하는데

낡은 평상은 몸을 붙이지 못하네.

지금의 파리함을 괴이(怪異)해 하지 말라.

시름이 많으면 정녕 몸을 상하느니라.

171.

養女畏太多　已生須訓誘　捺頭遣小心　鞭背令緘口
양 녀 외 태 다　이 생 수 훈 유　날 두 견 소 심　편 배 영 함 구

未解乘機杼　那堪事箕箒　張婆語驢駒　汝大不如母
미 해 승 기 저　나 감 사 기 추　장 파 어 여 구　여 대 불 여 모

훈(訓): 가르칠훈. 유(誘): 유혹할유. 날(捺): 누를날. 편(鞭): 채찍편.

함(緘): 봉할함. 기(機): 기계기. 저(杼): 베틀북저. 기(箕): 키기.

추(箒): 쓰는비추. 여(驢): 나귀여. 구(駒): 망아지구.

딸을 기르면 두려운 일이 많은데
이미 낳았거든 모쪼록 잘 가르치게.
머리를 쓰다듬으며 주의하게 하고
등을 때려서 입 조심하게 하라.
베를 짤 줄 모르면
어찌 집안일을 제대로 꾸려가겠는가?
장씨(張氏) 노파 나귀 새끼에게
"너는 네 어미보다 아주 못하다."라고 하더라.

172.

秉志不可卷	須知我匪席	浪造山林中	獨臥盤陀石
병 지 불 가 권	수 지 아 비 석	낭 조 산 림 중	독 와 반 타 석

辯士來勸余	速令受金璧	鑿墻植蓬蒿	若此非有益
변 사 내 권 여	속 령 수 금 벽	착 장 식 봉 호	약 차 비 유 익

비(匪): 아니비. 타(陀): 비탈질타.

품은 뜻은 거두지 말아야 하니
마땅히 내 의지를 꺾지 말아야 하네.
멋대로 산림(山林)을 조성하며
홀로 반석(盤石) 위에 누었네.
말솜씨 좋은 이가 와서 나에게 권(勸)하기를
"속히 하여금 금벽(金璧)148)을 받으라." 하네.

담장을 파고 쑥대를 심는 짓이니

만약 이와 같이 하면 유익(有益)하지 않으리라.

173.

以我棲遲處 幽深難可論 無風蘿自動 不霧竹長昏
이 아 서 지 처　유 심 난 가 론　무 풍 나 자 동　불 무 죽 장 혼

澗水緣誰咽 山雲忽自屯 午時庵內坐 始覺日頭暾
간 수 연 수 열　산 운 홀 자 둔　오 시 암 내 좌　시 각 일 두 돈

돈(暾): 아침해돈.

내가 깃들어 사는 곳

그윽하고 깊어 논(論)하기 어렵네.

바람이 없어도 칡넝쿨이 절로 흔들리고

안개가 끼지 않아도 대밭은 늘 어둡네.

개울물이 누굴 위해 오열(嗚咽) 하는가?

산 구름이 갑자기 피어오르네.

한 낮, 암자에 홀로 앉았는데

비로소 해가 머리위에 솟은 걸 깨닫네.

---

148) 금벽(金璧): 황금(黃金)과 벽옥(碧玉). 여기서는 관직(官職).

174.

憶昔過逢處 人間逐勝游 樂山登萬仞 愛水泛千舟
억 석 과 봉 처　인 간 축 승 유　요 산 등 만 인　애 수 범 천 주

送客琵琶谷 攜琴鸚鵡洲 焉知松樹下 抱膝冷颼颼
송 객 비 파 곡　휴 금 앵 무 주　언 지 송 수 하　포 슬 냉 수 수

인(仞): 길인. 범(泛): 뜰범. 휴(攜): 끌휴. 앵(鸚): 앵무새앵.
무(鵡): 앵무새무. 주(洲): 섬주. 슬(膝): 무릎슬. 수(颼): 바람소리수.

예전 놀던 곳 생각해 보니
인간 세상의 명승지(名勝地)를 찾아다녔네.
산을 즐기려 만 길을 오르고
물을 좋아해 천강에 배를 띄웠네.
손님을 비파곡(琵琶谷)149) 에서 보내고
거문고를 앵무주(鸚鵡洲)150) 에서 뜯었네.
어찌 알랴? 소나무 아래
무릎을 끼고 맛보는 시원한 바람을...

175.

報汝修道者 進求虛勞神 人有精靈物 無字復無文
보 여 수 도 자　진 구 허 로 신　인 유 정 령 물　무 자 부 무 문

呼時歷歷應 隱處不居存 叮嚀善保護 勿令有點痕
호 시 역 력 응　은 처 불 거 존　정 녕 선 보 호　물 령 유 점 흔

---

149) 비파곡(琵琶谷): 양자강 상류 무한(武漢)에 있는 지명(地名).
150) 앵무주(鸚鵡洲): 하북성 한양현(漢陽縣) 서남쪽의 장강(長江) 안에 있는 섬.

정(叮): 정성스러울정. 녕(嚀): 간곡할녕. 흔(痕): 흉터흔.

너희 수도자(修道者)에게 알리나니
밖에서 구하고자 헛되이 정신을 수고하지 말라.
사람에게는 정령(精靈)한 물건이 있나니
글자도 없고 다시 문장(文章)도 없네.
부를 때 또렷이 응하지만
숨거나 머문 곳, 존재하지 않네.
간곡히 부탁하노니 잘 보호(保護) 하게나
'정령(精靈)'151)으로 하여금 점이나 흉터를 만들지 마라.

176.

去年春鳥鳴 此時思弟兄 今年秋菊爛 此時思發生
거 년 춘 조 명　차 시 사 제 형　금 년 추 국 란　차 시 사 발 생

綠水千場咽 黃雲四面平 哀哉百年內 腸斷憶咸京
녹 수 천 장 열　황 운 사 면 평　애 재 백 년 내　장 단 억 함 경

란(爛): 불에델란. 열(咽): 목메일열. 함(咸): 다함.

지난해 봄, 새 울 때
이때는 형과 아우가 생각났는데.
금년 가을 국화(菊花)가 흐드러지니
이때 고향의 부모(父母)님이 그립네.

---

151) 정령(精靈): 만물의 근원을 이루는 신령스러운 기운.

푸른 물줄기 천 굽이로 오열(嗚咽) 하고
누런 물결이 사방 들판에 너울대네.
슬프다, '인생이라야' 백 년 안인데
함양(咸陽)152) 생각에 애간장 녹이네.

177.

多少天台人 不識寒山子 莫知其意度 喚作閑言語
다 소 천 태 인　불 식 한 산 자　막 지 기 의 도　환 작 한 언 어

적잖은 천태(天台) 사람들
한산자(寒山子)를 알지 주지 않네.
그 의도(意度)를 알지 못하고
허튼소리 하는 이라 부르네.

178.

可惜百年屋 左倒右復傾 墻壁分散盡 木植亂差橫
가 석 백 년 옥　좌 도 우 부 경　장 벽 분 산 진　목 식 난 차 횡

甎瓦片片落 朽爛不堪停 狂風吹驀塌 再竪卒難成
전 와 편 편 락　후 란 불 감 정　광 풍 취 맥 탑　재 수 졸 난 성

차(差): 어긋날차. 횡(橫): 가로횡. 전(甎): 벽돌전. 후(朽): 썩을후.
란(爛): 문드러질란. 감(堪): 견딜감. 정(停): 머무를정. 맥(驀): 말탈맥.
탑(塌): 떨어질탑. 수(竪): 세울수.

---

152) 함경(咸京): 함양(咸陽). 지금의 섬서성(陝西省) 함양시(咸陽市) 동북쪽 일대.

아깝다. 백년 집이여!

왼쪽으로 쏠리고 다시 오른쪽으로 기우네.

담과 벽은 무너져 흩어졌는데

나무가 어지러이 엉켜 있네.

벽돌과 기와는 조각조각 떨어져 나가고

썩고 헐리어 견디지 못하네.

미친바람에 갑자기 무너졌는데

다시 끝내 세우기 어려우리.

179.

精神殊爽爽 形貌極堂堂 能射穿七札 讀書覽五行
정 신 수 상 상　형 모 극 당 당　능 사 천 칠 찰　독 서 남 오 행

經眠虎頭枕 昔坐象牙床 若無阿堵物 不啻冷如霜
경 면 호 두 침　석 좌 상 아 상　약 무 아 도 물　불 시 냉 여 상

상(爽): 상쾌할상. 천(穿): 뚫을천. 찰(札): 패찰. 남(覽): 볼남.

침(枕): 베개침. 아(阿): 언덕아. 도(堵): 담장도. 시(啻): ...뿐시.

정신이 몹시 상쾌하고

모습은 지극히 당당하네.

활을 쏘면 갑옷 일곱 겹을 뚫고

책을 읽으면 다섯줄을 보네.

잘 때는 호두(虎頭)153)를 베고 자고

---

153) 호두(虎頭): 박제로 만든 호랑이 머리.

예부터 상아(象牙) 침상에 앉네.

'그에게' 만약 돈이 없었더라면

'남이' 차갑게 할뿐 아니라 서릿발 같았으리.

180.

笑我田舍兒　頭頰底縶澁　巾子未曾高　腰帶長時急
소 아 전 사 아　두 협 저 집 삽　건 자 미 증 고　요 대 장 시 급

非是不及時　無錢趁不及　一日有錢財　浮圖頂上立
비 시 불 급 시　무 전 진 불 급　일 일 유 전 재　부 도 정 상 립

협(頰): 뺨협. 집(縶): 맬집. 삽(澁): 떫을삽. 요(腰): 허리요.

나를 촌뜨기라 비웃는데

얼굴이 아래로 처지고 거치네.

모자는 아직 높게 써보지 못하였고

허리띠를 항상 졸라매네.

이는 유행을 몰라서가 아니니

돈이 없어, 쫓아도 미치지 못해서이네.

어느 날 돈이 듬뿍 생기면

부도(浮圖)154)를 산 정상(頂上)에 세우리라.

---

154) 부도(浮圖): 부처님 또는 고승(高僧)의 사리나 유골(遺骨)을 넣고 쌓은 둥근 돌탑.
승려(僧侶)를 달리 일컫는 말.

181.

買肉血漉漉 買魚跳鱍鱍 君身招罪累 妻子成快活
매 육 혈 괄 괄　매 어 도 발 발　군 신 초 죄 루　처 자 성 쾌 활

纔死渠便嫁 他人誰敢遏 一朝如破床 兩箇當頭脫
재 사 거 편 가　타 인 수 감 알　일 조 여 파 상　양 개 당 두 탈

괄(漉): 물괄괄흐를괄. 도(跳): 뛸도. 발(鱍): 헤엄칠발. 재(纔): 겨우재.

거(渠): 도랑거. 가(嫁): 시집갈가. 알(遏): 막을알.

피가 줄줄 흐르는 고기를 사고

살아 펄떡이는 생선을 사네.

그대 몸으로 죄를 부르는데

처자(妻子)는 통쾌하게 날뛰네.

겨우 숨지면, 그녀는 문득 시집갈 터인데

남들이 누가 감히 막겠는가?

하루아침에 부서진 상(床)과 같을 것인데

살생(殺生)과 사음(邪淫)을 당장 벗어나게.

182.

客難寒山子 君詩無道理 吾觀乎古人 貧賤不爲恥
객 난 한 산 자　군 시 무 도 리　오 관 호 고 인　빈 천 불 위 치

應之笑此言 談何疏闊矣 願君似今日 錢是急事爾
응 지 소 차 언　담 하 소 활 의　원 군 사 금 일　전 시 급 사 이

치(恥): 부끄러워할치. 활(闊): 트일활.

손님이 한산자를 비난하기를

"그대의 시(詩), 도리(道理)에 없는 것이라네."

내 보니 옛 사람들

가난하고 천한 것 부끄럽게 여기지 않았네.

응(應)하면 이 말을 비웃을 것인데

이 말이 얼마나 성기고 어설프겠는가?

원컨대 그대 오늘만 같게

돈, 이는 절박한 것이라네.

183.

從生不往來　至死無仁義　言既有枝葉　心懷便險詖
종 생 불 왕 래　지 사 무 인 의　언 기 유 지 엽　심 회 편 험 피

若其開小道　緣此生大僞　詐說造雲梯　削之成棘刺
약 기 개 소 도　연 차 생 대 위　사 설 조 운 제　삭 지 성 극 자

회(懷): 품을회. 험(險): 험할험. 피(詖): 치우칠피. 사(詐): 거짓사.

제(梯): 사다리제. 극(棘): 가시극. 자(刺): 찌를자.

'이것은' 나거나 오가는 것이 아니고

죽을 때까지 인의(仁義)155)도 없네.

말에 이미 가지와 잎이 있는데

마음이 문득 고르지 못하기 때문이네.

---

155) 인의(仁義): 인(仁)과 의(義)의 합성어로 유교(儒敎) 도덕(道德)의 핵심. 춘추전국
　　시대에 주(周)왕조의 봉건질서가 와해되면서 인의(仁義)의 당위성이 거론되었다.
　　공자는 인(仁)을 강조하고 맹자는 의(義)를 언급하면서 인의 실천을 강조하였다.

만약 조금이라도 도(道)에 대하여 열려고 하면

이를 인연(因緣)으로 큰 거짓이 생기리라.

거짓으로 구름사다리를 만든다 해도

깎으면 가시밭이 되느니라.

184.

一缾鑄金成 一缾埏泥出 二缾任君看 那箇缾牢實
일 병 주 금 성　일 병 연 니 출　이 병 임 군 간　나 개 병 뇌 실

欲知缾有二 須知業非一 將此驗生因 修行在今日
욕 지 병 유 이　수 지 업 비 일　장 차 험 생 인　수 행 재 금 일

주(鑄): 쇠부어만들주. 병(缾): 두레박병. 주(鑄): 주물주.

연(埏): 흙이길연. 험(驗): 증험할험.

한 병은 금으로 만들고

한 병은 흙으로 빚었네.

두 병을 그대 견해에 맡기나니

어느 병이 굳고 실(實)해 보이나?

병이 두 개인 이유를 알고 싶은가?

부디 지은 업(業)156)이 하나가 아님을 알아야 하네.

앞으로 생길 인연을 검증하려면

닦고 행(行)함이 오늘에 있다네.

---

156) 업(業): 미래에 선악의 결과를 가져오는 원인(原因)이 된다고 하는, 몸과 입과
　　마음으로 짓는 선악(善惡)의 소행.

185.

摧殘荒草廬 其中煙火蔚 借問群小兒 生來凡幾日
최 잔 황 초 려 기 중 연 화 울 차 문 군 소 아 생 래 범 기 일

門外有三車 迎之不肯出 飽食腹膨脝 箇是癡頑物
문 외 유 삼 거 영 지 불 긍 출 포 식 복 팽 형 개 시 치 완 물

최(摧): 꺾을최. 려(廬): 오두막집려. 울(蔚): 우거질울. 팽(膨): 부풀팽.

형(脝): 배불룩할형. 치(癡): 어리석을치. 완(頑): 완고할완.

무너져 쓰러지고 거칠어진 풀집

그 속에 연기가 자욱하네.

너희에게 묻노니, 어린 애들아

여기서 얼마나 살았느냐?

문 밖에 세 대의 수레가 있건만[157]

맞이해 태우려니 나오지 않네.

배불리 먹고 배가 불룩한데

이것은 어리석고 완고한 물건이라네.

---

157) 법화경(法華經) 비유품(譬喩品): 애들아, 여기 재미있는 장난감이 있다. 양이 끄는
수레, 사슴이 끄는 수레, 소가 끄는 수레가 있으니, 모두들 어서 밖으로 나오너라.
또 세 가지 수레는 삼승(三乘)을 비유한 것으로 양이 끄는 수레는 성문승(聲聞乘),
사슴이 끄는 수레는 연각승(緣覺乘), 소가 끄는 수레는 보살승(菩薩乘)에 해당된
다. 부처님은 범부를 화택에서 끌어내기 위해 삼승(三乘)이라는 방편을 쓴 후에는
모두에게 커다란 흰 소가 끄는 수레, 즉 일불승(一佛乘)을 주었다한다.

186.

有身與無身 是我復非我 如此審思量 遷延倚巖坐
유신여무신 시아부비아 여차심사량 천연의암좌

足間靑草生 頂上紅塵墮 已見俗中人 靈牀施酒果
족간청초생 정상홍진타 이견속중인 영상시주과

천(遷): 옮길천. 연(延): 끌연. 의(倚): 의지할의. 타(墮): 떨어질타.

몸은 있는 것인가, 없는 것인가?

'몸' 이것은 나인가, 다시 내가 아니던가?

이와 같이 깊이 생각하고

망설이며 바위에 기대어 앉네.

다리 사이에 푸른 풀이 자라고

머리 위에서 붉은 먼지가 떨어지네.

이미 본, 속세의 사람들

영상(靈牀)158)에 술과 안주가 차려 지누나.

187.

昨見河邊樹 摧殘不可論 二三餘幹在 千萬斧刀痕
작견하변수 최잔불가론 이삼여간재 천만부도흔

霜凋萎疏葉 波衝枯朽根 生處當如此 何用怨乾坤
상조위소엽 파충고후근 생처당여차 하용원건곤

간(幹): 줄기간. 부(斧): 도끼부. 흔(痕): 흉터흔. 조(凋): 시들조.

---

158) 영상(靈牀): 상(喪)을 치를 때, 차려놓은 상(牀).

위(萎): 마를위. 형(衡): 저울대형. 후(朽): 썩을후. 건(乾): 하늘건.
곤(坤): 땅곤.

어제 물가의 나무를 보았는데
꺾이고 부러져 형편이 없네.
두 세 줄기 남아 있는데
천만번 도끼 자국이네.
서리에 성근 잎이 시들며 말라가고
파도는 썩은 뿌리를 파먹네.
자란 곳이 이와 같은데
어찌 하늘과 땅159)을 원망하랴?

188.

憐底衆生病　餐嘗略不厭　烝豚搵蒜醬　炙鴨點椒塩
연 저 중 생 병　찬 상 약 불 염　증 돈 온 산 장　자 압 점 초 염

去骨鮮魚膾　兼皮熟肉臉　不知他命苦　秖取自家甜
거 골 선 어 회　겸 피 숙 육 검　부 지 타 명 고　지 취 자 가 첨

증(烝): 김오를증. 돈(豚): 돼지돈. 온(搵): 잠길온. 산(蒜): 마늘산.
장(醬): 된장장. 자(炙): 고기구을자. 압(鴨): 오리압. 초(椒): 산초나무초.
염(塩): 소금염. 회(膾): 날고기회. 검(臉): 뺨검. 첨(甜): 달첨.

중생의 병을 불쌍히 여기나니

먹고 맛보기 싫어할 줄 모르네.

돼지를 쪄서 마늘 장을 바르고

오리를 구워 후추와 소금을 뿌리네.

뼈를 발라 생선을 회치고

껍질과 살코기를 굽네.

남의 목숨 괴로움은 알지 못하고

다만 저희들 단맛을 취할 뿐이네.

189.

讀書豈免死 讀書豈免貧 何以好識字 識字勝他人
독 서 기 면 사　독 서 기 면 빈　하 이 호 식 자　식 자 승 타 인

丈夫不識字 無處可安身 黃連搵蒜醬 忘計是苦辛
장 부 불 식 자　무 처 가 안 신　황 련 온 산 장　망 계 시 고 신

온(搵): 잠길온. 산(蒜): 마늘산. 장(醬): 된장장.

글을 읽는다 하여 어찌 죽음을 면하며?

책을 본다 하여 어찌 가난을 면하겠는가?

무슨 까닭으로 글 배우기를 좋아하는가?

글을 알면 남보다 낫기 때문이네.

장부(丈夫)가 글을 모르면

몸을 편안히 둘 곳이 없나니.

황련(黃連)160)에 마늘 장을 치는 것

---

160) 황련(黃連): 맛은 쓴데 성질은 약간 더움. 눈병, 설사 등의 약재로 씀.

이처럼 괴롭고 쓰린 계책은 잊어버리게.

190.

我見謾人漢 如籃盛水走 一氣將歸家 籃裏何曾有
아 견 만 인 한　여 람 성 수 주　일 기 장 귀 가　남 리 하 증 유

我見被人謾 一似園中韭 日日被刀傷 天生還自有
아 견 피 인 만　일 사 원 중 구　일 일 피 도 상　천 생 환 자 유

만(謾): 속일만. 남(籃): 바구니남. 구(韭): 부추구.

내가 보니 남을 속이는 이들
바구니에 물 담아 달리는 것 같네.
한숨에 달려 집으로 돌아온들
바구니 속에 무엇이 남아 있겠나?
내 보니 남에게 속는 사람들
한결 같은 터 밭의 부추 같다네.
날마다 칼로 베어내도
하늘이 낳고 도로 자라게 하네.

191.

不見朝垂露 日爍自消除 人身亦如此 閻浮是寄居
불 견 조 수 로　일 삭 자 소 제　인 신 역 여 차　염 부 시 기 거

切莫因循過 且令三毒祛 菩提即煩惱 盡令無有餘
절 막 인 순 과　차 령 삼 독 거　보 리 즉 번 뇌　진 령 무 유 여

삭(爍): 빛날삭. 염(閻): 이문염. 거(祛): 떨어없앨거. 순(循): 좇을순.

보지 못했는가? 아침 이슬이

해 뜨면 절로 사라지는 것을...

사람의 몸도 또한 이와 같거니

염부(閻浮)[161] 여기 기대어 사는 것이네.

결코 적당하게 지내지 말게

우선 삼독(三毒)을 떨쳐 없애야 하네.

보리(菩提)가 곧 번뇌(煩惱)이니

'번뇌'로 하여금 남겨두지 말아야 하네.

* 육조단경(六祖壇經) 24 돈수(頓修)에서 부분 옮김.

和尚 弟子從玉泉寺來 秀師處 不得契悟 聞和尚說
화 상 제 자 종 옥 천 사 래　 수 사 처　 부 득 계 오　 문 화 상 설

便契本心 和尚慈悲 願當教示 惠能大師曰
편 계 본 심　 화 상 자 비　 원 당 교 시　 혜 능 대 사 왈

汝從彼來 應是細作 志誠曰 未說時即是
여 종 피 래　 응 시 세 작　 지 성 왈　 미 설 시 즉 시

說了不是 六祖言 煩惱即是菩提 亦復如是
설 료 불 시　 육 조 언　 번 뇌 즉 시 보 리　 역 부 여 시

큰스님 제자는 옥천사에서 왔습니다. 신수스님 밑에서는 깨치지 못하

였으나 큰스님의 법문을 듣고 문득 본래의 마음에 계합하였습니다. 큰

스님께서는 자비로써 가르쳐 주십시오.

혜능대사께서 말씀하셨다. "네가 옥천사에서 왔다면 마땅히 염탐꾼이

---

161) 염부(閻浮): 염부제(閻浮提)의 준말.

리라." 지성이 말하길

"말씀드리기 전에는 염탐꾼이었으나 미리 말씀드렸으니 염탐꾼이 아닙니다."

육조대사께서 말씀하시길 "번뇌(煩惱)가 곧 보리(菩提)임도 또한 이와 같다."고 하셨다.

192.

水清澄澄瑩　徹底自然見　心中無一事　萬境不能轉
수　청　징　징　형　　철　저　자　연　견　　심　중　무　일　사　　만　경　불　능　전

心旣不妄起　永劫無改變　若能如是知　是知無背面
심　기　불　망　기　　영　겁　무　개　변　　약　능　여　시　지　　시　지　무　배　면

징(澄): 맑을징. 형(瑩): 밝을형. 철(徹): 통할철. 겁(劫): 위협할겁.

물이 투명하게 맑고 밝아서
바닥까지 훤히 보이네.
마음속에 한 가지 일도 없나니
모든 경계에 능히 굴리지 않느니라.
마음이 이미 망령되게 일어나지 않나니
영겁토록 고치고 바꿀게 없느니라.
만약 능히 이와 같이 알면
이 지혜(知慧)란 앞뒤가 없느니라.

193.

說食終不飽　說衣不免寒　飽喫須是飯　著衣方免寒
설 식 종 불 포　설 의 불 면 한　포 끽 수 시 반　착 의 방 면 한

不解審思量　祇道求佛難　廻心即是佛　莫向外頭看
불 해 심 사 량　지 도 구 불 난　회 심 즉 시 불　막 향 외 두 간

말로 하는 밥은 끝내 배부르지 않고
입으로 짓는 옷은 추위를 면치 못하네.
배부르려면 반드시 밥을 먹어야 하고
옷을 입어야 바야흐로 추위를 면하네.
깊이 생각해야 함을 이해하지 못하고
다만 부처를 구하기 어렵다 이르네.
마음 돌리면 곧 이대로 부처이니
밖을 향해 찾지 말아야 하느니라.

194.

可畏輪廻苦　往復似翻塵　蟻巡環未息　六道亂紛紛
가 외 윤 회 고　왕 복 사 번 진　의 순 환 미 식　육 도 난 분 분

改頭換面孔　不離舊時人　速了黑暗獄　無令心性昏
개 두 환 면 공　불 리 구 시 인　속 료 흑 암 옥　무 령 심 성 혼

번(翻): 날번. 의(蟻): 개미의.

두렵다, 윤회(輪廻)162)의 괴로움이여!

─────────────

162) 윤회(輪廻): 불교 교리 가운데 하나. 중생이 죽은 뒤 그 업(業)에 따라서 육도(六
道)의 세상에서 생사를 거듭한다는 것을 천명한 사상.

갔다가 돌아옴이 먼지 날리는 것 같다네.

개미가 쉬지 않고 쳇바퀴를 돌 듯

육도(六道)를 어지러이 맴 도는 것이네.

머리를 고치고 모습을 바꾸어도

옛날의 그 사람을 떠나지 못하네.

속히 어두운 지옥을 떠나야 하니

심성(心性)으로 하여금 어둡지 말아야 하네.

195.

可畏三界輪　念念未曾息　纔始似出頭　又却遭沈溺
가 외 삼 계 륜　염 념 미 증 식　재 시 사 출 두　우 각 조 침 닉

假使非非想　蓋緣多福力　爭似識眞源　一得即永得
가 사 비 비 상　개 연 다 복 력　쟁 사 식 진 원　일 득 즉 영 득

침(沈): 잠길침. 닉(溺): 빠질닉. 개(蓋): 덮을개.

두렵다, 삼계(三界)163)의 윤회(輪廻)여!

갖은 생각으로 일찍이 쉬지 못하네.

겨우 머리를 벗어났나 했는데

또 도로 **빠져들게** 되네.

가령 비비상(非非想)164)에 태어나더라도

대개 복(福)의 힘으로 인연(因緣)한 것이네.

---

163) 삼계(三界): 불교의 세계관 가운데 하나. 삼유(三有). 미혹한 중생이 윤회(輪廻)하
　　는 욕계 (欲界)·색계(色界)·무색계(無色界)의 세계.
164) 비비상(非非想): 불교의 비상(非想) 비비상처(非非想處)를 달리 이르는 말. 번뇌
　　(煩惱)를 완전히 떠나지 못하였다 하여 이렇게 이른다.

어찌 저 진정한 근원(根源)을 알아서

한번 얻어, 곧 영원히 얻는 이만 같을 수 있겠는가?

196.

昨日游峰頂 下窺千尺崖 臨危一株樹 風擺兩枝開
작 일 유 봉 정　하 규 천 척 애　임 위 일 주 수　풍 파 양 지 개

雨漂即零落 日曬作塵埃 嗟見此茂秀 今為一聚灰
우 표 즉 영 락　일 쇄 작 진 애　차 견 차 무 수　금 위 일 취 회

규(窺): 엿볼규. 파(擺): 열릴파. 쇄(曬): 햇빛쬘쇄 애(埃): 티끌애.

차(嗟): 탄식할차. 취(聚): 모일취. 회(灰): 재회.

어제 한산의 봉우리에서 놀다가

아래로 천길 벼랑을 엿보았네.

위태롭게 서 있는 나무 한 그루

바람에 두 가지로 찢겨졌네.

빗물에 휩쓸려 시들어 떨어지고

햇빛에 쬐여 먼지가 되네.

슬프다! 이렇듯 무성하던 나무도

이제 한줌의 재가 되느니라.

197.

自古多少聖 叮嚀教自信 人根性不等 高下有利鈍
자 고 다 소 성　정 녕 교 자 신　인 근 성 부 등　고 하 유 이 둔

真佛不肯認 置力枉受困 不知淸淨心 便是法王印
진 불 불 긍 인　치 력 왕 수 곤　부 지 청 정 심　편 시 법 왕 인

정(叮): 정성스러울정. 녕(嚀): 간곡할녕. 둔(鈍): 둔할둔. 왕(枉): 굽을왕.

예부터 적지 않은 성인(聖人)들

간곡히 자기 자신(自身)을 믿으라고 가르치셨네.

사람의 근성(根性)은 고르지 못한데

높고 낮음과 예리(銳利)하고 둔(鈍)한 이가 있다네.

참된 부처는 기꺼이 알려고 하지 않고

잘못 힘을 쓰다가 곤란을 겪네.

청정한 마음을 알지 못하고

문득 이를 법왕인(法王印)[165] 이라고 하네.

198.

我聞天台山 山中有琪樹 永言欲攀之 莫曉石橋路
아 문 천 태 산　산 중 유 기 수　영 언 욕 반 지　막 효 석 교 로

緣此生悲嘆 幸居將已暮 今日觀鏡中 颯颯鬢垂素
연 차 생 비 탄　행 거 장 이 모　금 일 관 경 중　삽 삽 빈 수 소

기(琪): 옥기. 반(攀): 붙잡을반. 교(橋): 다리교. 탄(嘆): 탄식할탄.

---

165) 법왕인(法王印): 부처와 조사들이 서로 법(法)을 인가(印可)를 해주는 것을 가리킴.

삽(颯): 바람소리삽. 빈(鬢): 구렛나루빈.

내가 들으니 천태산(天台山)에는

산중에 기수(琪樹)166)가 있다네.

시(詩)를 읊으며 오르려 했지만

석교(石橋)로 가는 길을 밝히지 못했네.

이를 연유로 비탄(悲嘆)에 젖고

허둥대다가 이미 저물어 버렸네.

오늘 거울 속을 바라보는데

휘날리는 머리털이 흰 비단 실처럼 늘어졌네.

199.

養子不經師 不及都亭鼠 何曾見好人 豈聞長者語
양 자 불 경 사 　 불 급 도 정 서 　 하 증 견 호 인 　 기 문 장 자 어

為染在薰蕕 應須擇朋侶 五月販鮮魚 莫教人笑汝
위 렴 재 훈 유 　 응 수 택 붕 려 　 오 월 판 선 어 　 막 교 인 소 여

서(鼠): 쥐서. 훈(薰): 향풀훈. 유(蕕): 누린내풀유. 려(侶): 짝려.

자식을 기르며 스승을 고르지 않는데

도정(都亭)167)의 쥐만큼도 미치지 못하네.

어찌 좋은 사람을 만나 볼 수 있으며

어떻게 덕망(德望)있는 말을 들을 수 있겠는가?

---

166) 기수(琪樹): 옥(玉)처럼 아름다운 나무.
167) 도정(都亭): 낙양(洛陽)의 도정(都亭 ~ 街道).

향기와 누린내는 물들이기 나름이고
모름지기 친구는 가리기에 달렸네.
오월에 생선을 판매하듯이
남의 웃음거리가 되지 말도록 하게.

200.

徒閉蓬門坐　頻經石火遷　唯聞人作鬼　不見鶴成仙
도　폐　봉　문　좌　　빈　경　석　화　천　　유　문　인　작　귀　　불　견　학　성　선

念此那堪說　隨緣須自憐　廻瞻郊郭外　古墓犁為田
염　차　나　감　설　　수　연　수　자　련　　회　첨　교　곽　외　　고　묘　려　위　전

빈(頻): 자주빈. 첨(瞻): 볼첨. 려(犁): 쟁기려.

그저 초가집 문을 닫고 앉아
부싯돌 불빛168) 같이 세월을 보내네.
오직 사람이 귀신 된다는 말은 들었지만
학(鶴)을 타고 신선(神仙)이 되는 것은 보지 못했네.
이를 생각하면 어이 말할 수 있겠나?
인연 따라 모름지기 스스로 아끼게나.
돌이켜 저 성 밖을 바라보면
옛 무덤이 갈리어 밭이 되느니라.

---

168) 석화(石火): 돌과 돌이 맞부딪치거나 또는 돌과 쇠가 맞부딪칠 때에 일어나는
불. 몹시 빠름을 비유(比喩).

201.

時人見寒山 各謂是風顚 貌不起人目 身唯布裘纏
시 인 견 한 산　각 위 시 풍 전　모 불 기 인 목　신 유 포 구 전

我語他不會 他語我不言 爲報往來者 可來向寒山
아 어 타 불 회　타 어 아 불 언　위 보 왕 래 자　가 래 향 한 산

전(顚): 엎드러질전. 모(貌): 얼굴모. 구(裘): 가죽옷구. 전(纏): 얽힐전.

요즘 사람들 한산(寒山)을 보고

각자 이르길 미치광이[169]라 하네.

모습이 남의 눈에 들 수 없고

몸은 오직 누더기로 얽히었네.

내 말을 남들이 알아듣지 못하니

남의 이야기를 나는 말 하지 않겠네.

오가는 사람들에게 알리나니

어서 오게, 한산(寒山)으로...

202.

自在白雲閑 從來非買山 下危須策杖 上險捉藤攀
자 재 백 운 한　종 래 비 매 산　하 위 수 책 장　상 험 착 등 반

澗底松常翠 谿邊石自斑 友朋雖阻絶 春至鳥喧喧
간 저 송 상 취　계 변 석 자 반　우 붕 수 조 절　춘 지 조 관 관

책(策): 채찍책. 장(杖): 지팡이장. 착(捉): 잡을착. 등(藤): 등나무등.

---

169) 풍전(風顚): 후천적(後天的)인 정신병(精神病) 중(中)에서, 언행착란(言行錯亂)·의
　　식(意識) 혼탁·감정(感情) 격발이 뚜렷한 것.

반(攀): 잡고오를반. 간(澗): 계곡의시내간. 계(谿): 시내계.

수(雖): 비록수. 조(阻): 사이가멀조. 관(喈): 새서로지저귈관.

흰 구름 속에 한가히 자재(自在)[170] 하나니

지금껏 산을 사지 않았네.

내려가는 길, 위험하면 모름지기 지팡이 짚고

오를 땐, 험하면 등나무 넝쿨 휘어잡네.

시내 밑으로 소나무가 항상 푸르고

개울가엔 돌이 절로 얼룩졌네.

벗들과 비록 멀어지고 끊어졌으나

봄이 오면 새들이 지저귀네.

203.

我在村中住　衆推無比方　昨日到城下　仍被狗形相
아 재 촌 중 주　중 추 무 비 방　작 일 도 성 하　잉 피 구 형 상

或嫌袴太窄　或說衫少長　撑却鷂子眼　雀兒舞堂堂
혹 혐 고 태 착　혹 설 삼 소 장　탱 각 요 자 안　작 아 무 당 당

잉(仍): 인할잉. 고(袴): 바지고. 착(窄): 좁을착. 삼(衫): 적삼삼.

탱(撑): 버틸탱. 요(鷂): 새매요.

내가 사는 마을에

모두가 엉뚱한 방향을 따르네.

---

170) 자재(自在): 나아가고 물러감에 아무런 장애가 없고 번뇌의 속박에서 벗어나 걸
　　리고 막힘이 없이 통달 자재(自在)하는 것.

어제 성 아래 이르니

내 모습에 개들이 짖네.

혹은 바짓가랑이가 좁다 싫어하고

간혹 적삼이 조금 길다 말하네.

매의 눈을 뒤틀어 놓으면

참새도 당당히 춤추느니라.

204.

死生元有命 富貴本由天 此是古人語 吾今非謬傳
사 생 원 유 명　부 귀 본 유 천　차 시 고 인 어　오 금 비 유 전

聰明好短命 癡騃却長年 鈍物豐財寶 惺惺漢無錢
총 명 호 단 명　치 애 각 장 년　둔 물 풍 재 보　성 성 한 무 전

유(謬): 그릇될유. 애(騃): 어리석을애. 풍(豐): 풍년풍. 성(惺): 깰성.

죽고 사는 것, 원래 명(命)이 있다하고

부귀(富貴)가 본래 하늘에 달렸다네.

이는 옛 사람 말로

나 지금, 잘못 전하는 것 아니네.

총명한 이는 단명(短命)하고...

어리석은 자가 도리어 오래 산다나...

아둔한 사람이 재물이 많고...

총명한 사람은 돈이 없다고?

205.

國以人爲本 猶如樹因地 地厚樹扶疏 地薄樹憔悴
국 이 인 위 본　유 여 수 인 지　지 후 수 부 소　지 박 수 초 췌

不得露其根 枝枯子先墜 決陂以取魚 是求一朝利
부 득 노 기 근　지 고 자 선 추　결 피 이 취 어　시 구 일 조 리

추(墜): 떨어질추. 피(陂): 방죽피.

나라는 백성으로 근본을 삼나니
마치 나무가 땅을 의지하는 것과 같네.
땅이 두터 우면 나무가 무성하고
땅이 척박하면 나무가 시드네.
그 뿌리가 드러나지 말아야 하는데
'드러나면' 가지가 마르고 열매가 먼저 떨어진다네.
둑을 무너뜨려 고기를 잡는 것
이는 하루아침의 이익을 구하는 짓이네.

206.

衆生不可說 何意許顚邪 面上兩惡鳥 心中三毒蛇
중 생 불 가 설　하 의 허 전 사　면 상 양 악 조　심 중 삼 독 사

是渠作障礙 使你事煩挐 擧手高彈指 南無佛陀耶
시 거 작 장 애　사 니 사 번 라　거 수 고 탄 지　나 무 불 타 야

애(礙): 꺼리낄애. 번(煩): 번거로울번. 라(挐): 붙잡을라.
타(陀): 언덕타. 야(耶): 어조사야.

중생에게 말하지 못하는데

어찌 엎어지고 삿되게 되는가?

얼굴에는 '번뇌(煩惱)와 망상(妄想)'의 두 마리 악한 새가 있고

마음속에는 '탐진치(貪瞋癡)' 세 마리 독사(毒蛇)가 있네.

이것이 장애(障礙)가 되어

너로 하여금 일이 번거로워지는 것이네.

손을 들어 높이 손가락을 튕기니

'어서 빨리' 부처님께 귀의(歸依)¹⁷¹⁾하기를...

207.

自樂平生道 煙蘿石洞間 野情多放曠 長伴白雲閑
자 락 평 생 도　연 라 석 동 간　야 정 다 방 광　장 반 백 운 한

有路不通世 無心孰可攀 石牀孤夜坐 圓月上寒山
유 로 불 통 세　무 심 숙 가 반　석 상 고 야 좌　원 월 상 한 산

광(曠): 밝을광. 숙(孰): 누구숙. 반(攀): 붙잡고오를반. 상(牀): 평상상.

평생 도(道)를 스스로 즐기나니

안개와 칡넝쿨이 자욱한 바위 골이네.

거침없는 성정(性情) 탓으로

오랫동안 흰 구름과 한가히 어울리네.

길은 있으나 세상과 통하지 않는데

무심(無心)¹⁷²⁾하면 누구나 오를 수 있네.

---

171) 나무(南無): 범어로 Namas, Namo. 나모(南謨), 납막(納莫), 낭모(曩謨)로 음역된
다. 부처님께 진심으로 귀의(歸依)함.

돌 평상에 외로운 밤에 앉았나니
둥근 달이 한산(寒山)에 떠오르네.

208.

大海水無邊　魚龍萬萬千　遞互相食噉　冗冗癡肉團
대 해 수 무 변　어 룡 만 만 천　체 호 상 식 담　용 용 치 육 단

為心不了絕　妄想起如煙　性月澄澄朗　廓爾照無邊
위 심 불 요 절　망 상 기 여 연　성 월 징 징 랑　확 이 조 무 변

체(遞): 교대할체. 담(噉): 씹을담. 용(冗): 쓸데없을용. 곽(廓): 둘레곽.

큰 바닷물은 끝이 없나니

어룡(魚龍)이 무수(無數)히 많네.

서로가 서로를 잡아먹는데

쓸데없이 어리석게 먹이 사슬이 되네.

마음을 제대로 깨닫지 못하면

망상(妄想)은 연기처럼 일어나리.

본성(本性)[173]의 달은 맑고 밝나니

확 트이어 가없이 비추느니라.

---

172) 무심(無心): 모든 분별이 끊어져 집착하지 않는 마음 상태.
173) 본성(本性): 사람의 경우 본래부터 타고난 성질 즉 천성(天性)을 의미하며, 사물
(事物)이나 자연 현상의 경우에는 본래(本來)부터 있던 고유(固有)한 특성을 의미함.

209.

目見天台頂　孤高出衆群　風搖松竹韻　月見海潮頻
목 견 천 태 정　고 고 출 중 군　풍 요 송 죽 운　월 현 해 조 빈

下望山靑際　談玄有白雲　野情便山水　本志慕道倫
하 망 산 청 제　담 현 유 백 운　야 정 편 산 수　본 지 모 도 륜

조(潮): 조수조. 제(際): 경계제. 륜(倫): 인륜륜.

눈으로 천태 산 정상을 보니

외로이 뭇 산 보다 높네.

바람 부니 솔과 대의 운치(韻致)가 있고.

달뜨면 해조음(海潮音)이 밀려오네.

산의 푸른 경계를 내려다보면

현리(玄理)를 말해주는 백운(白雲)이 있네.

야정(野情)이 문득 산수(山水)에 있는 것 같으나

본래 의지(意志)는 도륜(道倫)을 흠모할 뿐이네.

210.

三五癡後生　作事不眞實　未讀十卷書　强把雌黃筆
삼 오 치 후 생　작 사 부 진 실　미 독 십 권 서　강 파 자 황 필

將他儒行篇　喚作賊盜律　脫體似蟫蟲　齩破他書帙
장 타 유 행 편　환 작 적 도 율　탈 체 사 담 충　교 파 타 서 질

자(雌): 암컷자. 유(儒): 선비유. 담(蟫): 좀담. 질(帙): 책권차례질.

열댓 살의 어리석은 젊은이들

일을 꾸며도 진실하지 못하네.

아직 열권의 책도 읽지 못했는데

억지로 자황(雌黃)[174]의 붓을 휘두르네.

오히려 저 '예기(禮記)' 유행편(儒行篇)[175]을 가리키며

도적(盜賊)의 율법(律法)이라 부르네.

허물 벗은 좀벌레같이

남의 서책(書冊)을 물어뜯네.

211.

心高如山嶽　人我不伏人　解講韋陀典　能談三教文
심 고 여 산 악　인 아 불 복 인　해 강 위 타 전　능 담 삼 교 문

心中無慚愧　破戒違律文　自言上人法　稱為第一人
심 중 무 참 괴　파 계 위 율 문　자 언 상 인 법　칭 위 제 일 인

愚者皆讚歎　智者拊掌笑　陽燄虛空花　豈得免生老
우 자 개 찬 탄　지 자 부 장 소　양 염 허 공 화　기 득 면 생 로

不如百不解　靜坐絕憂惱
불 여 백 불 해　정 좌 절 우 뇌

위(韋): 다듬은가죽위. 참(慚): 부끄러울참. 괴(愧): 부끄러울괴.

찬(讚): 기릴찬. 탄(歎): 탄식할탄. 부(拊): 어루만질부.

---

174) 자황(雌黃): 비소와 유황의 화합물로 선명한 황색을 띰. 주로 약용이나 안료(顔料)로 사용됨. 중국에서는 오기(誤記)하였을 때 자황(雌黃)으로 지우고 다시 씀.

175) 유행편(儒行篇): 예기(禮記) 유행편(儒行篇). 유유가친이불가겁야(儒有可親而不可劫也). 가근이불가박야(可近而不可迫也). 가살이불가욕야(可殺而不可辱也). "선비는 친할 수는 있어도 겁을 줄 수는 없고, 가까이 할 수는 있어도 다그칠 수 없으며, 죽일 수는 있어도 욕(辱) 보일 수는 없다.

장(掌): 손바닥장. 염(燄): 불꽃염.

마음이 고고(高高)하여 마치 산악(山嶽)과 같고

나를 남에게 굽히지 않는 사람.

베다의 경전[176]을 강의(講義) 하고

능히 '유불도(儒佛道)' 삼교(三敎)[177]의 글을 말하네.

마음속에 부끄러움도 없이

계(戒)를 어기고 율문(律文)을 벗어나

스스로 성인(聖人)의 법(法)이라 말하고

제일(第一)가는 사람이라 일컫네.

어리석은 이들은 모두 찬탄하나

지혜로운 사람은 손을 저으며 비웃네.

아지랑이처럼 허공에 반짝하는 꽃인데

어찌 죽음과 늙음을 면할 수 있겠는가?

차라리 아무것도 모르고

고요히 앉아 번뇌를 끊어내는 것만 같지 못하리라.

212.

| 如許多寶貝 | 海中乘壞舸 | 前頭失却栧 | 後頭又無柂 |
| 여 허 다 보 패 | 해 중 승 괴 가 | 전 두 실 각 외 | 후 두 우 무 타 |

| 宛轉任風吹 | 高低隨浪簸 | 如何得到岸 | 努力莫端坐 |
| 완 전 임 풍 취 | 고 저 수 낭 파 | 여 하 득 도 안 | 노 력 막 단 좌 |

---

176) 위타전(韋陀典): 인도 바라문교 사상의 근본 성전이며 가장 오래된 경전. 베다경.

177) 삼교(三敎): 중국에서 유교(儒敎)·불교(佛敎)·도교(道敎)를 가리키는 말.

괴(壞): 무너질괴. 가(舸): 큰배가. 외(桅): 돛대외. 타(柁): 키타.

완(宛): 완연히완 파(簸): 까부를파.

마치 허다(許多)한 보물을 싣고

부서진 배를 타고 바다로 가는 것 같네.

뱃머리의 돛대는 잃어버리고

뒤꼬리의 키[柁] 역시 없어졌네.

완전히 바람 부는 대로 맡기고

높고 낮게 출렁이는 대로 따르네.

어찌 피안(彼岸)에 이르겠는가?

노력(努力)하고, 단정히 앉아있지 말게.

213.

我見凡愚人	多畜資財穀	飲酒食生命	謂言我富足
아 견 범 우 인	다 축 자 재 곡	음 주 식 생 명	위 언 아 부 족
莫知地獄深	唯求上天福	罪業如毗富	豈得免災毒
막 지 지 옥 심	유 구 상 천 복	죄 업 여 비 부	기 득 면 재 독
財主忽然死	爭共當頭哭	供僧讀文疏	空是鬼神祿
재 주 홀 연 사	쟁 공 당 두 곡	공 승 독 문 소	공 시 귀 신 록
福田一箇無	虛設一群禿	不如早覺悟	莫作黑暗獄
복 전 일 개 무	허 설 일 군 독	불 여 조 각 오	막 작 흑 암 옥
狂風不動樹	心真無罪福	寄語冗冗人	叮嚀再三讀
광 풍 부 동 수	심 진 무 죄 복	기 어 용 용 인	정 녕 재 삼 독

자(資): 재물자. 비(毘): 도울비. 소(疏): 트일소. 독(禿): 대머리독.

용(冗): 쓸데없을용. 정(叮): 정성스러울정. 녕(嚀): 간곡할령.

내가 본 어리석은 사람들

재물과 곡식을 많이 쌓아 두네.

술을 마시고 산목숨까지 먹는데

이르기를 자기는 부자(富者)로 만족하다네.

지옥의 깊이는 알 수 없는데

오직 하늘에 태어나는 복을 구하네.

지은 죄업(罪業)이 비부산(毘富山)과 같은데

어찌 재앙의 독(毒)을 면할 수 있겠는가?

재물 가진 주인이 갑자기 죽으면

다투어 함께 머리맡에서 우리.

스님을 공양(供養)하며 경을 읽는데

부질없게도 이는 귀신의 녹(祿)일 뿐이네.

복전(福田)이 될 만한 것은 한 개도 없는데

헛되이 한 무리의 대머리에게 베풀 뿐이네.

하루 빨리 깨달아서

어두운 지옥을 짓지 않는 이만 같지 못하네.

미친바람에도 나무가 흔들리지 않듯이

마음이 참되면 죄(罪)와 복(福)도 상관없다네.

미련한 사람들에게 말을 붙이는데

간곡히 말하노니 '이 글'을 두세 번 읽어보게나.

214.

勸你三界子	莫作勿道理	理短被他欺	理長不奈你
권 니 삼 계 자	막 작 물 도 리	이 단 피 타 기	이 장 불 내 니

世間濁濫人	恰似鼠黏子	不見無事人	獨脫無能比
세 간 탁 람 인	흡 사 서 점 자	불 견 무 사 인	독 탈 무 능 비

早須返本源	三界任緣起	清淨入如流	莫飲無明水
조 수 반 본 원	삼 계 임 연 기	청 정 입 여 류	막 음 무 명 수

람(濫): 넘칠람. 흡(恰): 마치흡. 점(黏): 찰질점.

내가 권하나니 삼계(三界)의 사람들이여!

도리(道理)에 어긋난 일 짓지 말라.

사리(事理)를 모르면 남의 속임에 빠지나

사리(事理)에 맞으면 너를 어쩌지 못하느니라.

세상의 혼탁에 빠진 사람들

흡사 끈끈이 풀에 붙은 벌레 같다네.

보지 못했는가? '깨달아' 일 없는 사람

홀로 벗어나 능히 견줄 이 없네.

어서 부디 본원(本源)으로 돌아가

삼계(三界)는 인연 따라 맡기게.

청정(清淨)하기를 흐르는 물같이 하고

무명(無明)의 물은 마시지 말게나.

215.

三界人蠢蠢	六道人茫茫	貪財愛婬欲	心惡若豺狼
삼계인준준	육도인망망	탐재애음욕	심악약시랑

地獄如箭射	極苦若為當	兀兀過朝夕	都不別賢良
지옥여전사	극고약위당	올올과조석	도불별현량

好惡總不識	猶如猪及羊	共語如木石	嫉妬似顚狂
호악총불식	유여저급양	공어여목석	질투사전광

不自見己過	如猪在圈臥	不知自償債	却笑牛牽磨
부자견기과	여저재권와	부지자상채	각소우견마

준(蠢): 꿈틀거릴준. 시(豺): 승냥이시. 랑(狼): 이리랑. 저(猪): 돼지저.

질(嫉): 시기할질. 투(妬) : 시기할투. 전(顚): 엎드러질전. 권(圈): 우리권.

상(償): 갚을상. 채(債): 빚채. 견(牽): 끌견. 마(磨): 갈마.

삼계(三界)의 사람들 꿈틀거리며

육도(六道)에 사람들 아득하네.

재물을 탐하고 음욕(婬欲)을 좋아하는데

마음이 모질기가 승냥이 같네.

지옥(地獄)이 마치 쏘아 놓은 화살 같은데

지극한 괴로움을 어이 견디리?

꼿꼿이 앉아 조석(朝夕)을 지내며

도무지 어질고 착함을 분별하지 못하네.

좋고 나쁜 것, 모두 알지 못하니

오히려 돼지나 염소 같네.

함께 말하면 목석(木石) 같은데

질투(嫉妬) 하면 미치광이 같네.

스스로 자기의 허물은 보지 못하는데
마치 우리 안에 누워 있는 돼지와 같네.
스스로 갚아야 할 빚은 알지 못하고
도리어 맷돌을 끄는 소를 비웃네.

216.

人生在塵蒙 却似盆中蟲 終日行遶遶 不離其盆中
인 생 재 진 몽　각 사 분 중 충　종 일 행 요 요　불 리 기 분 중

神仙不可得 煩惱計無窮 歲月如流水 須臾作老翁
신 선 불 가 득　번 뇌 계 무 궁　세 월 여 유 수　수 유 작 노 옹

몽(蒙): 입을몽. 충(蟲): 벌레충. 요(遶): 두를요. 유(臾): 잠깐유.

세상살이 티끌 속에 묻혀서
어쩌면 화분속의 벌레와 같네.
하루 종일 돌고 돌아다녀도
그 화분 속을 떠나지 못하리.
신선이야 되지 못한다 하나
번뇌(煩惱)는 헤아려도 끝이 없네.
세월은 마치 흐르는 물 같나니
잠깐 사이에 늙은이가 되네.

217.

寒山出此語 復似顚狂漢 有事對面說 所以足人怨
한 산 출 차 어　부 사 전 광 한　유 사 대 면 설　소 이 족 인 원

心真出語直 直心無背面 臨死度奈河 誰是嘍囉漢
심 진 출 어 직　직 심 무 배 면　임 사 도 내 하　수 시 누 라 한

冥冥泉臺路 被業相拘絆
명 명 천 대 로　피 업 상 구 반

내(奈): 어찌내. 누(嘍): 시끄러울누. 라(囉): 소리얽힐라.

구(拘): 잡을구. 반(絆): 얽어맬반.

한산이 어떤 말을 하면

다시 미치광이 같다고 하네.

일이 있어 얼굴을 맞대고 말하다 보면

그런 까닭이 사람들 원한 사기 족하네.

마음이 참되면 나오는 말이 곧고

곧은 마음에는 겉과 속이 없네.

죽음에 다다라 내하(奈河)178)를 건너면

누가 이를 사납게 괴롭힐 수 있겠는가?

어두컴컴한 황천으로 가는 길

지은 업(業)대로 끌려갈 뿐이리.

---

178) 내하(奈河): 나락가(奈落迦), 즉 불교에서 지옥을 의미하는 말로 쓰임. 나락가는
　　범어 Naraka(나라카)의 음역音譯이며 나락奈落으로 줄여 말하기도 함.

218.

我見多知漢 終日用心神 岐路逞嘍囉 欺謾一切人
아 견 다 지 한　종 일 용 심 신　기 로 영 누 라　기 만 일 체 인

唯作地獄滓 不修正直因 忽然無常至 定知亂紛紛
유 작 지 옥 재　불 수 정 직 인　홀 연 무 상 지　정 지 난 분 분

기(岐): 갈림길기. 영(逞): 굳셀영. 누(嘍): 시끄러울누.

라(囉): 소리얽힐라. 기(欺): 속일기. 만(謾): 속일만. 재(滓): 앙금재.

내가 본 지식이 많은 사람들

하루 종일 마음과 정신을 쓰네.

갈림길에선 시끄럽게 떠들며

여러 사람을 속이네.

오직 지옥으로 가는 앙금을 지을 뿐인데

바르고 곧은 인연은 닦지 못하네.

홀연히 죽음이 이르게 되면

비로소 어지러이 갈피를 잡지 못하리.

219.

寄語諸仁者 復以何為懷 達道見自性 自性即如來
기 어 제 인 자　부 이 하 위 회　달 도 견 자 성　자 성 즉 여 래

天真元具足 修證轉差廻 棄本却逐末 祇守一場獃
천 진 원 구 족　수 증 전 차 회　기 본 각 축 말　지 수 일 장 애

회(懷): 품을회. 기(棄): 버릴기. 지(祇): 다만지. 애(獃): 어리석을애.

모든 인자(仁者)에게 말을 붙이나니

다시 무엇을 품고 사는가?

도(道)를 깨달아 자성(自性)[179]을 보면

자성(自性)이 곧 부처니라.

선천(先天)의 정기(精氣)가 원래 구족(具足) 하나니

닦아 증득(證得)[180]이라함은 어긋난 것이니라.

근본을 버리고 도리어 말단(末端)을 쫓는 것이니

다만 한자리를 어리석게 지킬 뿐이니라.

220.

世有一般人　不惡又不善　不識主人公　隨客處處轉
세 유 일 반 인　불 악 우 불 선　불 식 주 인 공　수 객 처 처 전

因循過時光　渾是癡肉臠　雖有一靈臺　如同客作漢
인 순 과 시 광　혼 시 치 육 련　수 유 일 영 대　여 동 객 작 한

순(循): 좇을순. 혼(渾): 흐릴혼. 련(臠): 저민고기련.

세상에는 보통 사람이 있는데

악하지도 또 착하지도 않네.

주인공(主人公)[181]을 알지 못하고

세속(世俗)을 따라 이리저리 헤매네.

---

179) 자성(自性): 인간에 갖추어진 본성(本性)이라는 의미. 이외에 성품(性稟)·불성(佛
性)·심지(心地) 등 다양한 표현도 대체로 자성(自性)과 상통되는 개념이다.

180) 증득(證得): 올바른 지혜로써 진리를 확실히 깨달아 얻는 것. 오득(悟得)·증오(證
悟)라고도 한다.

181) 주인공(主人公): 자신이 본래 갖추고 있는 청정(淸淨)한 부처의 성품을 나타내는 말.

머뭇거리며 세월을 보내는데

온통 이대로 어리석은 고깃덩이네.

비록 하나의 영대(靈臺)182)가 있다하나

마치 품팔이와 매 한가지로 사네.

221.

常聞釋迦佛　先受燃燈記　燃燈與釋迦　祇論前後智
상 문 석 가 불　선 수 연 등 기　연 등 여 석 가　지 론 전 후 지

前後體非殊　異中無有異　一佛一切佛　心是如來地
전 후 체 비 수　이 중 무 유 리　일 불 일 체 불　심 시 여 래 지

연(燃): 불사를연. 등(燈): 등불등. 수(殊): 다를수.

늘 듣기로 석가모니 부처님께서

먼저 연등불(燃燈佛)183)의 수기(授記)184)를 받았네.

연등불(燃燈佛)과 석가모니 부처님

다만 앞뒤의 지혜라 말하네.

앞과 뒤의 근본은 다르지 않나니

겉모습은 다르나 "불성(佛性)은" 다를 수 없네.

한 부처가 일체의 부처라 하나니

---

182) 영대(靈臺): 마음. 심령(心靈)을 이르는 말.
183) 연등불(燃燈佛): 석가모니불이 과거세에 보살로 수행할 때에 미래세에는 반드시
　　성불(成佛)하리라. 고 예언했다는 부처. '너는 미래세에 석가모니불(釋迦牟尼佛)이
　　라는 부처가 될 것이다.'라는 수기를 주었다고 한다. 이를 연등불수기(燃燈佛授記)
　　라 하며 불교에서 보살의 개념이 생긴 연유이다.
184) 수기(授記): 내세에 부처가 되던 가, 혹은 장래에 어떻게 되리라하는 것을 미리
　　기록해 받는 것.

마음은 이 여래(如來)의 바탕이니라.

222.

常 聞 國 大 臣	朱 紫 簪 纓 祿	富 貴 百 千 般	貪 榮 不 知 辱
상 문 국 대 신	주 자 잠 영 록	부 귀 백 천 반	탐 영 부 지 욕
奴 馬 滿 宅 舍	金 銀 盈 帑 屋	癡 福 暫 時 扶	埋 頭 作 地 獄
노 마 만 택 사	금 은 영 탕 옥	치 복 잠 시 부	매 두 작 지 옥
忽 死 萬 事 休	男 女 當 頭 哭	不 知 有 禍 殃	前 路 何 疾 速
홀 사 만 사 휴	남 녀 당 두 곡	부 지 유 화 앙	전 로 하 질 속
家 破 冷 颼 颼	食 無 一 粒 粟	凍 餓 苦 悽 悽	良 由 不 覺 觸
가 파 냉 수 수	식 무 일 립 속	동 아 고 처 처	양 유 불 각 촉

잠(簪): 비녀잠. 영(纓): 갓끈영. 탕(帑): 금고탕. 잠(暫): 잠시잠.

부(扶): 도울부. 매(埋): 묻을매. 수(颼): 바람소리수. 립(粒): 알립.

동(凍): 얼동. 아(餓): 주릴아.

항상 듣기로 나라의 대신(大臣)들

붉고 자주 빛의 잠영(簪纓)185)에 녹(祿)을 받네.

부귀(富貴)를 백 천 가지 누리며

영화를 탐하느라 욕(辱)된 줄 모르네.

하인과 말들이 집에 가득하고

금은(金銀)으로 금고와 집을 채우네.

어리석은 복(福)은 잠시 붙어있는 것인데

---

185) 잠영(簪纓): 높은 벼슬아치가 쓰는 쓰개로, 높은 지위(地位)를 이르던 말.

머리를 묻을 곳에 지옥을 짓고 있네.

홀연히 죽으면 만사(萬事) 끝이니

남녀가 머리맡에서 통곡하네.

재앙이 있는 것을 알지 못하고

앞길은 어찌 이리도 빠르다던가?

집은 부서져 찬바람 불고

음식은 한 톨의 좁쌀조차 없다네.

춥고 배고픈 고통으로 처절한데

모두 깨닫지 못했기 때문이네.

223.

上人心猛利	一聞便知妙	中流心淸淨	審思云甚要
상인심맹리	일문편지묘	중류심청정	심사운심요
下士鈍暗癡	頑皮最難裂	直得血淋頭	始知自摧滅
하사둔암치	완피최난렬	직득혈림두	시지자최멸
看取開眼賊	鬧市集人決	死屍棄如塵	此時向誰說
간취개안적	요시집인결	사시기여진	차시향수설
男兒大丈夫	一刀兩段截	人面禽獸心	造作何時歇
남아대장부	일도양단절	인면금수심	조작하시헐

맹(猛): 사나울맹. 심(審): 살필심. 심(甚): 심할심. 둔(鈍): 둔할둔.

림(淋): 물뿌릴림. 최(摧): 꺾을최. 요(鬧): 시끄러울요. 절(截): 끊을절.

헐(歇): 쉴헐.

상등(上等) 인은 마음이 예리(銳利)하여

한 번 듣고 문득 묘한 진리를 깨닫고
중등(中等) 인의 마음은 청정(淸淨)하여
깊이 생각하며 이르길 심히 중요하다고 하네.
하등(下等) 인은 둔하고 어리석어
유들유들하여 가장 찢기 어렵네.
붉은 핏방울이 머리에서 떨어져야
비로소 자기가 꺾이는 것을 알게 되리.
눈을 부릅뜨고 도적을 보면
시끄러운 시장에 사람들이 모여 싸운다네.
죽은 시체를 마치 먼지처럼 버리는데
이런 때 누구를 향해 말해야 하는가?
사내대장부라면
한 칼에 둘로 잘라야 하네.
사람 얼굴에 짐승의 마음
짓는 업(業)을 어느 때 쉬려 하는가?

224.

我有六兄弟	就中一箇惡	打伊又不得	罵伊又不著
아 유 육 형 제	취 중 일 개 악	타 이 우 부 득	매 이 우 불 착
處處無奈何	耽財好婬殺	見好埋頭愛	貪心過羅刹
처 처 무 내 하	탐 재 호 음 살	견 호 매 두 애	탐 심 과 나 찰
阿爺惡見伊	阿娘嫌不悅	昨被我捉得	惡罵恣情掣
아 야 오 견 이	아 랑 혐 불 열	작 피 아 착 득	악 매 자 정 철
趁向無人處	一一向伊說	汝今須改行	覆車須改轍
진 향 무 인 처	일 일 향 이 설	여 금 수 개 행	복 거 수 개 철

若也不信受 共汝惡合殺 汝受我調伏 我共汝覓活
약야불신수　공여오합살　여수아조복　아공여멱활

從此盡和同 如今遇菩薩 學業攻鑪冶 鍊盡三山鐵
종차진화동　여금우보살　학업공노야　연진삼산철

至今靜恬恬 衆人皆讚說
지금정염념　중인개찬설

이(伊): 저이. 매(罵): 꾸짖을매. 탐(耽): 즐길탐. 찰(刹): 짧은시간찰.

아(阿): 언덕아. 야(爺): 아비야. 악(惡): 악할악. 미워할오. 모질약.

낭(娘): 아가씨낭. 랑. 철(掣): 당길철. 복(覆): 뒤집힐복.

철(轍): 바퀴자국철. 보(菩): 보리보. 살(薩): 보살살. 노(鑪): 화로노.

야(冶): 불릴야. 연(鍊): 불릴연. 념(恬): 편안할염,념.

내게 여섯 형제186)가 있는데

그중에 한 놈이 나쁘네.

그는 때리려고 해도 때릴 수 없고

그를 꾸짖으려 해도 꾸짖을 수 없네.

어디서고 어쩔 수 없는데

재물을 탐하고 음욕과 살생을 좋아하네.

좋아하는 것 보면 머리를 박고 빠져들며

탐하는 마음은 나찰(羅刹)187)보다 심하네.

아비도 그를 보면 미워하고

어미도 꺼리며 내키지 않네.

---

186) 육형제(六兄弟): 안(眼)·이(耳)·비(鼻)·설(舌)·신(身)·의(意).

187) 나찰(羅刹): 악(惡)한 귀신(鬼神)의 하나. 푸른 눈·검은 몸·붉은 머리털을 하고서
　　사람을 잡아먹으며, 지옥(地獄)에서 죄인(罪人)을 못살게 군다고 함. 야차(夜叉)와
　　함께 비사문천(毘沙門天)에 딸린 식구(食口).

어제는 내게 붙들렸는데

모질게 꾸짖고 거칠게 끌어다가

아무도 없는 곳으로 가서

하나하나 그를 향해 타일렀네.

너는 지금부터 부디 행실을 고쳐야하니

뒤집힌 수레는 반드시 바퀴를 바꿔야 한다고.

만약에 믿고 받아들이지 않으면

함께 너를 죽도록 미워할 것이라고.

네가 내 말을 받아들여서 항복하면

나는 너와 함께 살길을 찾으리라.

이로부터 모두 함께 화합하게 되리니

마치 금생에 보살을 만난 것 같으리.

공부(工夫)는 용광로를 달구어

삼산(三山)의 무쇠를 단련하는 것 같다네

지금은 고요하고 편안해 졌나니

모든 사람들이 다 칭찬해 주리.

225.

昔日極貧苦　夜夜數他寶　今日審思量　自家須營造
석 일 극 빈 고　야 야 수 타 보　금 일 심 사 량　자 가 수 영 조

掘得一寶藏　純是水晶珠　大有碧眼胡　密擬買將去
굴 득 일 보 장　순 시 수 정 주　대 유 벽 안 호　밀 의 매 장 거

余即報渠言　此珠無價數
여 즉 보 거 언　차 주 무 가 수

굴(掘): 팔굴. 의(擬): 헤아릴의. 거(渠): 너거.

옛날에 지극한 가난이 괴로워서
밤마다 남의 보물을 세었네.
오늘 깊이 생각 하다가
내 살림을 마땅히 꾸리기로 하였네.
한 개의 보물을 파서 얻었는데
순수한 수정 구슬이었네.
크게 지닌 푸른 눈의 오랑캐
비밀리에 어루만지며 사 가지고 가네.
내가 곧 너에게 알려주리니
"이 구슬은 값을 매길 수 없느니라."

226.

一生慵懶作　憎重秖便輕　他家學事業　余持一卷經
일 생 용 뇌 작　증 중 지 편 경　타 가 학 사 업　여 지 일 권 경

無心裝標軸　來去省人擎　應病則說藥　方便度衆生
무 심 장 표 축　내 거 성 인 경　응 병 즉 설 약　방 편 도 중 생

但自心無事　何處不惺惺
단 자 심 무 사　하 처 불 성 성

용(慵): 게으를용. 뇌(懶): 게으를뇌. 증(憎): 미워할증. 축(軸): 굴대축.
경(擎): 받들경. 성(惺): 영리할성.

일생동안 게을리 지내며

무거운 것 꺼리고 다만 가벼운 것을 편해 하였네.

남들은 사업을 배우는데

나는 한 권의 경(經)을 지녔네.

책 표지를 꾸미는 데는 마음이 없고

오가는 사람들을 받들며 살폈네.

병에 따라 곧 약을 일러주고

방편(方便)188)으로 중생을 제도하였네.

다만 스스로 마음이 무사(無事)189) 하다면

어느 곳인들 깨닫지 못하겠는가?

227.

我見出家人　不入出家學　欲知真出家　心淨無繩索
아 견 출 가 인　불 입 출 가 학　욕 지 진 출 가　심 정 무 승 색

澄澄絕玄妙　如如無倚託　三界任縱橫　四生不可泊
징 징 절 현 묘　여 여 무 의 탁　삼 계 임 종 횡　사 생 불 가 박

無為無事人　逍遙實快樂
무 위 무 사 인　소 요 실 쾌 락

승(繩): 줄승. 의(倚): 의지할의. 종(縱): 늘어질종. 횡(橫): 가로횡.

박(泊): 배댈박. 소(逍): 거닐소. 요(遙): 멀요.

내가 본 출가(出家)190)한 사람들

---

188) 방편(方便): 불보살(佛菩薩)이 중생(衆生)을 제도(濟度)하기 위해 쓰는 묘한 수단(手段).
189) 무사(無事): 인위적으로 조작하지 않음. 인간은 본래 부처의 성품을 갖추고 있으
　　므로 애써 부처를 구할 필요가 없다는 뜻.
190) 출가(出家): 세속의 집을 떠나 절에서 머리를 깎고 계(戒)를 받은 후 불도(佛道)를 닦음.

출가(出家)에 대하여 배우지 않네.

참된 출가(出家)를 알고 싶은가?

마음이 깨끗하고 얽매임이 없어야 하네.

맑힌다거나 현묘(玄妙)하겠다는 생각은 끊어야 하고

여여(如如)[191]하게 의지함이 없어야 하네.

삼계(三界)는 종횡(縱橫)으로 흐르는 대로 맡기고

사생(四生)[192]에 매이지 않아야 하네.

무위(無爲)하여 일 없는 사람

소요(逍遙)하며 실로 통쾌하리라.

228.

昨到雲霞觀　忽見仙尊士　星冠月帔橫　盡云居山水
작 도 운 하 관　홀 견 선 존 사　성 관 월 피 횡　진 운 거 산 수

余問神仙術　云道若爲比　謂言靈無上　妙藥必神秘
여 문 신 선 술　운 도 약 위 비　위 언 영 무 상　묘 약 필 신 비

守死待鶴來　皆道乘魚去　余乃返窮之　推尋勿道理
수 사 대 학 래　개 도 승 어 거　여 내 반 궁 지　추 심 물 도 리

但看箭射空　須臾還墜地　饒儞得仙人　恰似守屍鬼
단 간 전 사 공　수 유 환 추 지　요 이 득 선 인　흡 사 수 시 귀

心月自精明　萬像何能比　欲知仙丹術　身內元神是
심 월 자 정 명　만 상 하 능 비　욕 지 선 단 술　신 내 원 신 시

莫學黃巾公　握愚自守擬
막 학 황 건 공　악 우 자 수 의

---

191) 여여(如如): 분별이 끊어져 마음 작용이 일어나지 않는 상태.
192) 사생(四生): 생물(生物)이 생겨나는 네 가지 형식(形式). 곧 태생(胎生), 난생(卵生), 습생(濕生), 화생(化生)의 총칭(總稱).

피(帔): 치마피. 전(箭): 화살전. 추(墜): 떨어질추. 요(饒): 넉넉할요.

이(儞): 너이. 흡(恰): 마치흡. 악(握): 쥘악.

어제 운하관(雲霞觀)193)에 이르러

홀연히 신선(神仙)을 보았네.

성관(星冠)194)에 월피(月帔)195)를 걸치고

모두 이르길 "산수(山水)에 산다.196)"고 하네.

내가 신선술(神仙術)에 대해 물으니

이르길 "어찌 비유할 수 있는가?"고 하였다.

이르길 "신령하여 위가 없다."고

묘약(妙藥)이 오로지 신비(神祕) 하다네.

죽기로, 학(鶴)이 오기를 기다리며

모두 이르길 "물고기를 타고 간다."고 하네.

내가 이내 돌이켜 궁리해 보니

그럴 도리(道理)란 찾을 수 없네.

다만 허공에 활을 쏘고 보듯이

잠시 후면 도로 땅에 떨어지나니.

넉넉히 신선이 된다 하더라도

흡사 시체를 지키는 귀신과 같으리.

마음달이 스스로 총명하면

만상(萬像)을 어찌 견줄 수 있겠는가?

선단술(仙丹術)197)을 알고 싶으면

---

193) 운하관(雲霞觀): 구름과 안개가 둘러있는 풍경을 볼 수 있게 한 곳.

194) 성관(星冠): 도가(道家)의 관(冠)인 듯.

195) 월피(月帔): 도가(道家)의 의복(衣服)인 듯.

196) 승어(乘魚): 선인(仙人) 琴高(금고)가 잉어를 타고 昇天(승천)하였다고 함.

몸 안의 원래 정신(精神)198), 바로 이것이라네.

황건공(黃巾公)199)에게 배울 수 없나니

어리석음에 빠져 스스로 흉내 낼 뿐이네.

229.

余鄉有一宅 其宅無正主 地生一寸草 水垂一滴露
여 향 유 일 택 　기 택 무 정 주 　지 생 일 촌 초 　수 수 일 적 로

火燒六箇賊 風吹黑雲雨 子細尋本人 布裹真珠爾
화 소 육 개 적 　풍 취 흑 운 우 　자 세 심 본 인 　포 과 진 주 이

소(燒): 사를소. 과(裹): 보자기로 쌀과.

나의 고향(故鄉), 집이 한 채200) 있는데

그 집엔 바른 주인이 없네.

땅이라야 한 치의 풀이 자라고

물은 한 방울의 이슬이 맺히네.

'지혜(智慧)'의 불로 여섯 개의 도적201)을 불사르고

'수행(修行)'의 바람으로 검은 구름과 비를 쫓아버리네.

자세히 본래의 주인을 찾아보면

베옷에 싸인 진주(眞珠)가 "바로 너"이니라.

---

197) 선단(仙丹): 신선이 만든다고 하는 장생불사(長生不死)의 영약(靈藥).
198) 원신(元神): 정신의식·기억·사유·감정 등의 근원적 정신 기능을 일컫는 것임.
199) 황건공(黃巾公): 후한 말기 거록(鉅鹿) 사람. 황건적(黃巾賊)의 난 지도자. 후한
　　　말기의 종교 결사로 도교의 원류가 된 태평도(太平道)의 창시자다.
200) 일택(一宅): 지수화풍(地水火風)이 화합한 육체(肉體).
201) 육개적(六箇賊): 수행에 장애인 안이비설신의(眼耳鼻舌身意)을 가리킴.

230.

傳語諸公子 聽說石齊奴 僮僕八百人 水碓三十區
전 어 제 공 자　청 설 석 제 노　동 복 팔 백 인　수 대 삼 십 구

舍下養魚鳥 樓上吹笙竽 伸頭臨白刃 癡心爲綠珠
사 하 양 어 조　누 상 취 생 우　신 두 임 백 인　치 심 위 녹 주

동(僮): 아이동. 복(僕): 종복. 대(碓): 방아대. 생(笙): 생황생.

우(竽): 피리우. 신(伸): 펼신.

말을 전하노니, 여러 공자(公子)여!

석제(石齊)202)의 노비(奴婢) 이야기 들어 보게.

젊은 종이 팔백 명에

물방아가 삼십(三十) 구역(區域)이라네.

집 아래서 고기와 새를 기르고

누대(樓臺) 위에는 생황과 피리를 연주하네.

끝내 목을 늘여 흰 칼을 받았나니

어리석은 마음, 녹주(綠珠) 때문이었네.

---

202) 석제(石齊): 서진(西晉)의 부자(富者) 석숭(石崇). 석숭에게는 녹주(綠珠)라는 애
첩(愛妾)이 있었는데 피리를 잘 불 뿐 아니라 악부(樂府)도 잘 지었다. 그는 녹주를
총애하여 원기루(苑綺樓) 또는 녹주루(綠珠樓)라고 하는 백장(百丈) 높이의 누각을
지었다. 조왕(趙王) 사마륜(司馬倫, ?~301)의 측근이었던 손수(孫秀)가 녹주의 미
색을 탐하였으나 석숭은 받아들이지 않았다. 300년(永康 원년) 조왕 사마륜이 가
후(賈后)의 세력을 제거하고 전권을 장악하자, 석숭은 황문랑(黃門郞) 반악(潘岳)
과 함께 회남왕(淮南王) 사마윤(司馬允, 272~300), 제왕(齊王) 사마경(司馬冏,
?~302) 등과 연합해 사마륜(司馬倫)을 제거하려 했다. 손수(孫秀)가 이를 알고 대
군을 이끌고 금곡원(金谷園)을 포위하자, 녹주는 누각에서 몸을 던져 자살하고,
석숭은 반악(潘岳) 등과 함께 사로잡혀 참수(斬首)되었다.

231.

何以長惆悵 人生似朝菌 那堪數十年 新舊凋落盡
하 이 장 추 창　인 생 사 조 균　나 감 수 십 년　신 구 조 락 진

以此思自哀 哀情不可忍 奈何當奈何 脫體歸山隱
이 차 사 자 애　애 정 불 가 인　내 하 당 내 하　탈 체 귀 산 은

추(惆): 슬퍼할추. 창(悵): 슬퍼할창. 균(菌): 버섯균. 조(凋): 시들조.

어찌 늘 슬픔에 잠겨 있는가?
인생은 덧없는 버섯203) 같다네.
어찌 견뎌야, 고작 수십 년인데
새것이나 묵은 것, 시들어 떨어진다네.
이런 까닭에 생각은 절로 서글픈데
서글픈 정(情), 차마 견디지 못하네.
어쩌나! 이럴 제, 어찌 하라고
벗어 버리고 산으로 돌아가 숨으리라.

232.

縲縷關前業 莫訶今日身 若言由冢墓 箇是極癡人
남 루 관 전 업　막 가 금 일 신　약 언 유 총 묘　개 시 극 치 인

到頭君作鬼 豈令男女貧 皎然易解事 作麼無精神
도 두 군 작 귀　기 령 남 녀 빈　교 연 이 해 사　작 마 무 정 신

남(縲): 옷해질남. 루(縷): 실루. 가(訶): 꾸짖을가. 교(皎): 달빛교.

---

203) 조균(朝菌): 덧없이 짧은 목숨. 아침에 생겼다가 저녁에 스러지는 버섯에 비유(比喩)하여 이르는 말.

마(麽): 어찌마.

헤진 누더기는 전생에 지은 업(業)이니
지금의 몸을 꾸짖지 말라.
만약 조상의 묘 터를 들먹이면
이는 지극히 어리석은 사람이라네.
마침내 그대 귀신이 되면
어찌 자녀들로 하여금 가난케 하겠는가?
분명하여 이해하기 쉬운 일인데
어찌 정신(精神)이 없다한들 하겠는가?

233.

我見黃河水 凡經幾度淸 水流如急箭 人世若浮萍
아 견 황 하 수　범 경 기 도 청　수 류 여 급 전　인 세 약 부 평

癡屬根本業 無明煩惱坑 輪廻幾許劫 秪爲造迷盲
치 속 근 본 업　무 명 번 뇌 갱　윤 회 기 허 겁　지 위 조 미 맹

평(萍): 부평초평. 갱(坑): 구덩이갱. 미(迷): 미혹할미. 맹(盲): 소경맹.

내가 보는 황하(黃河)의 물
무릇 몇 번이나 맑았다던가?
물의 흐름은 마치 빠르기가 화살 같고
인간 세상은 부평초(浮萍草) 같다네.
어리석음은 근본(根本)이 업(業)에 속(屬)하는데
무명(無明)은 번뇌(煩惱)의 구덩이라네.

윤회(輪廻)204)를 몇 겁(劫)이나 하였던가?

다만 미혹(迷惑)하여 장님처럼 지은 것이네.

234.

二儀既開闢 人乃居其中 迷汝即吐霧 醒汝即吹風
이 의 기 개 벽 　인 내 거 기 중 　미 여 즉 토 무 　성 여 즉 취 풍

借汝即富貴 奪汝即貧窮 碌碌群漢子 萬事由天公
차 여 즉 부 귀 　탈 여 즉 빈 궁 　녹 록 군 한 자 　만 사 유 천 공

벽(闢): 열벽. 무(霧): 안개무. 성(醒): 깰성. 탈(奪): 빼앗을탈.

녹(碌): 돌모양녹.

하늘과 땅이 이미 열리고

사람이 그 가운데 사네.

안개를 토하여 너를 헤매게 하고

바람 불어 너를 깨어나게 하네.

너에게 곧 부귀(富貴)를 빌려주었다가

네게서 뺏어 곧 가난하고 궁색케 하네.

보잘 것 없는205) 사람들이여!

만사(萬事)는 저 하늘에 달렸다오.

---

204) 윤회(輪廻): 몸은 죽어 없어져도, 넋은 죽지 않고 남아서 다른 몸에 옮아 태어나
　　기를 끊임없이 거듭하는 일. 이는 마치 수레바퀴의 회전이 끝없는 것처럼 중생이
　　삼계육도 미혹의 세계에서 생사를 계속 되풀이하는 일.
205) 녹록(碌碌): 보잘것없음. 만만하고 호락호락함.

235.

余勸諸稚子　急離火宅中　三車在門外　載你免飄蓬
여 권 제 치 자　급 리 화 택 중　삼 거 재 문 외　재 니 면 표 봉

露地四衢坐　當天萬事空　十方無上下　來去任西東
노 지 사 구 좌　당 천 만 사 공　시 방 무 상 하　내 거 임 서 동

若得箇中意　縱橫處處通
약 득 개 중 의　종 횡 처 처 통

치(稚): 어릴치. 표(飄): 회오리바람표. 봉(蓬): 쑥봉. 재(載): 실을재.
구(衢): 네거리구.

내 권하노니 어린 애들아!

속히 불난 집을 떠나거라.

문 밖에 세 수레206)가 있나니

너희를 실어 떠돌이를 면케 하리라.

맨 땅, 네거리에 앉으면

마땅히 하늘은 만사(萬事)가 공(空)이니라.

시방(十方)207)에 위아래가 없나니

오고 가든, 동서(東西)에 맡길 뿐이리.

만약 그 가운데 '이것의' 뜻을 알면

종횡(縱橫)으로 처처(處處)에 통(通)하는 길이니라.

---

206) 삼거(三車): 부처의 법을 실은 세 수레, 곧 우거(牛車)·양거(羊車)·녹거(鹿車). 이것
　　 을 각각 대승(大乘), 성문승(聲聞乘), 연각승(緣覺乘)에 비유함. 법화경(法華經)
207) 시방(十方): 불교에서 우주에 대한 공간적인 구분. 동·서·남·북의 사방(四方)과,
　　 동북·동남·서남·서북의 사유(四維)와, 상·하의 열 가지 방향. 시간(時間) 구분인 삼
　　 세(三世)와 통칭하여 전 우주(宇宙)를 가리킨다.

236.

可歎浮生人 悠悠何日了 朝朝無閑時 年年不覺老
가탄부생인 유유하일료 조조무한시 연년불각로

摠為求衣食 令心生煩惱 擾擾百千年 去來三惡道
총위구의식 영심생번뇌 요요백천년 거래삼악도

총(摠): 모두총. 요(擾): 어지러울요.

아! 뜬세상 사람들이여.

아득하니, 어느 날 '깨달아' 마치겠는가?

아침마다 한가한 때 없고

해마다 늙는 것을 깨닫지 못하네.

모두 의식(衣食)을 구하기 위함인데

마음으로 하여금 번뇌(煩惱)를 일으키네.

소란하게 백 천년을

삼악도(三惡道)[208]를 오가게 하누나.

237.

時人尋雲路 雲路杳無蹤 山高多險峻 澗闊少玲瓏
시인심운로 운로묘무종 산고다험준 간활소영롱

碧嶂前兼後 白雲西復東 欲知雲路處 雲路在虛空
벽장전겸후 백운서부동 욕지운로처 운로재허공

묘(杳): 아득할묘. 종(蹤): 자취종. 활(闊): 트일활. 영(玲): 옥소리영.

---

208) 삼악도(三惡道): 지옥(地獄) 아귀(餓鬼) 축생(畜生)을 말함.

롱(瓏): 옥소리롱. 장(嶂): 높고가파른산장.

요즘 사람들 구름길 찾는데
구름길 아득하니 자취가 없네.
산은 높고 몹시 험준하나니
개울은 좁은데 졸졸 영롱하게 울리네.
푸른 멧부리는 앞뒤로 막히고
흰 구름 동서(東西)로 자욱하네.
구름길 있는 곳 알고 싶은가?
구름길, 허공(虛空)에 나 있노라.

238.

寒山棲隱處 絶得雜人過 時逢林內鳥 相共唱山歌
한 산 서 은 처　절 득 잡 인 과　시 봉 임 내 조　상 공 창 산 가

瑞草聯谿谷 老松枕嵯峨 可觀無事客 憩歇在巖阿
서 초 연 계 곡　노 송 침 차 아　가 관 무 사 객　게 헐 재 암 아

서(棲): 살서. 연(聯): 잇달연. 차(嵯): 우뚝솟을차. 아(峨): 높을아.

게(憩): 쉴게. 헐(歇): 쉴헐. 아(阿): 언덕아.

한산에 깃들어 숨어사는 곳
잡인(雜人)의 자취 끊어졌네.
때로는 숲속의 새를 만나는데
서로 함께 산가(山歌)를 부르네.
상서로운 풀이 골짜기에 너울대고

늙은 소나무는 높은 산을 베고 있네.

자 보아라. 일없는 나그네!

바위 언덕에서 쉬고 쉬나니.

239.

五嶽俱成粉 須彌一寸山 大海一滴水 吸入其心田
오 악 구 성 분　수 미 일 촌 산　대 해 일 적 수　흡 입 기 심 전

生長菩提子 徧蓋天中天 語汝慕道者 慎莫繞十纏
생 장 보 리 자　편 개 천 중 천　어 여 모 도 자　신 막 요 십 전

분(粉): 가루분. 미(彌): 두루미. 적(滴): 물방울적. 보(菩): 보리보.

리(提): 보리수리. 편(徧): 두루편. 개(蓋): 덮을개. 요(繞): 두를요.

전(纏): 얽힐전.

오악(五嶽)이 모두 가루가 되면

수미산(須彌山)의 높이도 한 치나 되리.

큰 바다가 한 방울의 물로

마음의 밭에 빨아들이리.

보리(菩提)의 씨앗이 나고 자라며

하늘 가운데 하늘까지 두루 덮으리.

너에게 말하노니, 도를 사모하는 자여!

삼가하며 십전(十纏)209)에 얽매이지 말라.

---

209) 십전(十纏): 근본 번뇌에 부수적으로 일어나는 열 가지 번뇌(煩惱). 무참(無慚)·무괴
(無愧)·질(嫉)·간(慳)·회(悔)·수면(睡眠)·도거(掉擧)·혼침(惛沈)·분(忿)·부(覆)를 이름.

240.

無衣自訪覓　莫共狐謀裘　無食自采取　莫共羊謀羞
무 의 자 방 멱　막 공 호 모 구　무 식 자 채 취　막 공 양 모 수

借皮兼借肉　懷歎復懷愁　皆緣義失所　衣食常不周
차 피 겸 차 육　회 탄 부 회 수　개 연 의 실 소　의 식 상 부 주

멱(覓): 찾을멱. 호(狐): 여우호. 구(裘): 가죽옷구. 수(羞): 음식수.

옷이 없어 스스로 찾게 되더라도
여우의 가죽은 꾀하지 말게.
음식이 없어 스스로 채취하더라도
양의 고기를 도모(圖謀)210)하지 말라.
가죽을 빌리고 겸하여 고기를 빌리면
탄식하고 다시 근심을 품게 되리라.
모든 인연은 의(義)를 잃은 소산(所産)이라서
옷과 밥이 항상 고르지 않느니라.

241.

自羨山間樂　逍遙無倚托　逐日養殘軀　閑思無所作
자 선 산 간 락　소 요 무 의 탁　축 일 양 잔 구　한 사 무 소 작

時披古佛書　往往登石閣　下窺千尺崖　上有雲旁礴
시 피 고 불 서　왕 왕 등 석 각　하 규 천 척 애　상 유 운 방 박

寒月冷颼颼　身似孤飛鶴
한 월 냉 수 수　신 사 고 비 학

---

210) 모수(謀羞): 맛있는 음식을 도모함.

선(羨): 부러워할선. 소(逍): 거닐소. 요(遙): 멀요. 의(倚): 의지할의.

탁(托): 밀탁. 축(逐): 쫓을축. 잔(殘): 무너질잔. 구(軀): 몸구.

피(披): 나눌피. 규(窺): 엿볼규. 방(旁): 두루방. 박(礴): 널리덮일박.

스스로 산중의 낙(樂)을 부러워했나니

유유자적(悠悠自適), 의지할 것 없다네.

하루하루 쇠약한 몸을 기르며

한가한 생각이나 하고자하는 바 없네.

때로는 옛 불서(佛書)를 펴 보다가

이따금 돌 누각에 오르네.

아래로 천 길 벼랑을 엿 보는데

위에서 구름이 질펀하게 덮여 있네.

차가운 달빛에 시원한 바람 솔솔 불고

몸은 외로이 나르는 학과 같다네.

242.

我見轉輪王　千子常圍遶　十善化四天　莊嚴多七寶
아 견 전 륜 왕　천 자 상 위 요　십 선 화 사 천　장 엄 다 칠 보

七寶鎭隨身　莊嚴甚妙好　一朝福報盡　猶若棲蘆鳥
칠 보 진 수 신　장 엄 심 묘 호　일 조 복 보 진　유 약 서 노 조

還作牛領蟲　六趣受業道　況復諸凡夫　無常豈長保
환 작 우 영 충　육 취 수 업 도　황 부 제 범 부　무 상 기 장 보

生死如旋火　輪廻似麻稻　不解早覺悟　爲人枉虛老
생 사 여 선 화　윤 회 사 마 도　불 해 조 각 오　위 인 왕 허 로

위(圍): 둘레위. 요(遶): 두를요. 진(鎭): 누를진. 서(棲): 깃들일서.

노(蘆): 갈대노. 영(領): 옷깃영. 취(趣): 달릴취. 마(麻): 삼베마.

왕(枉): 굽을왕. 도(稻): 벼도.

내가 본 전륜성왕(轉輪聖王)[211]은

천 명의 아들로 항상 둘러 있네.

십선(十善)[212]으로 사천(四天)을 교화하며

많은 칠보(七寶)[213]로 사원(寺院)을 장엄(莊嚴) 하였네.

칠보(七寶)로 몸을 두르고

장엄(莊嚴)하여 심히 묘(妙)하고 보기 좋았네.

하루아침에 복(福)의 과보(果報)가 다하면

오히려 갈대에 깃들이는 새가 되거나

소의 목에 붙어있는 벌레가 되어

육취(六趣)[214]의 업(業)을 받게 되나니.

하물며 다시 여러 범부(凡夫)여!

무상(無常)을 어찌 길게 보전하겠는가?

생사(生死)란 선회하는 횃불 같고

윤회(輪廻)는 헝클어진 삼대와 벼 같다네.

이해를 못하고 일찍이 깨닫지 못하면

---

211) 전륜성왕(轉輪聖王): 인도를 최초로 통일한 아소카 왕. 불법(佛法) 교화(敎化)에
    크게 공헌(供獻)함.
212) 십선(十善): 몸과 말과 뜻으로 짓는 열 가지 청정한 일. 불살생(不殺生)·불투도(不
    偸盜)·불사음(不邪婬)·불망어(不妄語)·불악구(不惡口)·불양설(不兩舌)·불기어(不綺
    語)·불탐욕(不貪欲)·부진에(不瞋恚)·불사견(不邪見)을 이름.
213) 칠보(七寶): 금(金), 은(銀), 유리(琉璃), 거거(硨磲), 산호(珊瑚), 마노(瑪瑙), 파리
    (玻璃).
214) 육취(六趣)·육도(六道)·육계(六界): 지옥(地獄)·아귀(餓鬼)·축생(畜生)·수라(修
    羅)·인간(人間)·천상(天上).

사람이 되어도 구부러져서 헛되이 늙으리라.

243.

平野水寬闊　丹丘連四明　仙都最高秀　群峰聳翠屏
평 야 수 관 활　단 구 연 사 명　선 도 최 고 수　군 봉 용 취 병

遠遠望何極　矹矹勢相迎　獨標海隅外　處處播嘉名
원 원 망 하 극　올 올 세 상 영　독 표 해 우 외　처 처 파 가 명

활(闊): 트일활. 용(聳): 솟을용. 취(翠): 비취취. 올(矹): 돌비알올.

표(標): 끝표. 우(隅): 모퉁이우. 파(播): 뿌릴파. 가(嘉): 아름다울가.

평야(平野)에 물이 광활하게 흐르고

단구(丹丘)215)는 사명산(四明山)216)으로 이어지네.

선도(仙都)217)는 가장 높고 빼어난데

뭇 봉(峰)이 푸른 병풍처럼 솟았네.

멀리 바라보는데 어디가 끝이던가?

굽이굽이 세(勢)가 서로 따르네.

바다 밖으로 우뚝 솟아 있는데

곳곳마다 아름다운 이름으로 떨치네.

---

215) 단구(丹丘): 신선(神仙)이 산다는 곳.
216) 사명(四明): 천태산(天台山)에 있는 산 이름.
217) 선도(仙都): 신선(神仙)이 사는 도시(都市).

244.

可貴一名山　七寶何能比　松月颼颼冷　雲霞片片起
가 귀 일 명 산　칠 보 하 능 비　송 월 수 수 랭　운 하 편 편 기

匼帀幾重山　廻還多少里　谿澗静澄澄　快活無窮已
암 잡 기 중 산　회 환 다 소 리　계 간 정 징 징　쾌 활 무 궁 이

암(匼): 둘릴암. 잡(帀): 두를잡.

귀(貴)하다, 여기 한 명산(名山)이여!
칠보(七寶)인들 어찌 견주겠는가?
소나무에 걸린 달에 쏴쏴 바람이 찬데
구름과 노을이 뭉게뭉게 피어오르네.
두른 산은 몇 겹이던가?
굽이를 돌때마다 군데군데 마을이 있네.
골짜기 개울물은 고요하니 맑디맑은데
쾌활하니 끝이 없도다.

245.

我見世間人　生而還復死　昨朝猶二八　壯氣胸襟士
아 견 세 간 인　생 이 환 부 사　작 조 유 이 팔　장 기 흉 금 사

如今七十過　力困形憔悴　恰似春日花　朝開夜落爾
여 금 칠 십 과　역 곤 형 초 췌　흡 사 춘 일 화　조 개 야 락 이

흉(胸): 가슴흉. 금(襟): 옷깃금. 초(憔): 수척할초. 췌(悴): 파리할췌.
흡(恰): 마치흡.

내가 본 세상 사람들
태어났다가 도로 다시 죽네.
어제 아침엔 오히려 이팔(二八) 청춘(靑春)
장한 기운, 가슴에 품은 선비였네.
지금은 칠십(七十)을 지나서
힘이 빠지고 모습은 파리해졌네.
마치 봄날의 꽃과 같이
아침에 피었다가 저녁에 떨어지네.

246.

迥聳霄漢外　雲裏路岧嶢　瀑布千丈流　如鋪練一條
형 용 소 한 외　운 리 노 초 요　폭 포 천 장 류　여 포 연 일 조

下有棲心窟　橫安定命橋　雄雄鎮世界　天台名獨超
하 유 서 심 굴　횡 안 정 명 교　웅 웅 진 세 계　천 태 명 독 초

형(迥): 멀형. 용(聳): 솟을용. 소(霄): 하늘소. 초(岧): 산높은모양초.

요(嶢): 높을요. 포(鋪): 펼포. 연(練): 누일연. 교(橋): 다리교.

초(超): 넘을초.

멀리 하늘 밖에 솟아서
구름 속의 길, 높고 가파르네.
폭포가 천 길 높이에서 떨어지는데
마치 비단 한 폭을 펼쳐놓은 듯...
아래로 서심굴(棲心窟)218)이 있고
정명교(定命橋)219)가 가로 놓였네.

웅장하니 세계(世界)를 누를 듯한데
천태(天台)라는 이름, 홀로 뛰어나네.

247.

盤陀石上坐 谿澗冷淒淒 靜玩偏嘉麗 虛巖蒙霧迷
반 타 석 상 좌　계 간 냉 처 처　정 완 편 가 려　허 암 몽 무 미

怡然憩歇處 日斜樹影低 我自觀心地 蓮花出淤泥
이 연 게 헐 처　일 사 수 영 저　아 자 관 심 지　연 화 출 어 니

타(陀): 비탈질타. 간(澗): 계곡의시내간. 완(玩): 희롱할완.

편(偏): 치우칠편. 이(怡): 기쁠이. 게(憩): 쉴게. 헐(歇): 쉴헐.

어(淤): 진흙어. 니(泥): 진흙니.

너럭바위에 앉았는데
개울 물소리 시리고 써늘하네.
고요히 아름다움을 즐기는데
텅 빈 바위 골, 짙은 안개로 희미하네.
기쁘게 쉬고 있는 곳
해 기우니 나무 그림자 낮네.
나 스스로 심지(心地)220)를 관(觀)하는데
연(蓮) 꽃이 진흙 속에서 피어나네.

---

218) 서심굴(棲心窟): 마음을 깃들이는 굴.
219) 정명교(定命橋): 천태산(天台山) 꼭대기에 있는 천연의 돌다리.
220) 심지(心地): 마음의 본바탕.

248.

隱士遁人間　多向山中眠　青蘿疏麓麓　碧澗響聯聯
은 사 둔 인 간　다 향 산 중 면　청 라 소 녹 록　벽 간 향 연 련

騰騰且安樂　悠悠自清閑　免有染世事　心靜如白蓮
등 등 차 안 락　유 유 자 청 한　면 유 염 세 사　심 정 여 백 련

둔(遁): 달아날둔. 라(蘿): 넌출라. 록(麓): 산기슭록. 향(響): 울림향.
연(聯): 잇달연. 등(騰): 오를등.

은사(隱士)는 인간(人間)을 떠나
거의 산중에 들어가 잠자네.
파란 칡넝쿨이 성근 산기슭
푸른 개울이 끊임없이 울리며 흐르네.
거리낌 없이 편안히 즐기나니
느긋하게 스스로 맑고 한가히 지내네.
세상일로 물드는 것을 면할 수 있으니
마음이 고요하여 마치 흰 연꽃 같네.

249.

寄語食肉漢　食時無逗遛　今生過去種　未來今日修
기 어 식 육 한　식 시 무 두 류　금 생 과 거 종　미 래 금 일 수

祗取今日美　不畏來生憂　老鼠入飯瓮　雖飽難出頭
지 취 금 일 미　불 외 내 생 우　노 서 입 반 옹　수 포 난 출 두

두(逗): 머무를두. 유(遛): 머무를유.류. 옹(瓮): 항아리옹.

고기 먹는 이에게 이르나니

먹을 때 머뭇거림이 없는가?

금생(今生)은 과거(過去)에 뿌린 종자(種子)요

미래(未來)는 금생(今生)에 닦은 것이네.

다만 오늘의 입맛을 취하는데

내생(來生)의 근심은 두렵지 않은가?

늙은 쥐가 밥통에 든 것과 같아서

비록 배부르나 나오기 어려우리.

250.

自從出家後　漸得養生趣　伸縮四肢全　勤聽六根具
자 종 출 가 후　점 득 양 생 취　신 축 사 지 전　근 청 육 근 구

相遇褐衣隨　春冬糲食供　朝暮今日懇　懇修願與佛
상 우 갈 의 수　춘 동 여 식 공　조 모 금 일 간　간 수 원 여 불

신(伸): 펼신. 축(縮): 줄일축. 지(肢): 사지지. 갈(褐): 베옷갈.

여(糲): 현미여.려. 간(懇): 정성간.

스스로 집을 떠난 뒤

점점 생명을 기르는 취지를 알았네.

폈다 오므렸다, 사지(四肢)[221]가 온전하고

부지런히 육근(六根)[222]을 갖추어 챙기네.

---

221) 사지(四肢): 달리 사극(四極)·사속(四屬)이라고도 함. 팔과 다리를 통틀어서 일컬음.
222) 육근(六根): 육식(六識)을 낳는 여섯 가지 뿌리. 곧, 안(眼)·이(耳)·비(鼻)·설(舌)·신
　　(身)·의(意)의 총칭(總稱).

거친 베옷으로 봄 겨울을 따르고

현미를 먹으며 아침저녁 공양(供養)을 하네.

오늘 매우 간절히 닦는 것은

부처님 만나 뵙기를 발원(發願)하는 것이네.

251.

世事繞悠悠　貪生未肯休　研盡大地石　何時得歇頭
세 사 요 유 유　탐 생 미 긍 휴　연 진 대 지 석　하 시 득 헐 두

四時周變易　八節急如流　為報火宅主　露地騎白牛
사 시 주 변 역　팔 절 급 여 류　위 보 화 택 주　노 지 기 백 우

요(繞): 얽힐요. 연(研): 갈연.

세상 일 얽히어 아득한데

탐욕스러운 삶, 기꺼이 쉬지 못하네.

대지(大地)의 돌을 모두 갈아낸다 한들

'탐욕'이 어느 때 쉬겠는가?

사시(四時)가 두루 변하고 바뀌는데

여덟 절기223)가 급히 물처럼 흐르네.

화택(火宅)의 주인한테 알리나니

노지(露地)로 나가 백우거(白牛車)224)를 타게나.

---

223) 팔절(八節): 여덟 절기(節氣), 즉 춘분(春分)·추분(秋分)·동지(冬至)·하지(夏至)·입
　　춘(立春)·입하(立夏)·입추(立秋)·입동(立冬).
224) 백우거(白牛車): 법화경(法華經)에 양거(羊車)·녹거(鹿車)·우거(牛車)의 하나 일불
　　승(一佛乘)을 뜻하는 백우(白牛)를 일컬음.

252.

可笑五陰窟　四蛇同共居　黑暗無明燭　三毒遞相驅
가소오음굴　사사동공거　흑암무명촉　삼독체상구

伴黨六箇賊　劫掠法財珠　斬却魔軍輩　安泰湛如蘇
반당육개적　겁략법재주　참각마군배　안태담여소

사(蛇): 뱀사. 체(遞): 교대할체. 겁(劫): 위협할겁. 약(掠): 노략질할약.

참(斬): 벨참. 배(輩): 무리배. 담(湛): 즐길담.

우습다. 오음(五陰)225) 굴이여!

네 마리 뱀226)과 함께 사네.

캄캄하니 밝힐 촛불도 없는데

삼독(三毒)이 교대로 서로 몰고 가네.

육적(六賊)227)이 함께 무리지어

법(法)과 구슬을 위협하여 빼앗네.

마군(魔軍)의 무리를 베어버리고

태평하고 맑게 소생(蘇生)하였으면...

253.

常聞漢武帝　爰及秦始皇　俱好神仙術　延年竟不長
상문한무제　원급진시황　구호신선술　연년경부장

金臺既摧折　沙丘遂滅亡　茂陵與驪嶽　今日草茫茫
금대기최절　사구수멸망　무릉여여악　금일초망망

---

225) 오음(五陰): 또는 오온(五蘊), 색(色)·수(受)·상(想)·행(行)·식(識)

226) 사사(四蛇): 지(地)·수(水)·화(火)·풍(風)을 비유함.

227) 육적(六賊): 안(眼)·이(耳)·비(鼻)·설(舌)·신(身)·의(意)의 육근(六根)을 이름.

원(爰): 이에원. 진(秦): 나라진. 연(延): 인도할연. 최(摧): 꺾을최.

수(遂): 이룰수. 여(驪): 말여.

항상 듣기로, 한무제(漢武帝)[228] 때부터

진(秦)의 시황(始皇)에 이르기까지

모두 신선술(神仙術)을 좋아하여

수명을 연장하려 했으나 끝내 누리지 못했네.

금대(金臺)는 이미 꺾이었고

사구(沙丘)[229]도 드디어 멸망(滅亡) 하였네.

무릉(茂陵)[230]과 여악(驪嶽)[231]은 어찌 되었나

오늘 날 잡초(雜草)만 우거졌다네.

254.

| 憶得二十年 | 徐步國淸歸 | 國淸寺中人 | 盡道寒山癡 |
| 억 득 이 십 년 | 서 보 국 청 귀 | 국 청 사 중 인 | 진 도 한 산 치 |

| 癡人何用疑 | 疑不解尋思 | 我尚自不識 | 是伊爭得知 |
| 치 인 하 용 의 | 의 불 해 심 사 | 아 상 자 불 식 | 시 이 쟁 득 지 |

| 低頭不用問 | 問得復何爲 | 有人來罵我 | 分明了了知 |
| 저 두 불 용 문 | 문 득 부 하 위 | 유 인 내 매 아 | 분 명 요 료 지 |

---

228) 한무제(漢武帝): 중국 한(漢)의 제7대 황제로 제후에 대한 통제를 강화하여 중앙
집권 체제를 완성하였고, 적극적인 대외정책을 펼쳐 영토를 크게 확장하여 한(漢)
의 전성기를 이끌었다.

229) 사구(沙丘): 진시황(秦始皇)이 병에 걸려 죽은 곳. 진시황이 천하를 순행하다가 갑자기
죽음이 임박하자 그 후사를 장자인 부소(扶蘇)에게 잇게 하는 유서를 남겼으나, 환관
조고(趙高)의 간사한 술수로 결국 부소가 자결하고 막내아들 호해(胡亥)가 황제가 됨.

230) 무릉(茂陵): 중국 산시성 함양에 있는 한 무제 유철의 묘.

231) 여악(驪嶽): 진시황(秦始皇)의 능묘(陵墓)가 있는 곳.

雖然不應對 却是得便宜
수 연 불 응 대　각 시 득 편 의

치(癡): 어리석을치. 매(罵): 꾸짖을매. 수(雖): 비록수.

이십년 전의 일을 생각하며
천천히 걸어 국청사(國淸寺)로 돌아왔네.
국청사에 있는 사람들
모두 한산(寒山)이 어리석다 이르네.
어리석은 사람, 어찌나 의심 하는데
그 의심, 깊이 생각해도 풀지 못하네.
나도 오히려 자신을 모르는데
이를, 저들이 어찌 알았을까?
고개 숙이고 물을까, 말까 하다가
물어서 다시 무엇을 얻겠는가?
누군가 와서 나를 매도하기를
분명(分明)하고 뚜렷이 알라 하네.
비록 그렇다 해도 응대하지 않는데
도리어 이것이 편안하네.

255.

語你出家輩　何名為出家　奢華求養活　繼綴族姓家
어 니 출 가 배　하 명 위 출 가　사 화 구 양 활　계 철 족 성 가

美舌甜脣觜　諂曲心鈎加　終日禮道場　持經置功課
미 설 첨 순 자　첨 곡 심 구 가　종 일 예 도 량　지 경 치 공 과

鑪燒神佛香　打鐘高聲和　六時學客舂　晝夜不得臥
노 소 신 불 향　타 종 고 성 화　육 시 학 객 용　주 야 부 득 와

秪爲愛錢財　心中不脫灑　見他高道人　却嫌誹謗罵
지 위 애 전 재　심 중 불 탈 쇄　견 타 고 도 인　각 혐 비 방 매

驢屎比麝香　苦哉佛陀耶
여 시 비 사 향　고 재 불 타 야

철(綴): 꿰멜철. 첩(㤰): 달첩. 순(脣): 입술순. 자(觜): 털뿔자.

첨(諂): 아첨할첨. 구(鉤): 갈고리구. 용(舂): 찧을용. 쇄(灑): 뿌릴쇄.

비(誹): 헐뜯을비. 방(謗): 헐뜯을방. 여(驢): 나귀여. 시(屎): 똥시.

사(麝): 사향노루사.

너희들 출가(出家)한 무리들에게 말하노니

무엇을 출가(出家)라 하는가?

화려한 삶을 구하려고...

명망 있는 가문과 연계하려고...

혀와 입술에 달콤한 맛 때문에...

아첨으로 마음이 낚시처럼 구부러지느니라.

하루 종일 도량에서 예배드리며

경(經)을 지니고 숙제와 예습에 두어야 하네.

향로에 신불(神佛)께 향을 사루고

종을 치며 큰 소리로 염불하며

육시(六時)232)에 대중을 위해 방아를 찧고

---

232) 육시(六時): 하루에 여섯 번 물을 뿌려 시간을 알리는 일. 하루를 12시로 나누고,
　　양시(陽時)인 자시(子時)·인시(寅時)·진시(辰時)·오시(午時)·신시(申時)·술시(戌時)가
　　되면 물을 뿌렸기 때문에 이르는 말이다.

낮이나 밤이나 눕지 않아야 하네.

다만 돈과 재물을 좋아해서 하는 것이면

마음속에서 세속을 씻어내고 벗어나지 못한 것이네.

저 도(道)가 높은 사람을 보면

도리어 혐오하고 비방하며 매도를 하네.

나귀 오줌을 사향(麝香)과 견주겠는가?

괴로워라, 부처님이시여!

256.

又見出家兒	有力及無力	上上高節者	鬼神欽道德
우 견 출 가 아	유 력 급 무 력	상 상 고 절 자	귀 신 흠 도 덕
君王分輦坐	諸侯拜迎逆	堪爲世福田	世人須保惜
군 왕 분 연 좌	제 후 배 영 역	감 위 세 복 전	세 인 수 보 석
下下低愚者	詐見多求覓	濁濫卽可知	愚癡愛財色
하 하 저 우 자	사 견 다 구 멱	탁 람 즉 가 지	우 치 애 재 색
著却福田衣	種田討衣食	作債稅牛犂	爲事不忠直
착 각 복 전 의	종 전 토 의 식	작 채 세 우 려	위 사 불 충 직
朝朝行弊惡	往往痛臀脊	不解善思量	地獄苦無極
조 조 행 폐 악	왕 왕 통 둔 척	불 해 선 사 량	지 옥 고 무 극
一朝著病纏	三年臥床席	亦有真佛性	飜作無明賊
일 조 착 병 전	삼 년 와 상 석	역 유 진 불 성	번 작 무 명 적
南無佛陀耶	遠遠求彌勒		
나 무 불 타 야	원 원 구 미 륵		

흠(欽): 공경할흠. 연(輦): 수레연. 감(堪): 견딜감. 람(濫): 넘칠람.

채(債): 빚채. 려(犂): 쟁기려. 폐(弊): 해질폐. 둔(臀): 볼기둔.

척(脊): 등뼈척. 전(纏): 얽힐전.

다시 출가(出家)한 이를 보니

힘이 있는 자와 힘이 없는 자가 있네.

가장 절개가 높은 자는

귀신(鬼神)도 그의 도덕(道德)을 흠모(欽慕)하고

군왕(君王)도 수레를 나누어 앉으며

제후(諸侯)[233]도 '위계(位階)'를 거스르고 절하며 맞네.

세상이 복전(福田)으로 내린 것이니

세상 사람들이 부디 보호하고 아껴야 하네.

가장 아래로 어리석은 자는

거짓으로 꾸며 구하는 것이 많다네.

더러움이 넘치니 곧 알려지고

어리석고 미욱하여 재색(財色)에 빠져드네.

도리어 복전(福田)의 옷[234]을 걸치고

씨를 뿌리며 의식(衣食)을 토색(討索)질 하네.

빚으로 소와 쟁기를 세(稅)로 받는데

하는 일마다 충직(忠直)하지 못하네.

아침마다 몹쓸 짓을 하는데

이따금 볼기나 등짝에 곤장을 치네.

착한 생각을 이해하지 못하니

지옥(地獄)의 고통이 끝이 없으리.

---

233) 제후(諸侯): 봉건(封建) 시대(時代)에 일정(一定)한 영토(領土)를 가지고 그 영내
    (領內)의 인민(人民)을 지배(支配)하는 권력(權力)을 가진 사람.
234) 복전의(福田衣): 스님이 입는 가사(袈裟)를 이름.

하루아침에 병에 휩쓸려서
삼년을 평상에 눕게 되리.
또한 참 불성(佛性)이 있다 해도
도리어 무명(無明)의 적이 되리라.
부처님께 귀의(歸依) 하나니[235]
머나먼 미륵(彌勒)[236]에게 구할 것이 있겠는가?

257.

寒巖深更好 無人行此道 白雲高岫閑 青嶂孤猿嘯
한 암 심 갱 호　무 인 행 차 도　백 운 고 수 한　청 장 고 원 소

我更何所親 暢志自宜老 形容寒暑遷 心珠甚可保
아 갱 하 소 친　창 지 자 의 로　형 용 한 서 천　심 주 심 가 보

수(岫): 산굴수. 창(暢): 펼창. 원(猿): 원숭이원. 소(嘯): 울부짖을소.

한암(寒巖)은 깊어서 더욱 좋아 하는데
이 길은 다니는 사람이 없네.
흰 구름은 한가로이 높은 산에 떠 있고
푸른 산에 외로이 원숭이 우네.
나는 다시 무엇과 친할 것인가?
뜻을 펴며 스스로 늙어 가리라.
모습은 철따라 변하더라도

---

235) 나무불타야(南無佛陀耶): 범어로 Namas, Namo. 나모(南謨), 납막(納莫), 낭모(囊
   謨)로 음역된다. 부처님께 진심으로 귀의(歸依)한다는 의미.
236) 미륵(彌勒): 석가모니불(釋迦牟尼佛)의 뒤를 이어 57억 년 후에 세상에 출현하여
   석가모니불이 구제하지 못한 중생을 구제(救濟)할 미래(未來)의 부처.

마음의 구슬을 제대로 보존하리라.

258.

巖前獨靜坐 圓月當天耀 萬象影現中 一輪本無照
암 전 독 정 좌　원 월 당 천 요　만 상 영 현 중　일 륜 본 무 조

廓然神自清 含虛洞玄妙 因指見其月 月是心樞要
확 연 신 자 청　함 허 통 현 묘　인 지 견 기 월　월 시 심 추 요

요(耀): 빛날요. 확(廓): 둘레확. 추(樞): 지도리추.

바위 앞에 홀로 고요히 앉았는데
둥근 달이 하늘 중천에 빛나네.
만 가지 형상이 그림자를 드러내는데
달은 본래 비춤이 없네.
확 트여 정신이 절로 맑아지는데
현묘(玄妙)237)함을 머금고 텅 비었네.
손가락으로 인하여 그 달을 보나니
달은 이대로 마음의 상징(象徵)이로다.

---

237) 현묘(玄妙): 도리(道理)나 이치(理致)가 깊고 미묘(微妙)함.

259.

本志慕道倫 道倫常獲親 時逢杜源客 每接話禪賓
본 지 모 도 륜　도 륜 상 획 친　시 봉 두 원 객　매 접 화 선 빈

談玄明月夜 探理日臨晨 萬機俱泯迹 方識本來人
담 현 명 월 야　탐 리 일 임 신　만 기 구 민 적　방 식 본 래 인

륜(倫): 인륜륜. 민(泯): 망할민. 적(迹): 자취적.

본래의 뜻이 도(道)를 사모하여
항상 도를 얻고 친하고자 하였네.
때로는 근원이 막힌 사람도 만나지만
매양 선(禪) 이야기 하는 손을 맞았네.
현(玄)에 대한 담론(談論)으로 달 밝은 밤인데
새벽이 되도록 이치를 탐구하네.
온갖 기틀에서 모두 자취를 감추면
바야흐로 본래의 주인(主人)을 알게 되리라.

260.

元非隱逸士 自號山林人 仕魯蒙幘帛 且愛裹練巾
원 비 은 일 사　자 호 산 림 인　사 로 몽 책 백　차 애 과 소 건

道有巢許操 恥為堯舜臣 獼猴罩帽子 學人避風塵
도 유 소 허 조　치 위 요 순 신　미 후 조 모 자　학 인 피 풍 진

책(幘): 건책. 백(帛): 비단백. 과(裹): 쌀과. 소(練): 베소.

소(巢): 보금자리소. 조(操): 잡을조. 미(獼): 원숭이미.

후(猴): 원숭이후. 조(罩): 보쌈조. 모(帽): 모자모.

* 이장은 노자(老子)의 삶을 그린 듯하다.

원래 숨어사는 은사(隱士)가 아니고

스스로 산림(山林)에 사는 사람이라 불렀네.

노(魯)나라에 출사(出仕)하여 책백(幘帛)[238]을 받았으나

다시 소건(練巾)[239]으로 싸기를 좋아하였네.

도(道)에 소보(巢父)[240]와 허유(許由)[241]의 지조를 따랐나니

요순(堯舜)[242]의 신하라 한들 부끄럽게 여기리.

원숭이가 모자를 쓰고

먼지 피하는 사람을 배우는 것과 같으리.

261.

自古諸哲人	不見有長存	生而還復死	盡變作灰塵
자 고 제 철 인	불 견 유 장 존	생 이 환 부 사	진 변 작 회 진

積骨如毗富	別淚成海津	唯有空名在	豈免生死輪
적 골 여 비 부	별 루 성 해 진	유 유 공 명 재	기 면 생 사 륜

---

238) 책백(幘帛): 머리에 쓰는 건(巾)과 관(冠)을 대신한다.

239) 소건(練巾): 거친 삼베로 만든 머리 수건.

240) 소보(巢父): 요 임금이 천하를 소보에게 넘겨주려 하자 이를 거절했다. 요 임금이 이번에는 허유를 구주(九州)의 장으로 임명하자 허유는 못 들을 소리를 들었다며 영수(潁水)라는 강가로 도망쳐 귀를 씻었다. 그런데 이때 마침 소보가 송아지를 끌고 와 그곳에서 물을 먹이려다 귀를 씻고 있는 허유를 보고는, 쓸데없이 떠다니며 명예를 낚으려는 행동은 옳지 않다고 나무란 뒤, 이곳에서 귀를 씻었으니 송아지 입이 더러워지겠다며 상류로 송아지를 끌고 가서 물을 먹였다고 한다.

241) 허유(許由): 중국 상고시대의 고사(高士)로 양성(陽城) 괴리(槐里) 출신이다. 자는 무중(武仲), 패택(沛澤)에 숨어 살았다. 요임금이 천하를 물려주려는 것을 거절하고 기산(箕山)에 숨었고, 또 구주(九州)의 장(長)으로 삼으려고 한다는 소식을 듣고 귀를 영수(潁水)에서 씻었다고 한다.

242) 요순(堯舜): 중국(中國) 고대(古代)의 요(堯)와 순(舜) 임금.

비(毘): 도울비.

옛날부터 여러 철인(哲人)들이
오래도록 사는 것을 보지 못했네.
태어나면 도로 다시 죽는 것이니
모두 재와 먼지로 변하였네.
해골을 쌓으면 비부라산(毘富羅山)[243] 같고
이별의 눈물은 바다를 이루리라.
오직 부질없는 이름만 남을 뿐이니
어찌 생사(生死)의 윤회(輪廻)를 피할 수 있겠는가?

262.

今日巖前坐 坐久烟雲收 一道淸谿冷 千尋碧嶂頭
금 일 암 전 좌　좌 구 연 운 수　일 도 청 계 랭　천 심 벽 장 두

白雲朝影靜 明月夜光浮 身上無塵垢 心中那更憂
백 운 조 영 정　명 월 야 광 부　신 상 무 진 구　심 중 나 갱 우

장(嶂): 가파른산장. 구(垢): 때구. 나(那): 어찌나.

오늘 바위 앞에 앉았는데
앉은 지 한참 만에 안개구름 걷히네.
한 줄기 맑은 시냇물이 찬데

---

243) 비부라산(毘富羅山): 산스크리트어 vipula. 팔리어 vepulla의 음사. 고대 인도에
　　있던 마가다(magadha)국의 도읍지인 왕사성(王舍城)의 동북쪽에 인접해 있는 산.

천 길 푸른 산 정상이라네.

흰 구름, 아침 그림자 고요하고

밝은 달은 '뿌연' 밤빛에 떠 있네.

몸에 먼지라곤 없는데

마음에 어찌 근심인들 있겠는가?

263.

千雲萬水間　中有一閑士　白日游青山　夜歸巖下睡
천 운 만 수 간　중 유 일 한 사　백 일 유 청 산　야 귀 암 하 수

焂爾過春秋　寂然無塵累　快哉何所依　静若秋江水
숙 이 과 춘 추　적 연 무 진 루　쾌 재 하 소 의　정 약 추 강 수

수(睡): 잘수. 숙(焂): 잠깐숙.

천 조각의 구름에 만 줄기 물 사이

그 가운데 한가한 한 선비가 있네.

한 낮엔 푸른 산에서 놀고

밤에는 돌아와 바위 아래 잠드네.

갑자기 봄가을이 지나도

고요하니 번거로움이 없네.

통쾌 하도다! 무엇에 의지 하는가?

고요하기 가을 강물 같다네.

264.

勸你休去來 莫惱他閻老 失脚入三途 粉骨遭千擣
권니휴거래　막뇌타염로　실각입삼도　분골조천도

長為地獄人 永隔今生道 勉你信余言 識取衣中寶
장위지옥인　영격금생도　면니신여언　식취의중보

염(閻): 이문(里門)염. 각(脚): 다리각. 조(遭): 만날조. 격(隔): 가릴격.

도(擣): 찧을도.

너에게 권하나니, '마음의' 거래(去來)에서 쉬게

저 염노(閻老)를 괴로워할게 없느니라.

발을 헛디뎌 삼악도(三惡途)에 들면

뼈가 가루가 되도록 무수한 방망이를 만나고.

길이 지옥(地獄)에 갇히게 되어

영원히 금생(今生)의 길에서 막히느니라.

너에게 권하나니, 내 말을 믿고

옷 속의 보물을 알아야 하느니라.

265.

世間一等流 誠堪與人笑 出家弊已身 誑俗將為道
세간일등류　성감여인소　출가폐이신　광속장위도

雖著離塵衣 衣中多養蚤 不如歸去來 識取心王好
수착이진의　의중다양조　불여귀거래　식취심왕호

폐(弊): 해질폐. 광(誑): 속일광. 조(蚤): 벼룩조.

세상에 한 무리 부류들

진실로 남들의 웃음거리네.

출가(出家)하여 제 몸을 무너뜨리며

속세를 속이고 장차 도(道)를 닦는다 하네.

비록 가사(袈裟)[244]를 입었다 해도

옷 속에 벼룩을 기르는 것이네.

출가한 처음 그 자리로 돌아가

심왕(心王)을 좋아하며 아는 이만 같지 못하느니라.

266.

高高峰頂上　四顧極無邊　獨坐無人知　孤月照寒泉
고 고 봉 정 상　사 고 극 무 변　독 좌 무 인 지　고 월 조 한 천

泉中且無月　月自在靑天　吟此一曲歌　歌中不是禪
천 중 차 무 월　월 자 재 청 천　음 차 일 곡 가　가 중 불 시 선

높고 높은 봉우리 정상에서

사방을 돌아보아도 끝이 없네.

홀로 앉았는데 아는 사람 없고

외로운 달이 찬 샘에 비추네.

샘 속에는 또한 달이 없나니

달은 스스로 푸른 하늘에 있네.

여기 한 가락의 노래를 부르나니

노래 속에 이 선(禪)이 아니던가?

---

244) 이진의(離塵衣):가사(袈裟)를 이름.

267.

有箇王秀才 笑我詩多失 云不識蜂腰 仍不會鶴膝
유 개 왕 수 재　소 아 시 다 실　운 불 식 봉 요　잉 불 회 학 슬

平側不解壓 凡言取次出 我笑你作詩 如盲徒詠日
평 측 불 해 압　범 언 취 차 출　아 소 니 작 시　여 맹 도 영 일

봉(蜂): 벌봉. 요(腰): 허리요. 슬(膝): 무릎슬. 측(側): 곁측(仄).

압(壓): 누를압.

여기 왕 수재(秀才)가 있는데

내 시(詩)가 격을 잃었다고 비웃네.

이르길 봉요(蜂腰)245)를 알지 못하고

이내 학슬(鶴膝)246)도 모른다 하네.

평측(平側)247)과 압운(押韻)248)을 이해하지 못하고

평범한 말로 적당히 쓴다고 하네.

나는 '도리어' 네가 지은 시를 비웃나니

마치 장님이 해를 노래한 것 같으니라.

---

245) 봉요(蜂腰): 한시(漢詩)에서 팔병(八病)이란 학슬(鶴膝)·봉요(蜂腰)·절목(折木)·시
담(柴擔)·정두(釘頭)·서미(鼠尾)·죽절(竹節)·해조(蟹爪), 중 하나로 칠언(七言)에서는
바깥짝의 다섯째 자가, 오언(五言)에서는 셋째 자가 평성(平聲)으로 되는 한시(漢
詩)의 평측법(平仄法)의 하나이다.

246) 학슬(鶴膝): 한시(漢詩)의 평측법(平仄法)의 하나로 학의 무릎 같다는 말로 칠언
(七言) 시(詩)에서 다섯째 글자, 오언(五言) 시(詩)에서 셋째 글자에 측성(仄聲)을
쓰는 일을 피함.

247) 평측(平仄): 한자의 사성(四聲) 중 평평한 소리인 평성(平聲)을 '평(平)'이라 하고,
기우는 소리인 상·거·입성(上·去·入聲)을 모두 '측(仄)'이라고 한다. 한시에서는 평
성(平聲)과 측성(仄聲)을 조화 있게 배열하여, 시(詩)를 지을 때 음률(音律)감이 느
껴지도록 하는데, 이를 평측(平仄)법이라 한다.

248) 압운(押韻): 시(詩)를 지을 때, 한시부(漢詩賦)의 일정(一定)한 곳에 운(韻)을 담.

268.

我住在村鄉　無爺亦無娘　無名無姓第　人喚作張王
아 주 재 촌 향　무 야 역 무 랑　무 명 무 성 제　인 환 작 장 왕

並無人教我　貧賤也尋常　自憐心的實　堅固等金剛
병 무 인 교 아　빈 천 야 심 상　자 련 심 적 실　견 고 등 금 강

야(爺): 아비야. 견(堅): 굳을견.

나는 시골에서 사는데
아비도 없고 또 어미도 없네.
이름도 없지만 성(姓)이나 항렬(行列)도 없는데
남들이 장왕(張王)이라 부르네.
아울러 남이 나에게 가르쳐 준 것도 없는데
가난과 천대(賤待)를 예사로 겪네.
스스로 마음을 진실로 아끼나니
견고(堅固)하기가 금강석(金剛石)[249] 같다네.

269.

寒山出此語　此語無人信　蜜甜足人嘗　黃蘗苦難近
한 산 출 차 어　차 어 무 인 신　밀 첨 족 인 상　황 벽 고 난 근

順情生喜悅　逆意多瞋恨　但看木傀儡　弄了一場困
순 정 생 희 열　역 의 다 진 한　단 간 목 괴 뢰　농 료 일 장 곤

첨(甛): 달첨. 상(嘗): 맛볼상. 벽(蘗): 황경나무벽. 진(瞋): 성낼진.

---

249) 금강(金剛): 여래(如來)의 지혜(智慧)가 견고(堅固)하여 일체의 번뇌(煩惱)를 깨트
　　 릴 수 있음을 비유 하는 말.

괴(傀): 클괴. 뢰(儡): 꼭두각시뢰.

한산(寒山)이 하는 이 말

이 말을 믿는 사람이 없네.

벌꿀은 달콤하여 누구라도 맛보면 만족하는데

황벽(黃蘗)250)은 써서 가까이 하기 어렵네.

정리(情理)에 맞으면 기뻐하고

뜻에 거슬리면 몹시 화를 내네.

다만 나무로 깎은 꼭두각시를 보라

한바탕 놀고 나면 버림을 받는 것을...

270.

我見人轉經 依他言語會 口轉心不轉 心口相違背
아 견 인 전 경　의 타 언 어 회　구 전 심 부 전　심 구 상 위 배

心眞無委曲 不作諸纏蓋 但且自省躬 莫覓他替代
심 진 무 위 곡　부 작 제 전 개　단 차 자 성 궁　막 멱 타 체 대

可中作得主 是知無內外
가 중 작 득 주　시 지 무 내 외

위(委): 맞길위. 체(替): 쇠퇴할체.

내가 남의 경(經) 읽는 것을 보니

남의 말에 의지해 알려고 하네.

250) 황벽(黃蘗): 운향과의 낙엽 활엽 교목.

입으로 읽고 마음은 실천하지 않는데
마음과 입이 서로 어긋난 것이네.
마음이 진실하여 구부러짐이 없으면
어디 얽히거나 덮이지 않네.
다만 또 스스로 몸을 살펴야 하니
남으로 대체(代替)하거나 찾지 말라.
이 가운데 주인이 되면
비로소 '자성(自性)'은 안팎이 없음을 알게 되느니라.

271.

寒山唯白雲　寂寂絶挨塵　草座山家有　孤燈明月輪
한 산 유 백 운　적 적 절 애 진　초 좌 산 가 유　고 등 명 월 륜

石牀臨碧沼　虎鹿每爲鄰　自羨幽居樂　長爲象外人
석 상 임 벽 소　호 록 매 위 린　자 선 유 거 락　장 위 상 외 인

애(挨): 칠애. 소(沼): 늪소.

한산(寒山)에는 오직 흰 구름뿐
고요하니 온갖 티끌이 끊어졌네.
풀로 짠 자리와 산가(山家)가 있고
외로운 등(燈)은 밝은 달이네.
돌 평상은 푸른 연못가에 있고
호랑이와 사슴도 매양 이웃이 되네.
스스로 은거(隱居)의 즐거움을 부러워하나니
길이 속세를 벗어난 사람이 되고자 하네.

272.

鹿生深林中 飲水而食草 伸脚樹下眠 可憐無煩惱
녹 생 심 림 중　음 수 이 식 초　신 각 수 하 면　가 련 무 번 뇌

繫之在華堂 餚饍極肥好 終日不肯嘗 形容轉枯槁
계 지 재 화 당　효 선 극 비 호　종 일 불 긍 상　형 용 전 고 고

계(繫): 맬계. 효(餚): 반찬효. 선(饍): 반찬선. 비(肥): 살찔비.

고(枯): 마를고. 고(槁): 말라죽을고.

사슴은 깊은 숲에서 사는데

물마시며 풀을 먹고 사네.

다리를 펴고 나무 아래 자는데

사랑스럽고 괴로워함이 없네.

잡아다 화려한 집에 매 두고

맛있는 먹이로 지극히 살찌기 좋게 하였네.

하루 종일 기꺼이 먹지 않고

모습이 마르고 여위어 가네.

273.

花上黃鶯子 喧喧聲可憐 美人顏似玉 對此弄鳴絃
화 상 황 앵 자　관 관 성 가 련　미 인 안 사 옥　대 차 농 명 현

玩之能不足 眷戀在齠年 花飛鳥亦散 灑淚秋風前
완 지 능 부 족　권 련 재 초 년　화 비 조 역 산　쇄 루 추 풍 전

앵(鶯): 앵무새앵. 현(絃): 악기줄현. 완(玩): 희롱할완.

권(眷): 돌아볼권. 련(戀): 사모할련. 초(齠): 이갈초. 쇄(灑): 뿌릴쇄.

꽃나무 위에 누런 꾀꼬리

꾀꼴꾀꼴 소리 아름답네.

미인(美人)의 얼굴 옥(玉) 같은데

이를 대하고 짓 굳게 거문고 타네.

희롱하다가 못내 아쉬워하는데

그리움에 사무친 초년(齠年)251)이라네.

꽃잎이 날자 새 또한 흩어지는데

'미인'은 가을바람에 눈물 뿌리네.

274.

棲遲寒巖下　偏訝最幽奇　携籃采山茹　挈籠摘果歸
서 지 한 암 하　편 아 최 유 기　휴 람 채 산 여　설 롱 적 과 귀

蔬齋敷茅坐　啜啄食紫芝　清沼濯瓢鉢　雜和煮稠稀
소 재 부 모 좌　철 탁 식 자 지　청 소 탁 표 발　잡 화 자 조 회

當陽擁裘坐　閑讀古人詩
당 양 옹 구 좌　한 독 고 인 시

아(訝): 의심할아. 람(籃): 바구니람. 여(茹): 먹을여. 설(挈): 손에들설.

롱(籠): 대그릇롱. 소(蔬): 채소소. 재(齋): 재계할재. 부(敷): 펼부.

모(茅): 띠모. 철(啜): 마실철. 탁(啄): 쫄탁. 탁(濯): 씻을탁.

표(瓢): 표주박표. 발(鉢): 바리때발. 자(煮): 삶을자. 조(稠): 빽빽할조.

희(稀): 드물희. 옹(擁): 안을옹. 구(裘): 가죽옷구.

---

251) 초년(齠年): 이를 가는 나이. 젖니가 빠지는 칠팔 세 정도를 이른다.

한암(寒巖) 아래 깃들어 사는데
그윽하고 기이하여 놀라네.
바구니를 가지고 산나물을 캐고
대그릇을 들고 과일을 따 돌아오네.
성근 집에서 풀을 깔고 앉아서
붉은 지초(芝草)를 씹어 먹네.
맑은 못에 표주박 발우를 씻고
갖은 나물에 마른 밥을 넣어 끓이네.
햇볕이 좋으면 누더기를 껴안고 앉아
한가히 옛 사람의 시(詩)를 읽는다.

275.

昔日經行處 今復七十年 故人無來往 埋在古冢間
석 일 경 행 처　금 부 칠 십 년　고 인 무 내 왕　매 재 고 총 간

余今頭已白 猶守片雲山 為報後來子 何不讀古言
여 금 두 이 백　유 수 편 운 산　위 보 후 래 자　하 부 독 고 언

매(埋): 묻을매. 총(冢): 무덤총. 유(猶): 오히려유.

옛 날 한가로이 거닐던 곳.
이제 다시 칠십년이네.
옛 사람들 오가는 이 없는데
옛 무덤 사이에 묻혀 있네.
나 지금 머리가 이미 세었는데
오히려 조각구름이 떠 있는 산을 지키네.

뒤에 오는 이에게 알리나니

어찌 옛 글을 읽지 않을 수 있겠는가?

276.

欲向東巖去 于今無量年 昨來攀葛上 半路困風煙
욕 향 동 암 거　우 금 무 량 년　작 래 반 갈 상　반 로 곤 풍 연

徑窄衣難進 苔黏履不前 住茲丹桂下 且枕白雲眠
경 착 의 난 진　태 점 이 부 전　주 자 단 계 하　차 침 백 운 면

반(攀): 잡을반. 경(徑): 지름길경. 착(窄): 좁을착. 점(黏): 찰질점.

이(履): 신이.

동암(東巖)을 향해 가고 싶은데

이제, 몇 해인지 헤아릴 수 없네.

지난번 칡넝쿨을 잡고 오르는데

반쯤 가는 길, 바람과 안개로 시달리네.

지름길 좁아 옷이 걸려 나가기 어렵고

이끼가 미끄러워 걷기가 불편하네.

여기 붉은 계수나무 아래 머물며

잠시 흰 구름을 베고 자려네.

277.

我見利智人 觀者便知意 不假尋文字 直入如來地
아 견 이 지 인　관 자 편 지 의　불 가 심 문 자　직 입 여 래 지

心不逐諸緣 意根不妄起 心意不生時 內外無餘事
심 불 축 제 연　의 근 불 망 기　심 의 불 생 시　내 외 무 여 사

내가 본 지혜로운 사람은

관(觀)하고 문득 뜻을 아네.

문자(文字)를 빌리지 않고

곧바로 여래지(如來地)252)에 드네.

마음은 여러 인연(因緣)을 쫓지 않나니

의식(意識)이 망령되게 일어나지 않네.

마음과 의식(意識)253)에서 '아무것도' 생기지 않을 때

안팎으로 남은 일이 없네.

278.

我今稽首禮 無上法中王 慈悲大喜捨 名稱滿十方
아 금 계 수 례　무 상 법 중 왕　자 비 대 희 사　명 칭 만 시 방

衆生作依怙 智慧身金剛 頂禮無所著 我師大法王
중 생 작 의 호　지 혜 신 금 강　정 례 무 소 착　아 사 대 법 왕

계(稽): 머무를계. 호(怙): 믿을호. 아버지의 이칭(異稱).

---

252) 여래지(如來地): 즉 바로 깨달으면 그 자리가 바로 여래지(如來地), 성불(成佛)이
며 돈오(頓悟)라 한다.

253) 의식(意識): 어떤 일, 현상(現象)·대상(對象) 등(等)을 생각이 미치어 대상(對象)으
로서 알거나 깨닫고 느끼는 것.

나 지금 머리 숙이고 예(禮)를 드리니

위없는 법(法)가운데 왕(王)이시여!

자비(慈悲)[254]로 크게 희사(喜捨)[255] 하시니

거룩한 이름 시방(十方)에 가득하네.

중생(衆生)들이 믿고 의지하나니

지혜(智慧)로운 몸, 금강(金剛) 이시여!

엎드려 예배(禮拜)[256] 드리며 걸리는바 없나니

나의 스승이신 대 법왕(法王) 이시여!

279.

君看葉裏花　能得幾時好　今日畏人攀　明朝待誰掃
군　간　엽　리　화　능　득　기　시　호　금　일　외　인　반　명　조　대　수　소

可憐嬌豔情　年多轉成老　將世比於花　紅顔豈長保
가　련　교　염　정　연　다　전　성　로　장　세　비　어　화　홍　안　기　장　보

엽(葉): 잎새엽. 외(畏): 두려워할외. 소(掃): 비로쓸소.

교(嬌): 아리따울교. 염(豔): 고울염.

그대 나뭇잎 속에 핀 꽃을 보라

능히 몇 시간을 곱게 있는가?

오늘은 사람들이 만질까 두렵지 만

내일 아침엔 누가 쓸지 기다리네.

---

254) 자비(慈悲): 사랑하고 불쌍히 여김.
255) 희사(喜捨): 기꺼이 재물 등을 내놓음. 신불(神佛)의 일로 재물 등을 기부함.
256) 정례(頂禮): 이마를 땅에 대고 가장 공경(恭敬)하는 뜻으로 하는 절.

애틋하고 아리따운 고은 정(情)도

해가 갈수록 늙어 간다네.

만약 세상을 이 꽃에 비교해보면

홍안(紅顏)을 어찌 오래 보존할 수 있겠는가?

280.

畫棟非吾宅 青林是我家 一生俄爾過 萬事莫言賖
화 동 비 오 택　청 림 시 아 가　일 생 아 이 과　만 사 막 언 사

濟渡不造筏 漂淪為采花 善根今未種 何日見生芽
제 도 부 조 벌　표 륜 위 채 화　선 근 금 미 종　하 일 견 생 아

아(俄): 갑자기아. 사(賖): 아득할사. 제(濟): 건널제. 도(渡): 건널도.

벌(筏): 뗏목벌. 표(漂): 떠돌표. 륜(淪): 물놀이륜. 아(芽): 싹아.

단청한 기둥은 내가 바라는 집이 아니고

푸른 숲, 여기가 나의 집이네.

일생(一生)이라야 훌쩍 지나가나니

온갖 일 아득하다 말하지 말라.

건널 수 있는 배를 만들지 않으면

꺾인 꽃처럼 물에 떠내려가게 되리니.

선근(善根)257)을 지금 심지 않으면

어느 날 싹이 트는 걸 보겠는가?

---

257) 선근(善根): 좋은 과보(果報)를 낳게 하는 착한 일.

281.

出生三十年　嘗游千萬里　行江青草合　入塞紅塵起
출생삼십년　상유천만리　행강청초합　입새홍진기

錬藥空求仙　讀書兼詠史　今日歸寒山　枕流兼洗耳
연약공구선　독서겸영사　금일귀한산　침류겸세이

연(錬): 달련할연. 영(詠): 읊을영. 침(枕): 베개침. 세(洗): 씻을세.

태어나서 삼십년

일찍이 천만리를 유람하였네.

푸른 풀에 엉키며 강을 거닐고

흙먼지 이는 요새에도 들었네.

단약(丹藥)을 제련(製鍊)하며 부질없이 신선을 구하고

글을 읽다가 사적(史籍)도 익혔네.

오늘 한산(寒山)으로 돌아와

개울을 베고 겸하여 귀를 씻었다오.

282.

寒山無漏巖　其巖甚濟要　八風吹不動　萬古人傳妙
한산무루암　기암심제요　팔풍취부동　만고인전묘

寂寂好安居　空空離譏誚　孤月夜長明　圓日常來照
적적호안거　공공이기초　고월야장명　원일상래조

虎丘兼虎谿　不用相呼召　世間有王傳　莫把同周召
호구겸호계　불용상호소　세간유왕부　막파동주소

我自遯寒巖　快活長歌笑
아자둔한암　쾌활장가소

루(漏): 샐루. 기(譏): 나무랄기. 초(誚): 꾸짖을초. 소(김): 부를소.

부(傅): 스승부. 파(把): 잡을파. 둔(遯): 달아날둔.

한산(寒山)의 무루(無漏)[258] 암(巖)이여!

그 암(巖)은 제도(濟度)에 몹시 필요하다네.

팔풍(八風)[259]이 불어도 움직이지 않는데

만고(萬古)에 사람들이 묘(妙)하다 전하네.

고요하니 안거(安居)[260]에 좋고

텅 비어 시달림에서 떠났네.

외로운 달이 긴 밤을 밝히고

둥근 해가 늘 찾아와 비추네.

호구(虎丘)[261]와 호계(虎谿)[262]를 겸했나니

---

258) 무루(無漏): 번뇌(煩惱)를 떠나 번뇌(煩惱)가 없음.

259) 팔풍(八風): 이(利)·쇠(衰)·훼(毁)·예(譽)·칭(稱)·기(譏)·고(苦)·락(樂)을 말한다.

260) 안거(安居): 인도의 승려가 우기 중, 행각탁발(行脚托鉢)을 그만 두고 사원(寺院) 안에서 좌선하는 것을 안거(安居)또는 우안거(雨安居), 하안(夏安居)라고 한다. 이는 불교가 전파된 국가에서도 우계(雨季)의 유무에 관계없이 행하여지며, 대부분은 4월 15일부터 7월 15일까지의 90일이었다. 이를 일하구순(一夏九旬)이라고 하여 각 교단이나 대사원에서 여러 가지 안거(安居)행사가 행하여졌다. 안거의 개시는 결하(結夏)라고 하고, 종료는 해하(解夏)라고 하는데, 해하일(解夏日)에는 많은 공양이 있으므로 승려는 만복할 때까지 먹는다. 이것이 승자자일(僧自恣日)로, 우란분회(盂蘭盆會)는 7월 15일에 자자(自恣)의 승려에게 백미(百味) 음식을 공양하는 날이다. 이 안거의 행사는 석존 성도(成道)의 다음해부터 입멸(入滅) 때까지 계속되었고, 그 뒤에도 불교 전승(傳承)의 모든 지역에서 행해지고, 한국에 있어서도 특히 참선·불교연구·정진·수양의 행사로서 겨울과 여름, 연(年) 2회 행해지고 있다. 여름 이외의 시기에 안거하는 형식으로 행하는 행사를 추안거(秋安居)·동안거(冬安居)라고도 한다.

261) 호구(虎丘): 춘추시대(春秋時代) 오왕(吳王) 합려(闔閭)가 묻힌 곳으로 유명하다. 양대(梁代)에 유명한 고승인 도생(道生)이 이곳에서 설법을 하자 돌들이 고개를 끄덕였다는 전설이 전해진다.

262) 호계(虎谿): 여산(廬山)에 있는 계곡. 동진(東晉)의 혜원(惠遠:334~416)스님이 여산에 들어간 지 삼십년, 손님을 전송할 때 한 번도 호계(虎谿) 밖으로 나온 적이

서로 불러다 쓰지 않아도 되네.

세상의 왕에게도 스승이 있었는데

주공(周公)과 소공(召公)[263]같이 될 수는 없네.

나 스스로 한암(寒巖)으로 피해 와

통쾌하여 길게 노래하며 웃는다오.

283.

沙門不持戒 道士不服藥 自古多少賢 盡在靑山脚
사 문 부 지 계　도 사 불 복 약　자 고 다 소 현　진 재 청 산 각

사문(沙門)[264]이 계(戒)를 지키든 않든

도사(道士)[265]가 단약(丹藥)을 복용했든 안했든

옛 부터 적잖은 어진 사람들

모두 청산(靑山) 기슭에 묻혔다네.

없었는데 도연명(陶淵明)과 육수정(陸修靜)을 전송하면서 이야기에 취해 호계를
나왔다 한다. 그래서 세 사람은 뒤를 돌아보며 크게 웃었다고 한다.

263) 주소(周召): 주공(周公)과 소공(召公). 주공(周公):중국 주(周) 나라 문왕(文王)의
아들, 무왕(武王)의 아우. 이름은 단(旦), 시호는 원(元). 문왕·무왕을 도와 주(紂)를
치고, 성왕(成王)을 도와 왕실(王室)의 기초를 세우고 제도와 예악을 정비하여, 주
나라의 문화 발전에 이바지한 바가 크다. 소공(召公):중국 주(周)의 정치가로서 전
국칠웅(戰國七雄)의 하나인 연(燕)의 시조(始祖) 이기도 하다. 주공(周公)과 함께
주(周)의 건국과 안정에 크게 기여하였다.

264) 사문(沙門): 부지런히 모든 좋은 일을 닦고 나쁜 일을 행(行)하지 않는 사람의
뜻으로, 머리를 깎고 불문(佛門)에 들어가 오로지 도(道)를 닦는 사람. 곧 출가(出
家)한 승려(僧侶)를 달리 이르는 말.

265) 도사(道士): 일반적인 의미로는 도의(道意)를 체득한 사람이나, 불도(佛道)를 닦
은 사람, 또는 속인(俗人)에 대하여 출세진인(出世眞人)의 뜻으로 쓰임. 특히 도교
(道敎)의 도인(道人)을 말하며 방사(方士)·선인(仙人) 등으로도 불림.

* 이편은 부득이 의역(意譯)을 하였다. 번역(飜譯) 하다 보면 이런 예
(例)가 있는데 부(不)와 지(持), 불(不)과 복(服)을 각각의 동사(動詞)로
번역하였다. 직역(直譯)은 아래와 같다.

사문(沙門)이 계(戒)를 지키지 않고
도사(道士)가 단약(丹藥)을 복용하지 않는다네.
옛 부터 적잖은 어진 사람들
모두 청산(靑山) 기슭에 묻혔다네.

* 수행(修行)과 단약(丹藥)에 관계없이 생사관(生死觀)이 잘 드러난 글
이다.

284.

有人笑我詩　我詩合典雅　不煩鄭氏箋　豈用毛公解
유 인 소 아 시　아 시 합 전 아　불 번 정 씨 전　기 용 모 공 해

不恨會人稀　秖爲知音寡　若遣趁宮商　余病莫能罷
불 한 회 인 회　지 위 지 음 과　약 견 진 궁 상　여 병 막 능 파

忽遇明眼人　即自流天下
홀 우 명 안 인　즉 자 유 천 하

전(箋): 글전. 과(寡): 적을과. 진(趁): 좇을진. 파(罷): 그칠파.

남들이 내 시(詩)를 비웃는데
내 시(詩)는 법도에 맞고 고상하다네.
정현(鄭玄)266)의 주석(註釋)으로 번거롭게 하지 않아도 되는데

어찌 모공(毛公)267)의 해설(解說)인들 쓰겠는가?

알아주는 이 드문 것은 원망하지 않는데

다만 지음(知音)268)이 적을 뿐이네.

만약 여기에 음률(音律)269)까지 쫓게 되면

너의 병은 능히 그칠 수 없으리라.

홀연히 눈 밝은 이를 만나면

곧 절로 천하(天下)에 유통(流通) 되리라.

285.

五言五百篇 七字七十九 三字二十一 都來六百首
오 언 오 백 편　칠 자 칠 십 구　삼 자 이 십 일　도 래 육 백 수

一例書巖石 自誇云好手 若能會我詩 眞是如來母
일 예 서 암 석　자 과 운 호 수　약 능 회 아 시　진 시 여 래 모

예(例): 법식예. 과(誇): 자랑할과.

다섯 글자로 지은 시(詩), 오백 편에

일곱 자로 지은 시(詩), 일흔아홉 편.

세 글자로 지은 시(詩), 스물한 수(首)로

---

266) 정현(鄭玄): 중국 후한(後漢) 말기의 대표적 유학자. 시종 재야(在野)학자로 지냈
　　다. 제자들에게는 물론 일반인들에게서도 훈고학·경학의 시조로 깊은 존경을 받았
　　다. 경학의 금문(今文)과 고문(古文) 외에 천문(天文)·역수(曆數)에 이르기까지 광
　　범한 지식욕의 소유자였다.
267) 모공(毛公): 주(周)나라 때의 인물.
268) 지음(知音): 옛날 중국의 춘추 시대에 백아(伯牙)와 종자기(鍾子期)의 우정(友情)
　　을 가리켜 "소리를 듣고 마음을 아는 친구"라는 뜻으로 '지음(知音)'이라 하였다.
269) 궁상(宮商): 오음(五音). 곧, 궁(宮)·상(商)·각(角)·치(徵)·우(羽) 가운데 궁(宮)과 상
　　(商)의 소리. 뜻이 바뀌어 음률(音律)을 이른다.

모두 육백(六百) 수(首)이네.

일례(一例)로 바위에 써서

스스로 뽐내기를 좋은 솜씨라 하네.

만약 능히 내 시(詩)를 알아보면

진실로 이는 여래(如來)의 어머니리라.

286.

余曾昔觀聰明士　博達英靈無比倫
여 증 석 도 총 명 사　박 달 영 령 무 비 륜

一選嘉名喧宇宙　五言詩句越諸人
일 선 가 명 훤 우 주　오 언 시 구 월 제 인

爲官治化超先輩　直爲無能繼後塵
위 관 치 화 초 선 배　직 위 무 능 계 후 진

忽然富貴貪財色　瓦解氷銷不可陳
홀 연 부 귀 탐 재 색　와 해 빙 소 불 가 진

도(觀): 볼도. 훤(喧): 떠들석할훤. 소(銷): 녹일소. 진(陳): 펼진.

내가 일찍이 총명한 선비를 보았는데

널리 통달한 영령(英靈)[270]으로 견줄 이 없네.

한 번 뽑힌 아름다운 이름, 세상에 떠들썩한데

오언(五言) 시구(詩句)는 뭇 사람을 뛰어났네.

---

270) 영령(英靈): 산천의 정기를 타고나 뛰어난 사람.

관리(官吏)로 다스림은 선배(先輩)를 초월(超越)하고
곧바로 뒤를 이을 후배(後輩)가 없네.
갑자기 부귀(富貴)해지니 재색(財色)을 탐하다가
기와 깨지듯 얼음이 녹듯, 펴지도 못하였네.

287.

貪愛有人求快活　不知禍在百年身
탐 애 유 인 구 쾌 활　부 지 화 재 백 년 신

但看陽燄浮漚水　便覺無常敗壞人
단 간 양 염 부 구 수　편 각 무 상 패 괴 인

丈夫志氣直如鐵　無曲心中道自眞
장 부 지 기 직 여 철　무 곡 심 중 도 자 진

行密節高霜下竹　方知不枉用心神
행 밀 절 고 상 하 죽　방 지 불 왕 용 심 신

염(燄): 불댕길염. 구(漚): 담글구. 괴(壞): 무너질괴. 상(霜): 서리상.
왕(枉): 굽을왕.

애욕을 탐하고 쾌락을 구하는 사람
화(禍)가 백년인 몸에 있음을 알지 못하네.
다만 아지랑이와 저 물거품을 보게나
문득 덧없이 무너질 인생임을 깨닫게 되리.
장부(丈夫)의 지기(志氣)는 곧기 무쇠와 같나니
굴곡이 없는 마음에 도(道)가 절로 참되네.
행실은 엄밀하고 절개가 높은 서리속의 대[竹]

바야흐로 굽히지 않은 심신(心神)의 작용임을 알게 되리라.

288.

汝謂埋頭癡兀兀　愛向無明羅刹窟
여 위 매 두 치 올 올　애 향 무 명 나 찰 굴

再三勸你早修行　是你頑癡心恍惚
재 삼 권 니 조 수 행　시 니 완 치 심 황 홀

不肯信受寒山語　轉轉倍加業汨汨
불 긍 신 수 한 산 어　전 전 배 가 업 골 골

直待斬首作兩段　方知自身奴賊物
직 대 참 수 작 양 단　방 지 자 신 노 적 물

매(埋): 묻을매. 찰(刹): 절찰. 니(你): 너니. 완(頑): 완고할완.

황(恍): 황홀할황. 홀(惚): 황홀할홀. 참(斬): 벨참. 골(汨): 빠질골.

머리를 파묻고 어리석음에 빠진 너에게 이르나니

무명(無明)의 나찰(羅刹) 굴로 향하는 구나.

재삼(再三) 너에게 권하나니, "어서 수행(修行)하라."고

이는 네가 어리석고 마음이 흐려서이네.

한산(寒山)의 말을 믿고 받아들이지 않으면

갈수록 업(業)에 휩쓸려 배가(倍加) 되나니.

곧바로 머리가 잘리고 몸이 두 토막 나야

비로소 자신이 천한 도적의 몸인 줄 알게 되리라.

289.

雲山疊疊連天碧　路僻林深無客遊
운 산 첩 첩 연 천 벽　노 벽 임 심 무 객 류

遠望孤蟾明皎皎　近聞群鳥語啾啾
원 망 고 섬 명 교 교　근 문 군 조 어 추 추

老夫獨坐棲靑嶂　少室閑居任白頭
노 부 독 좌 서 청 장　소 실 한 거 임 백 두

可歎往年與今日　無心還似水東流
가 탄 왕 년 여 금 일　무 심 환 사 수 동 류

첩(疊): 겹쳐질첩. 벽(僻): 후미질벽. 섬(蟾): 두꺼비섬. 추(啾): 소리추.

구름 산, 겹겹이 푸른 하늘에 닿았고

길은 후미지고 숲이 깊어 놀러오는 이 없네.

멀리 바라보이는 외로운 달271)이 휘영청 밝은데

가까이서 뭇 새들의 찍찍 노래 소리 들리네.

노부(老夫)는 홀로 푸른 산에 깃들어 사나니

작은 방에 한가히 살며 흰 머리 극적이네.

아! 왕년(往年)에서 오늘에 이르도록

무심(無心)하기 동(東)으로 흐르는 물 같다오.

---

271) 고섬(孤蟾): 외롭게 뜬 달.

290.

一住寒山萬事休　更無雜念掛心頭
일 주 한 산 만 사 휴　갱 무 잡 념 괘 심 두

閑於石壁題詩句　任運還同不繫舟
한 어 석 벽 제 시 구　임 운 환 동 불 계 주

괘(掛): 걸괘. 운(運): 돌운. 계(繫): 맬계.

한 번 한산(寒山)에 머물고 만사(萬事)를 쉬었나니
다시 잡념(雜念)이 마음에 걸리는 일 없네.
한가히 석벽(石壁)에 시구(詩句)를 쓰는데
운수에 맡겨 매이지 않은 배와 같다네.

291.

余見僧繇性希奇　巧妙間生梁朝時
여 견 승 요 성 희 기　교 묘 간 생 양 조 시

道子飄然爲殊特　二公善繪手毫揮
도 자 표 연 위 수 특　이 공 선 회 수 호 휘

逞畫圖眞意氣異　龍行鬼走神巍巍
영 화 도 진 의 기 리　용 행 귀 주 신 외 외

饒貌虛空寫塵跡　無因畫得志公師
요 모 허 공 사 진 적　무 인 화 득 지 공 사

요(繇): 역사요. 표(飄): 회오리바람표. 회(繪): 그림회. 호(毫): 붓호.
휘(揮): 휘두를휘. 영(逞): 굳셀영. 외(巍): 높을외. 요(饒): 넉넉할요.
모(貌): 모양모.

내가 본 장승요(張僧繇)272)는 성정(性情)이 기이한데
교묘한 솜씨 양(梁)의 연간 양무제(陽武帝) 때이네.
오도자(吳道子)273)도 홀연히 나타나 남달랐는데
이공(二公)의 훌륭한 솜씨 거침없네.
벽화와 금교도(金橋圖)에 어진(御眞)도 의기(意氣)가 기이한데
용(龍)과 귀신이 달리듯 신기(神氣)가 뛰어났네.
허공(虛空)의 본을 뜨고 티끌 자취까지 그렸는데
지공사(志公師)의 모습은 끝내 그릴 수 없었다네.

---

272) 승요(僧繇): 중국화가(中國畵家) 장승요(張僧繇), 금령 안악사 4면 벽에 그가 그린
   네 마리 흰 용이 모두 눈동자가 없는지라 보던 사람이 이상히 여겨 그 연고를
   물으니 말하기를 눈동자를 그리면 모두 날아가 버린다고 대답하자, 사람들이 허풍
   이라고 비웃자 정말로 눈동자를 찍자 과연 벼락 치는 소리가 나면서 벽이 갈라지
   더니 두 마리 용이 구름타고 날아가 버리고 눈동자를 찍지 않은 두 마리 용만
   남았다한다.

273) 도자(道子): 당(唐)의 오도자(吳道子)에 이르러 인도의 영향에서 완전히 벗어나
   중국의 불상풍격을 형성하였다. 도석인물화(道釋人物畵)에 능했던 오도자는 멀리
   는 인도와 서역에서 들어온 음영법(陰影法)을 받아들여 요철화(凹凸花)라는 색면
   (色面)에 의한 입체(立體) 표현(表現)을 한 장승요(張僧繇)를 배우고 가까이는 도석
   화(道釋畵)의 명수(名手), 장효사(張孝師)를 배워 필적(筆跡)이 뇌락(磊落)하고 기
   상(氣象)이 웅준(雄俊)하였다. 오도자는 벽화에 능해 722년 낙양(洛陽)과 장안(長
   安)의 여러 사찰 3백여 칸에 일장월장경변(日藏月藏經變)이라는 벽화(壁畵)와 금교
   도(金橋圖)를 그렸다. 오도자가 742년 현종의 명을 받아 가릉강(嘉陵江) 3백 여리
   의 경치를 대동전(大同殿)에 하루 만에 그리니 "이사훈(李思訓)이 오도자(吳道子)
   하루의 필적"이라 하였다.

292.

久住寒山凡幾秋　獨吟歌曲絶無憂
구 주 한 산 범 기 추　독 음 가 곡 절 무 우

蓬扉不掩常幽寂　泉涌甘漿長自流
봉 비 불 엄 상 유 적　천 용 감 장 장 자 류

石室地爐砂鼎沸　松黃柏茗乳香甌
석 실 지 로 사 정 비　송 황 백 명 유 향 구

飢餐一粒伽陀藥　心地調和倚石頭
기 찬 일 립 가 다 약　심 지 조 화 의 석 두

비(扉): 문짝비. 엄(掩): 가릴엄. 장(漿): 미음장. 비(沸): 끓을비.

백(柏): 측백나무백. 명(茗): 차싹명. 구(甌): 사발구. 기(飢): 주릴기.

찬(餐): 먹을찬. 립(粒): 알립. 가(伽): 절가.

오래 한산에 사는데 무릇 몇 해이던가?

홀로 가곡(歌曲)을 읊으며 시름을 끊네.

쑥대 사립문 닫지 않은 채, 늘 그윽하고 고요한데

샘에서 솟는 단 장맛은 오랫동안 절로 흐르네.

돌집의 질화로에 모래 솥274)이 끓는데

송화(松花) 가루와 잣나무 싹에 유향(乳香)275) 사발이네.

배고프면 한 알의 아가다(阿伽陀) 약276)을 먹나니

마음의 조화를 이루며 바위에 기대네.

---

274) 사정(砂鼎): 신선(神仙)이 선약(仙藥)을 달일 때 쓰는 솥.

275) 유향(乳香): 감람과의 열대(熱帶) 식물(植物)인 유향수의 분비액(分泌液)을 말려
    만든 수지(樹脂).

276) 가다약(伽陀藥): 아가다약(阿伽陀藥)의 줄임말로 온갖 병을 고친다는 불로불사
    (不老不死)의 영약(靈藥)으로 강력한 해독(解毒) 작용으로 모든 번뇌를 없애는 영
    묘(靈妙)한 힘이 있다고 전한다.

293.

千生萬死何時已　生死來去轉迷盲
천 생 만 사 하 시 이　생 사 래 거 전 미 맹

不識心中無價寶　猶似盲驢信脚行
불 식 심 중 무 가 보　유 사 맹 려 신 각 행

려(驢): 나귀려. 각(脚): 다리각.

무수히 태어났다 죽는데, 어느 때 그칠 것인가?
태어나고 죽는 오고감이, 미혹에 멀어 구르네.
마음속의 값없는 보배를 알지 못하고
마치 눈먼 망아지의 발을 믿고 가는 듯하네.

294.

老病殘年百有餘　面黃頭白好山居
노 병 잔 년 백 유 여　면 황 두 백 호 산 거

布裘擁質隨緣過　豈羨人間巧樣模
포 구 옹 질 수 연 과　기 선 인 간 교 양 모

心神用盡爲名利　百種貪婪進己軀
심 신 용 진 위 명 리　백 종 탐 람 진 기 구

浮生幻化如燈燼　冢內埋身是有無
부 생 환 화 여 등 신　총 내 매 신 시 유 무

옹(擁): 안을옹. 선(羨): 부러워할선. 양(樣): 모양양. 모(模): 법모.
람(婪): 탐할람. 신(燼): 깜부기불신.

늙고 병들며 누리는 해 백년 남짓인데

누런 얼굴에 흰 머리로 산을 좋아해 사네.

베옷으로 몸을 싸고 인연 따라 지내나니

어찌 인간이 교묘하게 꾸민 본을 부러워하겠는가?

마음과 정신은 명리(名利)를 위해 매달리고

온갖 탐욕277)으로 몸을 위해 애쓴다네.

부질없는 인생, 타버린 등불 심지278) 같나니

무덤에 몸을 묻히고 나면, 있는 것인가, 없는 것인가?

295.

世間何事最堪嗟　盡是三途造罪楂
세 간 하 사 최 감 차　진 시 삼 도 조 죄 사

不學白雲巖下客　一條寒衲是生涯
불 학 백 운 암 하 객　일 조 한 납 시 생 애

秋到任他林落葉　春來從你樹開花
추 도 임 타 임 낙 엽　춘 래 종 니 수 개 화

三界橫眠閑無事　明月淸風是我家
삼 계 횡 면 한 무 사　명 월 청 풍 시 아 가

감(堪): 견딜감. 차(嗟): 탄식할차. 사(楂): 뗏목사. 납(衲): 기울납.

세상에서 어떤 일이 가장 슬프다던가?

이는 삼도(三途)로 가는 죄를 짓는 것이네.

---

277) 탐람(貪婪): 매우 탐욕스러운 것.
278) 등신(燈燼): 등불이 타다 남은 찌꺼기.

배우지 못한 채 흰 구름 속 바위아래 나그네
한 가닥 찬 누더기가 나의 생애(生涯)라네.
가을이 오면 저 숲이야, 잎이 떨어지는 대로 맡기고
봄이 오면 이 나무들, 꽃이 피는 대로 따르네.
삼계(三界)를 베고 자나니, 한가하여 일이 없는데
밝은 달과 맑은 바람, 예가 나의 집이네.

296.

昔年曾到大海遊 爲采摩尼誓懇求
석 년 증 도 대 해 유   위 채 마 니 서 간 구

直到龍宮深密處 金關鎖斷主神愁
직 도 용 궁 심 밀 처   금 관 쇄 단 주 신 수

龍王守護安耳裏 劍客星揮無處搜
용 왕 수 호 안 이 리   검 객 성 휘 무 처 수

賈客却歸門內去 明珠元在我心頭
가 객 각 귀 문 내 거   명 주 원 재 아 심 두

마(摩): 문지를마. 서(誓): 맹세할서. 간(懇): 정성간. 쇄(鎖): 쇠사슬쇄.
휘(揮): 휘두를휘. 수(搜): 찾을수. 가(賈): 값가.

옛날 일찍이 큰 바다를 유람하며
마니(摩尼)279)를 캐기 위해 간절히 구하고자 맹세하였네.
곧바로 용궁(龍宮)의 비밀스러운 곳에 이르니

---

279) 마니(摩尼): 주(珠)·보(寶)·여의(如意)라 번역(飜譯)함.

관문의 자물쇠가 끊기자 주신(主神)이 걱정하네.

용왕(龍王)은 귓속에 수호(守護)하고 있는데

검객(劍客)이 번쩍 휘둘러도 찾을 수 없네.

장사꾼이 갑자기 문 안으로 돌아가는데

명주(明珠)280)야! 원래 내 마음에 있는 것을...

297.

眾星羅列夜明深　巖點孤燈月未沉
중 성 나 열 야 명 심　암 점 고 등 월 미 침

圓滿光華不磨瑩　掛在青天是我心
원 만 광 화 불 마 형　괘 재 청 천 시 아 심

점(點): 점점. 침(沉): 빠질침. 형(瑩): 밝을형.

뭇 별이 수놓은 밤, 깊어 가는데

바위에 외로운 등, 달 지지 않누나.

원만한 빛, 마멸(磨滅)281) 되지 않는 빛이나니

청천(靑天)에 걸린 이내 마음인 것을...

---

280) 명주(明珠): 산스크리트어 maṇi-ratna 자성(自性).

281) 불마(不磨): 부서져서 없어지지 아니함. 마멸(磨滅)되지 아니함.

298.

千年石上古人蹤　萬丈巖前一點空
천 년 석 상 고 인 종 　 만 장 암 전 일 점 공

明月照時常皎潔　不勞尋討問西東
명 월 조 시 상 교 결 　 불 로 심 토 문 서 동

종(蹤): 자취종. 교(皎): 밝을교. 결(潔): 깨끗할결. 토(討): 칠토.

천년 반석 위에 옛 사람의 자취

만 길 바위 앞에 한 점의 허공.

밝은 달이 비출 때, 늘 밝고 깨끗하나니

동서(東西)를 묻고 찾는데 수고할 게 뭐 있나.

* 이미 옛 사람의 발자취와 한 점의 허공, 다시 밝은 달이 교교(皎皎)히
비추나니 다시 도(道)를 찾아 동(東)으로 서(西)로 물을 것이 있겠는가?

299.

寒山頂上月輪孤　照見晴空一物無
한 산 정 상 월 륜 고 　 조 견 청 공 일 물 무

可貴天然無價寶　埋在五陰溺身軀
가 귀 천 연 무 가 보 　 매 재 오 음 익 신 구

청(晴): 갤청. 익(溺): 빠질익. 구(軀): 몸구.

한산(寒山)의 산마루에 달뜨고

맑은 하늘 비추어 봐도 한 물건도 없네.

귀(貴)하다, 천연(天然)의 값을 매길 수 없는 보배여!
오음(五陰)에 묻혀 온몸이 허우적거리네.

300.

我向前谿照碧流　或向巖邊坐盤石
아 향 전 계 조 벽 류　혹 향 암 변 좌 반 석

心似孤雲無所依　悠悠世事何須覓
심 사 고 운 무 소 의　유 유 세 사 하 수 멱

반(盤): 소반반. 멱(覓): 찾을멱.

나는 앞개울의 푸른 물에 비춰도 보고
간혹 바위 너덜로 나가 반석(盤石)에 앉네.
마음은 외로운 구름 같아서 의지하는 바 없나니
아득한 세상 일, 어찌 꼭 찾을 것이 있겠는가?

301.

我家本住在寒山　石巖棲息離煩緣
아 가 본 주 재 한 산　석 암 서 식 이 번 연

泯時萬象無痕跡　舒處周流徧大千
민 시 만 상 무 혼 적　서 처 주 류 편 대 천

光影騰輝照心地　無有一法當現前
광 영 등 휘 조 심 지　무 유 일 법 당 현 전

方知摩尼一顆珠　解用無方處處圓
방 지 마 니 일 과 주　해 용 무 방 처 처 원

민(泯): 망할민. 흔(痕): 흉터흔. 적(跡): 자취적. 서(舒): 펼서.

편(徧): 두루편. 등(騰): 오를등. 휘(輝): 빛날휘. 과(顆): 낟알과.

나의 집은 본래 한산에 있나니

바위에 깃든 삶이라 번거로운 인연 떠났네.

소멸했을 때는 만상(萬象)에 흔적(痕跡)도 없는데

'이것'이 두루 펴면 대천세계(大千世界)[282]에 두루 미치네.

빛이 찬란히 빛나며 심지(心地)를 비추나니

한 법도 그 앞에 나타나지 않네.

바야흐로 알리라, 마니(摩尼) 한 알의 구슬!

작용하면 처처(處處)에 미치지 않는 곳이 없음을...

302.

世人何事可吁嗟　苦樂交煎勿底涯
세 인 하 사 가 우 차　고 락 교 전 물 저 액

生死往來多少劫　東西南北是誰家
생 사 왕 래 다 소 겁　동 서 남 북 시 수 가

張王李趙權時姓　六道三途事似麻
장 왕 이 조 권 시 성　육 도 삼 도 사 사 마

秖爲主人不了絶　遂招遷謝逐迷邪
지 위 주 인 불 요 절　수 초 천 사 축 미 사

우(吁): 탄식할우. 차(嗟): 탄식할차. 전(煎): 달일전. 애(涯): 물가애.

---

282) 대천세계(大千世界): 불교의 세계관에서 삼천세계(三千世界)의 셋째로, 십억(十億) 국토(國土)를 이름, 곧 중천세계(中千世界)의 천 갑절이 되는 세계(世界).

도(途): 길 도. 천(遷): 옮길 천. 축(逐): 쫓을 축. 사(邪): 간사할 사.

세상 사람들 무슨 일로 탄식하던가?

괴로움과 즐거움이 번갈아 볶으며 밑도 끝도 없다네.

나고 죽으며 가고 오는 적지 않은 겁(劫)

동서남북(東西南北), 이 누구의 집이던가?

장·왕·이·조(張王李趙), 권(權)은 태어날 때 성(姓)이요

육도(六道)와 삼도(三途)에 사건들이 삼실처럼 얽혔네.

다만 주인공(主人公)을 제대로 깨닫지 못하면

드디어 윤회(輪迴)283)를 부르고 미혹(迷惑)에 쫓기리라.

303.

余家本住在天台　雲路煙深絶客來
여 가 본 주 재 천 태　운 로 연 심 절 객 래

千仞巖巒深可遯　萬重谿澗石樓臺
천 인 암 만 심 가 둔　만 중 계 간 석 루 대

樺巾木屐沿流步　布裘藜杖繞山廻
화 건 목 극 연 류 보　포 구 여 장 요 산 회

自覺浮生幻化事　逍遙快樂實善哉
자 각 부 생 환 화 사　소 요 쾌 락 실 선 재

만(巒): 뫼 만. 둔(遯): 달아날 둔. 화(樺): 자작나무 화. 극(屐): 나막신 극.

구(裘): 가죽옷 구. 연(沿): 따를 연. 여(藜): 명아주 여. 요(繞): 두를 요.

소(逍): 거닐소. 요(遙): 멀요.

내 집이 본래 천태 산에 있는데
구름길은 안개가 자욱해 손님이 끊겼네.
천 길 바위산은 깊어서 숨을 만하고
만 겹 골짜기마다 돌 누대(樓臺)이네.
화건(樺巾)[284]에 나막신으로 물가를 거닐며
베옷에 명아주 지팡이로 산을 돌아 오르네.
스스로 덧없는 인생 꼭두각시임을 깨닫고
느긋하니 통쾌해 하며 실로 푹 빠져 있다네.

304.

丹丘迥聳與雲齊　空裏五峯遙望低
단 구 형 용 여 운 제　공 리 오 봉 요 망 저

雁塔高排出青嶂　禪林古殿入虹蜺
안 탑 고 배 출 청 장　선 림 고 전 입 홍 예

風揺松葉赤城秀　霧吐中巖仙路迷
풍 요 송 엽 적 성 수　무 토 중 암 선 로 미

碧落千山萬仞現　藤蘿相接次連谿
벽 락 천 산 만 인 현　등 라 상 접 차 연 계

형(迥): 멀형. 용(聳): 솟을용. 제(齊): 가즈런할제. 탑(塔): 탑탑.

배(排): 밀칠배. 홍(虹): 무지개홍. 예(蜺): 무지개예. 무(霧): 안개무.

---

284) 화건(樺巾): 자작나무 껍질로 만든 두건.

토(吐): 토할토. 인(仞): 길인. 등(藤): 등나무등. 라(蘿): 칡라.

접(接): 사귈접.

단구(丹丘)가 멀리 솟아 구름과 나란히 있는데

허공에서 오봉(五峯)을 멀리 내려다보네.

안탑(雁塔)[285]은 높이 푸른 산을 헤치며 나타나고

선림(禪林)[286]의 옛 전각(殿閣)은 무지개 속에 들었네.

바람이 송엽(松葉)을 흔들자 적성(赤城)이 빼어난데

안개 토해낸 중암(中巖)은 선로(仙路)가 희미하네.

허공에 천산(千山), 만 길 벼랑이 나타나고

등나무와 칠 넝쿨이 서로 엉키어 차례로 개울을 이어가네.

305.

自從到此天台境 經今早度幾冬春
자 종 도 차 천 태 경　경 금 조 도 기 동 춘

山水不移人自老 見却多少後生人
산 수 불 이 인 자 로　견 각 다 소 후 생 인

견각(見却): 남에게 거절(拒絶)을 당(當)함.

스스로 여기 천태(天台)의 경계에 이르러서

지금껏 일찍이 몇 번의 겨울과 봄을 겪었던가?

---

285) 안탑(雁塔): 당대(唐代) 현장법사를 위해 세운 탑으로 서안(西安)의 자은사(慈恩
　寺) 안에 있음. 이것을 대안탑(大雁塔)이라 부르고 천복사(薦福寺)에 있는 것을 소
　안탑(小雁塔)이라고 함. 사찰(寺刹)에 있는 탑을 이름.
286) 선림(禪林): 선종(禪宗)의 사원(寺院).

산수(山水)는 변치 않건만 사람은 절로 늙나니

적지 않은 뒷사람들이 '내가 걸어온 길'을 물리치리라.

* 아래 시는 판본에 따라 있는 본도 있고 없는 본도 있다.

판본 습득시와 유통 본 366편에 실린 一行의 境은 寺로, 二行의 度는

근로 두 글자만 달라서 중복으로 간주하였다.

*自從到此天台寺 經今早已幾冬春
　자종도차천태사　경금조이기동춘

山水不移人自老 見却多少後生人
　산수불이인자로　견각다소후생인

*　삼자(三字)

306.

寒山道 無人到 若能行 稱十號
한산도 무인도 약능행 칭십호

有蟬鳴 無鴉噪 黃葉落 白雲掃
유선명 무아조 황엽락 백운소

石磊磊 山隩隩 我獨居 名善導
석뇌뢰 산오오 아독거 명선도

子細看 何相好
자세간 하상호

　선(蟬): 매미선. 아(鴉): 까마귀아. 조(噪): 떠들석할조.

　뇌(磊): 돌무더기뇌. 오(隩): 굽이오. 도(導): 이끌도.

한산(寒山) 길

이르는 사람 없나니

만약 능히 가게 되면

십호(十號)287)로 일컬어지리라.

매미 우는 소리 들리고

까마귀 소리는 없노라.

낙엽 지면

흰 구름이 쓰노라.

돌무더기 무더기에

산은 굽이굽이.

나 홀로 사나니

선도(善導)라 명(名)하리.

자세히 보게나

어떤 상호(相好)288) 되는지?

307.

寒山寒 氷鎖石 藏山靑 現雪白
한 산 한 빙 쇄 석 장 산 청 현 설 백

日出照 一時釋 從玆暖 養老客
일 출 조 일 시 석 종 자 난 양 노 객

---

287) 십호(十號): 부처의 공덕(功德)을 기리는 열 가지 이름. 곧 여래(如來), 응공(應供),
    정변지(正遍知), 명행족(明行足), 선서(善逝), 세간해(世間解), 무상사(無上士), 조어
    장부(調御丈夫), 천인사(天人師), 불세존(佛世尊)을 이름.
288) 상호(相好): 불타가 태어나면서부터 갖추고 있다는 신체상의 특상. 그중 옛 부터
    말하여 온 특히 중요한 것이 32상(相)인데 이것에 준하는 2차적인 것이 80종호(種
    好)이고 합 하여 상호(相好)라 한다.

쇄(鎖): 쇠사슬쇄. 석(釋): 풀석. 난(暖): 따뜻할난.

한산(寒山)은 추워서
돌을 얼리고 잠그네.
산을 푸르게 감추고
눈이 하얗게 나타나네.
해가 떠서 비추니
일시(一時)에 녹이네.
이를 좇아 따뜻하나니
늙은 나그네 기르네.

308.

我居山 勿人識 白雲中 常寂寂
아 거 산 물 인 식 백 운 중 상 전 적

내가 사는 산
아무도 모르네.
흰 구름 속
늘 고요해.

309.

寒山深 稱我心 純白石 勿黃金
한 산 심　칭 아 심　순 백 석　물 황 금

泉聲響 撫伯琴 有子期 辨此音
천 성 향　무 백 금　유 자 기　판 차 음

향(響): 울림향. 무(撫): 어루만질무. 백(伯): 맏백. 판(辨): 힘쓸판.

한산(寒山)은 깊나니

내 마음이라 일컬으리.

순(純) 백석(白石)으로

황금(黃金)이 아니네.

샘물 소리 울리며

백아(伯牙)의 거문고289)를 뜯나니.

자기(自期)290)가 있어

이 소리 알아주네.

310.

重巖中 足淸風 扇不搖 涼氣通
중 암 중　족 청 풍　선 불 요　양 기 통

明月照 白雲籠 獨自坐 一老翁
명 월 조　백 운 롱　독 자 좌　일 노 옹

---

289) 백금(伯琴): 중국 춘추시대(春秋時代) 백아(伯牙)의 거문고.
290) 자기(子期): 종자기(鍾子期). 백아(伯牙)는 춘추시대(春秋時代) 거문고의 명수(名手)로 그 의 벗인 종자기는 백아가 타는 거문고 곡조를 가장 잘 알아주었다. 그러다가 종자기가 죽자 백아는 거문고를 부수고 줄을 끊었다함. 이를 절현(絶絃)이라 함.

선(扇): 부채선. 요(搖): 흔들릴요. 롱(籠): 대그릇롱. 옹(翁): 늙은이옹.

중암(重巖) 가운데

맑은 바람 족(足)하네.

부채를 부치지 않아도

서늘하고 시원한 바람 통하네.

밝은 달이 비추고

흰 구름 뭉게뭉게.

홀로 스스로 앉아 있나니

'한산(寒山)'한 늙은이라네.

311.

寒山子 長如是 獨自居 不生死
한 산 자 장 여 시 독 자 거 불 생 사

한산자(寒山子)여!

늘 이와 같네.

홀로 스스로 사나니

생사(生死)에 매이지 않네.

한산시종(寒山詩終)

풍간선사록

豊干禪師錄

道者豊干　未窮根裔　古老見之
도 자 풍 간　미 궁 근 예　고 로 견 지

居于天台山國清寺　剪髮齊眉
거 우 천 태 산 국 청 사　전 발 제 미

毨裘擁質　緇素問掬　乃云隨時
취 구 옹 질　치 소 문 국　내 운 수 시

貌悴昂藏　恢端七尺　唯攻舂米供僧
모 췌 앙 장　회 단 칠 척　유 공 용 미 공 승

夜則扃房　吟詠自樂　郡縣諳知
야 즉 경 방　음 영 자 라　군 현 암 지

咸謂風僧　或發一言　異於常流
함 위 풍 승　혹 발 일 언　이 어 상 류

忽爾一日　騎虎松徑　來入國清
홀 이 일 일　기 호 송 경　내 입 국 청

巡廊唱道　衆皆驚訝怕懼　怛然並欽其德
순 랑 창 도　중 개 경 아 파 구　달 연 병 흠 기 덕

昔京輦與胤救疾 到任丹丘
석 경 련 여 윤 구 질　도 임 단 구

跡無追訪 賢人隱遯 示化東甌 唯於房中
적 무 추 방　현 인 은 둔　시 화 동 구　유 어 방 중

壁上書曰
벽 상 서 왈

　　풍간선사291)는 그 뿌리와 후손에 대하여 알 수 없고 옛 노인들
이 보면 천태산 국청사에 살았는데 흰 눈썹에 모피(毛皮)를 감싸고
지내서 승속(僧俗)이 묻곤 하였다. 이르자면 때에 모습은 초췌하였
으나 기상이 늠름하고 화통하였으며 신장이 칠 척(七尺)인데 오직
쌀 방아를 찧어 스님들을 공양(供養)하였다. 밤에는 방문에 빗장을
걸고 시를 읊거나 노래하며 스스로 즐기는데 고을에서 알고 모두
괴짜 스님이라 일렀는데 혹 한마디 하면 보통 사람과 달랐다. 홀연
히 하루는 솔밭에서 호랑이를 타고 국청사로 들어와 낭하(廊下)를
돌며 노래하여 대중이 모두 깜짝 놀라 두려워하였으며 아울러 그
의 덕을 공경하게 되었다. 옛날 경련(京輦)292)에서 여구윤(閭丘胤)
의 병을 치료하였는데 여구윤이 단구(丹丘)에 부임하여 찾았으나
풍간(豊干)의 자취를 찾을 수 없었다. 현인(賢人)이 은둔(隱遯)하여
동구(東甌)293)에서 천화(遷化)하였는데 오직 방안의 벽(壁)위에 글
을 남겼다. 가로되...

---

291) 풍간(豊干): 풍간(豊干)은 당나라 태종 때 살았던 전설적인 인물. 한산(寒山)과
　　습득(拾得)의 은사였는데 이들은 풍간(豊干)선사와 함께 절강 성에 있는 천태산(天
　　台山) 국청사(國淸寺)에 살았다. 세상에는 이들을 국청사에 숨어 사는 세 사람, 즉
　　삼은(三隱), 세 성자(聖者)라는 뜻에서 국청삼은(國淸三隱)이라고 부르고 이들의
　　시(詩)를 한데 모은 한산시집(寒山詩集)을 삼은시집(三隱詩集)이라 한다.
292) 경련(京輦): 서울.
293) 동구(東甌): 중국 저장성 온주(溫州)의 옛 이름.

예(裔): 후손예. 전(剪): 자를전. 취(毳): 솜털취. 옹(擁): 안을옹.

치(緇): 승복치. 국(掬): 움킬국. 앙(昂): 오를앙. 췌(悴): 파리할췌.

회(恢): 넓을회. 용(舂): 방아찧을용. 경(扃): 빗장경.

암(諳): 알암. 기(騎): 말탈기. 경(徑): 지름길경. 낭(廊): 복도낭.

아(訝): 놀랄아. 파(怕): 두려워할파. 구(懼): 두려워할구.

달(怛): 슬플달. 흠(欽): 공경할흠. 윤(胤): 이을윤. 구(甌): 사발구.

001.

余自來天台 凡經幾萬廻 一身如雲水 悠悠任去來
여 자 래 천 태　범 경 기 만 회　일 신 여 운 수　유 유 임 거 래

逍遙絶無鬧 忘機隆佛道 世途岐路心 衆生多煩惱
소 요 절 무 료　망 기 융 불 도　세 도 기 로 심　중 생 다 번 뇌

료(鬧): 시끄러울료.

내가 천태(天台)에 온 이래

무릇 몇 만회 지났던가?

이 한 몸 구름과 물 같나니

느긋하게 오 가는대로 맡기리라.

자적(自適)하며 고요히

만기(萬機)를 잊고 불도(佛道)를 따르네.

세상길, 갈림길에 선 마음인데

중생(衆生)의 번뇌(煩惱)만 많아지네.

002.

兀兀沈浪海 漂漂轉三界 可惜一靈物 無始被境埋
올 올 침 낭 해　표 표 전 삼 계　가 석 일 영 물　무 시 피 경 매

電光瞥然起 生死紛塵埃
전 광 별 연 기　생 사 분 진 애

별(瞥): 언뜻볼별. 애(埃): 티끌애.

우두커니 파도에 잠기고
둥둥 떠서 삼계(三界)를 윤회(輪廻) 하네.
아깝다, 하나의 신령(神靈)한 물건이여!
무시(無始)로 경계(境界)에 묻혀 있으니.
번개 빛이 갑자기 일어나면
삶과 죽음이 티끌처럼 어지러우리.

003.

寒山特相訪 拾得罕期來 論心話明月 太虛廓無礙
한 산 특 상 방　습 득 한 기 래　논 심 화 명 월　태 허 확 무 애

法界即無邊 一法普徧該
법 계 즉 무 변　일 법 보 편 해

한(罕): 드물한. 애(礙): 꺼리낄애. 보(普): 널리보. 해(該): 갖출해.

한산(寒山)은 특별히 서로 찾아가고
습득(拾得)이 드물게 찾아주네.
달빛아래 마음을 터놓고 이야기 하는데

허공처럼 탁 트여 걸림이 없네.

법계(法界)는 곧 끝이 없나니

한 법(法)이 두루 널리 갖추었노라.

004.

本來無一物 亦無塵可拂 若能了達此 不用坐兀兀

본 래 무 일 물　역 무 진 가 불　약 능 요 달 차　불 용 좌 올 올

불(拂):떨어낼불.

본래 한 물건도 없나니

또한 떨쳐야 할 티끌도 없노라.

만약 능히 이 뜻을 깨달으면

꼿꼿이 앉아 힘쓰지 않아도 되느니라.

습득록
拾得錄

豊干禪師 寒山拾得者 在唐太宗貞觀年中
풍 간 선 사　한 산 습 득 자　재 당 태 종 정 관 연 중

相次垂跡於國淸寺 拾得者
상 차 수 적 어 국 청 사　습 득 자

豊干禪師 因遊松徑 徐步於赤城道路側
풍 간 선 사　인 유 송 경　서 보 어 적 성 도 로 측

偶而聞啼 乃尋其由 見一子
우 이 문 제　내 심 기 유　견 일 자

可言十歲 初謂彼村牧牛之子
가 언 십 세　초 위 피 촌 목 우 지 자

委問逗遛云 我無舍無姓 遂引至寺
위 문 두 류 운　아 무 사 무 성　수 인 지 사

付庫院 候人來認 數旬之間 絶其親鞫
부 고 원　후 인 내 인　수 순 지 간　절 기 친 국

乃令事知庫僧靈熠 經于三祀
내 령 사 지 고 승 영 습　경 우 삼 사

頗會人言 令知食堂 香燈供養
파 회 인 언 　 영 지 식 당 　 향 등 공 양

忽於一日 與像對坐 佛盤同餐
홀 어 일 일 　 여 상 대 좌 　 불 반 동 찬

復于聖僧前云 小果之位 喃喃呵俚而言傷哉
부 우 성 승 전 운 　 소 과 지 위 　 남 남 가 리 이 언 상 재

熠謂老宿等 此子心風
습 위 노 숙 등 　 차 자 심 풍

無令下供 乃令廚內 洗濾器物
무 령 하 공 　 내 령 주 내 　 세 려 기 물

每澄食滓而以筒盛 寒山子來
매 징 식 재 이 이 통 성 　 한 산 자 래

負之而去 或發一言 我有一珠
부 지 이 거 　 혹 발 일 언 　 아 유 일 주

埋在陰中 無人別者 衆謂癡子
매 재 음 중 　 무 인 별 자 　 중 위 치 자

寺內山王 僧常參奉 及下供養
사 내 산 왕 　 승 상 참 봉 　 급 하 공 양

香燈等務食物 多被烏所耗 忽一夜
향 등 등 무 식 물 　 다 피 오 소 모 　 홀 일 야

僧衆同夢見山王云 拾得打我瞋云
승 중 동 몽 견 산 왕 운 　 습 득 타 아 진 운

汝是神道 守護伽藍 更受沙門
여 시 신 도 　 수 호 가 람 　 갱 수 사 문

參奉供養 旣有靈驗 何以食被烏殘
참 봉 공 양 　 기 유 영 험 　 하 이 식 피 오 잔

今後不要 僧參奉供養 至旦僧衆
금 후 불 요 　 승 참 봉 공 양 　 지 단 승 중

上堂 各說所夢 皆無一差 靈熠亦然
상당 각설소몽 개무일차 영습역연

喧喧未止 熠下供養 忽見山王
훤훤미지 습하공양 홀견산왕

身上而有杖痕所損 熠乃報衆 衆皆奔看
신상이유장흔소손 습내보중 중개분간

各云 夜夢斯事 乃知拾得
각운 야몽사사 내지습득

不是凡間之子 一寺紛紜 具狀申州報縣
불시범간지자 일사분운 구상신주보현

符下賢士遁跡 菩薩化身
부하현사둔적 보살화신

宜令號爲 拾得賢士(自此後常使淨人直香火供養)
의령호위 습득현사 자차후상사정인직향화공양

又於莊頭 牧牛歌詠叫天
우어장두 목우가영규천

又因半月 布薩衆僧說戒 法事合時 拾得
우인반월 포살중승설계 법사합시 습득

驅牛至堂前 倚門而立
구우지당전 의문이립

拊掌微笑曰 悠悠哉 聚頭作相
부장미소왈 유유재 취두작상

這箇如何 老宿律德 怒而呵云
저개여하 노숙율덕 노이가운

下人風狂 破於說戒 拾得笑而言曰
하인풍광 파어설계 습득소이언왈

無瞋卽是戒 心淨卽出家
무진즉시계 심정즉출가

我性與汝合 一切法無差 尊宿出堂
아 성 여 여 합　일 체 법 무 차　존 숙 출 당

打趂拾得 令驅牛出去 拾得言我
타 진 습 득　영 구 우 출 거　습 득 언 아

不放牛也 此群牛 皆是前生
불 방 우 야　차 군 우　개 시 전 생

大德知事人 咸有法號 喚者皆認 時拾得
대 덕 지 사 인　함 유 법 호　환 자 개 인　시 습 득

一一喚牛云 前生律師弘靖出
일 일 환 우 운　전 생 율 사 홍 정 출

時一白牛作聲而過 又喚前生典座
시 일 백 우 작 성 이 과　우 환 전 생 전 좌

光超出 時一黑牛作聲而過
광 초 출　시 일 흑 우 작 성 이 과

又喚直歲靖本出 時一牯牛作聲而出
우 환 직 세 정 본 출　시 일 고 우 작 성 이 출

又喚云 前生知事法忠出
우 환 운　전 생 지 사 법 충 출

時一牯牛作聲而出 乃獨牽謂牛曰
시 일 고 우 작 성 이 출　내 독 견 위 우 왈

前生不持戒 人面而畜心 汝今招此咎
전 생 부 지 계　인 면 이 축 심　여 금 초 차 구

怨恨於何人 佛力雖然大
원 한 어 하 인　불 력 수 연 대

汝辜於佛恩 大衆驚訝忙然 因茲又報州縣
여 고 어 불 은　대 중 경 아 망 연　인 자 우 보 주 현

使令入州 不赴召命
사 령 입 주　불 부 소 명

盡代人仰　因茲顯現　寺衆傍徨
진 대 인 앙　　인 자 현 현　　사 중 방 황

咸歎菩薩　來於人世　聊纂實錄
함 탄 보 살　　내 어 인 세　　요 찬 실 록

貴不墜爾　兼於土地堂壁上
귀 불 추 이　　겸 어 토 지 당 벽 상

書語數聯　貴示後人　乃集語曰
서 어 수 련　　귀 시 후 인　　내 집 어 왈

　　풍간(豊干)선사와 한산(寒山)과 습득(拾得)294)은 당(唐)의 태종
(太宗) 정관(貞觀) 연중(年中)에 차례로 국청사에 자취를 드러냈다.
습득(拾得)은 풍간선사가 소나무 오솔길을 유람하며 천천히 적성
(赤城)의 도로 가를 걷다가 우연히 아이가 우는 소리를 듣고 이내
그 연유를 찾다가 한 아이를 보았는데 열 살이라 하였다. 습득이
처음에 마을의 소를 기르는 사람의 아들이라 며 잠시 머물게 해
달라 이르길 "저는 집도 없고 성도 이름도 없다."고 하였다. 드디어
절로 데리고 와 주방에 맡겨 심부름을 시켰으나 수십일 동안 습득
을 찾는 친척은 없었다.

　　이에 창고를 맡고 있는 영습(靈熠)스님에게 맡겨 세 해를 지냈는
데 자주 사람들이 권하여 식당에서 향(香)과 등(燈)의 공양(供養)을
맡아 보게 하였다. 홀연히 어느 날 불상 앞에 앉았다가 불발(佛鉢)
을 올리는 큰 쟁반을 가지고 다시 고승(高僧)앞에서 이르기를 "소

---

294) 습득(拾得): 당 태종 정관(貞觀) 연간의 인물로, 삶에 대해서는 알려진 바가 없고
　　본래 고아라 한다. 천태산 국청사(國淸寺)에 있던 풍간선사(豊干禪師)가 숲을 거닐
　　다가 아이 울음소리를 듣고 주위를 살펴보니 버려진 아이가 있어 이에 아이를 절로
　　데리고 왔다. 사람들은 이 아이를 주워온 아이라는 의미의 습득(拾得)이라 하였다.

승(小僧)들이 수군거리고 꾸짖는 말에 마음이 아프다."고 하니 영습(靈熠)스님이 "이 아이는 병자입니다."라 하고 습득(拾得)으로 하여금 올리든 공양(供養)을 내려놓게 하고 이내 부엌에서 그릇을 씻게 하였는데 매번 남은 음식을 깨끗이 걸러 대나무 통에 채워서 한산자(寒山子)가 오면 지워 보냈다. 혹 한 마디 하기를 "나에게 한 개의 구슬이 있는데 은밀한 곳에 묻어 두었으나 구별하는 사람이 없다."고 하니 대중들이 바보라고 하였다.

절에서 기르는 호랑이에게 스님과 참봉이 때마다 주는 공양(供養)과 향등(香燈)에 올린 음식물을 까마귀들이 거의 소모하였다. 홀연히 어느 날 밤, 스님들의 꿈에 호랑이가 나타나 말하길 "습득이 나를 때리고 성내며 이르기를 '너는 영묘(靈妙)하여 가람(伽藍)과 사문(沙門)을 수호해야 하거늘 참봉이 주는 음식물을, 이미 영험(靈驗)한데 어찌 까마귀 따위가 먹다 남은 음식을 먹는 것이냐? 지금 이후론 스님과 참봉의 공양이 쓸모없겠구나.'라고 하였단다."

아침 일찍 스님들이 법당에 올라가 각각 꾼 꿈을 이야기 하는데 모두 하나도 차이가 없고 영습(靈熠)스님도 또한 그랬다고 하니 웅성웅성 그치지 않았다. 영습스님과 공양주(供養主)들이 홀연히 호랑이를 보았더니 호랑이 몸에 지팡이로 맞은 자국이 남아있어 영습스님이 대중에게 알리자 대중이 모두 달려와 보고 각각 이르길 "밤에 이일을 꿈꾸었는데 이것이 습득이 때린 자국이라면 이는 평범한 동자가 아니라."며 온 절이 떠들썩하였다.

상황을 갖추어 태주(台州)에 설명하고 당흥현(唐興縣)에 알리니 현인(賢人)이 자취를 감춘 신표요. 보살(菩薩)의 화신(化身)이라며 마땅히 습득(拾得)으로 하여금 현사(賢士)라 부르게 되었는데 (이로부터 항상 정인(淨人)으로 하여금 '습득(拾得)에게' 직접 향화(香

火)를 공양(供養)하게 하였다.) 때에 관리인이 목우(牧牛) 가(歌)를 하늘에 닿게 불렀다.

또한 보름 포살(布薩)295)에 여러 스님들이 설계(說戒)로 인하여 법사(法事)로 모였을 때 습득(拾得)이 소를 몰고 법당 앞에 이르러 문에 기대서서 손뼉을 치고 미소(微笑)를 지으며 느긋해 하였다. 대중이 머리를 맞대고 의아한 표정으로 이게 무슨 짓이란 말인가? 노숙(老宿)296)과 율사(律師)297)스님이 성내어 꾸짖으며 이르기를 "하인(下人)에 미치광이 따위가 설계(說戒)를 망가트렸다."고 하니

습득(拾得)이 웃으며 말하기를 "성내지 않아야 곧 이것이 계(戒)이고 마음을 깨끗이 해야 곧 출가(出家)니라. 나의 본성(本性)이 노숙(老宿), 율사(律師)와 부합되고 일체법(一切法)은 차별이 없다." 고 하자 존숙(尊宿)이 법당을 나와 습득을 때려 쫓으니 소를 몰고 나오며 습득이 나에게 말하기를 "소를 추방하지 말라. 이 소들은 모두 전생(前生)에 대덕(大德), 지사(知事)298)로 다 법호(法號)가 있어 부르면 모두 인식(認識)하고 있다."고 하였다. 때에 습득이 하나 하나 소를 부르며 이르기를 "전생에 율사(律師) 홍정(弘靖)은 나오라 하니 때에 한 마리 흰 소가 음매하고 지나가고, 또 전생의 전좌(典座)299) 광초(光超)는 나오라 하니 때에 한 마리 검은 소가 소리를 내고 지나가자, 다시 직세(直歲)300) 정본(靖本)은 나오라 하니

---

295) 포살(布薩): 범어(梵語)로는 Upavasatha이며, 공주(共住)·선숙(善宿)·근주(近住)·장양(長養)·정주(淨住)라 번역한다. 승려들이 매월 15일과 30일에 모여 계경(戒經)을 설하고 들으면서, 보름동안 지은 죄가 있으면 참회하여 선을 기르고 악을 없애는 수행법(修行法)이다.
296) 노숙(老宿): 불도(佛道)에 지식(知識)이 많은 승려(僧侶)
297) 율사(律士): 계율을 지키고 덕망이 높은 승려(僧侶).
298) 지사(知事): 대중의 잡일을 보는 사람.
299) 전좌(典座): 선종(禪宗)에서 대중(大衆)의 침구(寢具)와 식사(食事) 따위를 맡은 사람.
300) 직세(直歲): 선사(禪寺)에서, 한 해 동안의 모든 일을 맡은 사람.

때에 한 마리 황소가 소리를 지르며 나왔다. 다시 전생에 지사(知事) 법충(法忠)은 나오라 하니 때에 한 마리 황소가 음매하고 나왔다. 이에 유독 소 한 마리를 끌고 오며 이르기를 전생에 계(戒)를 지키지 않아 인면(人面)에 축생(畜生)의 마음으로 산 너는 지금 이 허물을 초래한 것이니 누구를 원망할 것이며 부처님의 힘이 비록 크다 하더라도 너의 허물로 부처님 은혜를 바랄 수 있겠는가?"라 하니 대중이 놀라고 맥이 빠져서 멍한 모습이었다. 이로 인해 다시 태주(台州)와 당흥현(唐興縣)에 알려지게 되고 사자(使者)가 태주에 들어가 소명(김命)하지 않아도 되었다 모든 사람이 우러러보고 이렇게 나타남으로 인해 절의 대중이 갈팡질팡하며 모두 보살(菩薩)이 세상에 오셨다고 찬탄 하였다. 부족한대로 실록(實錄)을 모아 귀(貴)한 자료를 잃지 않게 하고 겸하여 토지당(土地堂) 벽에 몇 수의 시를 써서 귀중한 인연을 뒷사람에게 보이고자 한다.

東洋海水淸 水淸復見底 靈源涌法泉 斫水無刀痕
동 양 해 수 청　수 청 부 견 저　영 원 용 법 천　작 수 무 도 흔

동양(東洋), 바닷물이 맑아서
물이 맑으니 다시 밑까지 보이네.
신령한 근원에서 법(法)의 샘이 솟나니
물을 베어도 칼의 자국이 없노라.

我見頑嚚士 燈心拄須彌 寸樵煮大海 甲抹大地石
아 견 완 은 사　등 심 주 수 미　촌 초 자 대 해　갑 말 대 지 석

내가 완고하고 미련한 사람을 보니

등불 심지로 수미산을 떠받치려 하네.

한 토막의 나무로 큰 바다를 끓이려 하고

대지(大地)의 돌을 가죽으로 문질러 없애려 하네.

烝砂豈成飯 磨甎將作鏡 說食終不飽 直須着力行
증 사 기 성 반　마 전 장 작 경　설 식 종 불 포　직 수 착 력 행

모래를 쪄서 어찌 밥을 지을 수 있으며

벽돌을 갈아 장차 거울을 만들 수 있겠는가?

먹는 이야기를 해도 끝내 배부르지 않나니

곧바로 모름지기 힘써 행해야 하느니라.

恢恢大丈夫 堂堂六尺士 枉死埋家間 可惜孤標物
회 회 대 장 부　당 당 육 척 사　왕 사 매 총 간　가 석 고 표 물

가슴이 트인 대장부여!

당당했던 육척의 사내여!

원통하게 죽어 무덤에 묻히면

가엾게도 외로운 표지만 남느니라.

不見日光明 照耀於天下 太淸廓落洞 明月可然貴
불 견 일 광 명　조 요 어 천 하　태 청 확 락 통　명 월 가 연 귀

햇빛이 밝아도

천하를 비추는 것을 보지 못하리라.

하늘은 넓고 고요하게 뻥 뚫렸나니

밝은 달, 가히 귀하도다.

余本住無方 磅礴無爲理 時陟涅槃山 徐步香林裡
여 본 주 무 방　방 박 무 위 리　시 척 열 반 산　서 보 향 림 리

너는 본래 머무르는 방위가 없고

지혜가 크고 단단하여 이치에 거슬림이 없노라.

때마다 열반산(涅槃山)을 오르고

천천히 향림(香林) 속을 거니노라.

左手握驪珠 右手握摩尼 莫邪未足刃 智劍斬六賊
좌 수 악 여 주　우 수 악 마 니　막 사 미 족 인　지 검 참 육 적

왼손에 여주(驪珠)를 쥐고

오른손은 마니(摩尼)를 쥐었네.

사(邪)를 베기에 부족하지 않나니

지혜의 검으로 육적(六賊)을 베어 버려라.

般若酒淸冷 飮啄澄神思 余閑來天台 尋人人不至
반 약 주 청 랭　음 탁 징 신 사　여 한 래 천 태　심 인 인 부 지

반야(般若)의 술이 맑고 시원하여

마시면 정신이 번쩍 나느니라.

너는 한가히 천태산에 왔나니

사람을 찾으나 사람은 이르지 않는구나.

寒山同爲侶 松風水月間 何事最幽邃 唯有遯居人
한 산 동 위 려　송 풍 수 월 간　하 사 최 유 수　유 유 둔 거 인

한산(寒山)과 함께 짝이 되어

솔바람 수월(水月) 사이를 거니노라.

어떤 일이 가장 그윽하던가?

오직 숨어 사는 삶이니라.

悠悠三界主
유 유 삼 계 주

느긋하니 삼계의 주인이로다.

古佛路凄凄 無人行至此 今跡誰不蹈 旋機滯凡累
고 불 노 처 처　무 인 행 지 차　금 적 수 불 첩　선 기 체 범 루

옛 부처의 길 쓸쓸 하나니

여기 이르는 사람 없도다.

이제 자취를 누가 밟게 되려나?

우주의 기축(機軸)이 예사로 막혀서야...

可畏生死輪 輪之未曾息 嗟彼六趣中 茫茫諸迷子
가 외 생 사 륜　윤 지 미 증 식　차 피 육 취 중　망 망 제 미 자

가히 두렵다, 생사(生死) 윤회(輪廻)여!

윤회(輪廻)는 일찍이 쉬지 않나니

슬프다, 저 육취(六趣)의 굴레와

아득히 미혹(迷惑)에 헤매는 자여!

人懷天眞佛 大寶心珠秘 迷盲沈沈流 汩沒何時出
인 회 천 진 불　대 보 심 주 비　미 맹 침 침 류　골 몰 하 시 출

사람은 천진불(天眞佛)을 품고서

큰 보물인 심주(心珠)를 비밀리 간직했건만.

미혹과 무지로 어둠속에 빠져서

정신이 팔려 어느 때 벗어나겠는가?

拾得自閭丘太守拜後 同寒山子
습 득 자 여 구 태 수 배 후 동 한 산 자

把手走出寺 跡隱後 因國淸僧
파 수 주 출 사 적 은 후 인 국 청 승

登南峰采薪 遇一僧似梵儀持錫
등 남 봉 채 신 우 일 승 사 범 의 지 석

入岩挑鎖子骨而去 乃謂僧曰
입 암 도 쇄 자 골 이 거 내 위 승 왈

取拾得舍利 僧遂白寺衆
취 습 득 사 리 승 수 백 사 중

衆方委 拾得在此岩入滅 乃號爲拾得岩
중 방 위 습 득 재 차 암 입 멸 내 호 위 습 득 암

在寺東南隅 登山二里餘地 聊錄如前 貴示後人矣
재 사 동 남 우 등 산 이 리 여 지 요 록 여 전 귀 시 후 인 의

작(斫): 벨작. 은(誾): 미련할은 자(煮): 삶을자. 말(抹): 문지를말.

전(甎): 벽돌전. 탁(啄): 쫄탁. 수(邃): 깊을수. 첩(輒): 지어걸을첩.

도(挑): 돋울도. 쇄(鎖): 자물쇄. 위(委): 맡길위. 리(俚): 속될리.

가(呵): 꾸짖을가. 여(濾): 거를여. 징(澄): 맑을징. 규(叫): 부르짖을규.

습득(拾得)은 여구윤 태수가 예배를 드린 후에 한산자와 손잡고
절에서 달아나 자취를 감춘 뒤, 국청사의 스님이 남봉(南峰)으로
나무하러 갔다가 어떤 스님을 만나게 되었는데 사문(沙門)의 범절

과 흡사하게 지팡이를 짚고 바위로 들어가더니 쇄자골(鎖子骨)[301]
을 수습하여 가면서 이내 국청사 스님에게 이르기를 "습득(拾得)의
사리(舍利)[302]를 취했다."고 하였다. 스님이 드디어 절의 대중에게
알리고 대중에게 방법을 맡기자, 습득이 이 바위에서 입멸(入滅)하
였으니 습득암(拾得岩)이라 부르게 되었고 국청사 동남쪽 언덕의
산위로 이리(二里) 남짓한 땅이다. 부족한대로 앞과 같이 수록하여
귀한 자료를 뒷사람들에게 보이고자 한다.

---

301) 쇄자골(鎖子骨): 쇄골(鎖骨).
302) 사리(舍利): 부처나 성자(聖者)의 유골(遺骨)

습득시
拾得詩

001.

諸佛留藏經	祇爲人難化	不唯賢與愚	箇箇心構架
제 불 유 장 경	지 위 인 난 화	불 유 현 여 우	개 개 심 구 가

造業大如山	豈解懷憂怕	那箇細尋思	日夜懷姦詐
조 업 대 여 산	기 해 회 우 파	나 개 세 심 사	일 야 회 간 사

구(構): 얽을구. 가(架): 시렁가. 파(怕): 두려워할파. 간(姦): 간사할간.

사(詐): 속일사.

모든 부처님이 장경(藏經)303)을 남기신 것은

---

303) 장경(藏經): 일체경(一切經)·삼장경(三藏經) 또는 장경(藏經)등으로 약칭한다. 대
승(大乘)·소승(小乘)의 삼장(三藏), 곧 석가의 설법을 기록한 경장(經藏), 교단(教團)
의 계율 및 그것을 해설한 율장(律藏), 경(經)의 주석문헌(注釋文獻)인 논장(論藏)
을 집대성한 불교의 대경전이다. 후대에 이르러서는 석가뿐만 아니라 그 제자를
비롯하여 인도·중국 등지의 제조사(諸祖師)·고승(高僧)들이 남긴 저서·문헌들도 이
에 포함하게 되었다.

다만 사람의 교화(教化)가 어렵기 때문이요.

오직 어진이나 어리석은 이 뿐만 아니라

저마다의 마음 구조(構造)가 다르기 때문이네.

지은 업(業)의 크기가 산과 같은데

어찌 품은 근심을 풀어야 하나?

어쩌나, 자세히 생각해야 하는데

밤낮으로 간사함을 품고 속이네.

002.

嗟見世間人	箇箇愛喫肉	椀楪不曾乾	長時道不足
차 견 세 간 인	개 개 애 끽 육	완 접 부 증 건	장 시 도 부 족
昨日設箇齋	今朝宰六畜	都緣業使牽	非干情所欲
작 일 설 개 재	금 조 재 육 축	도 연 업 사 견	비 간 정 소 욕
一度造天堂	百度造地獄	閻羅使來追	合家盡啼哭
일 도 조 천 당	백 도 조 지 옥	염 라 사 래 추	합 가 진 제 곡
鑪子邊向火	鑊子裏澡浴	更得出頭時	換却汝衣服
노 자 변 향 화	확 자 리 조 욕	갱 득 출 두 시	환 각 여 의 복

끽(喫): 먹을끽. 완(椀): 주발완. 접(楪): 마루접. 재(宰): 재상재.

견(牽): 끌견. 노(鑪): 화로노. 확(鑊): 가마확. 리(裏): 속리.

조(澡): 씻을조. 환(換): 바꿀환.

아! 세상 사람을 보니

저마다 고기를 좋아하네.

사발과 접시가 일찍이 마르지 않는데

언제나 부족(不足)하다고 투덜대네.

어제는 무슨 재(齋)를 지내더니

오늘은 육축(六畜)304)으로 요리를 하네.

모두 업(業)으로 하여금 끌려갈 것인데

하고자 하는 뜻대로 간섭하지 않네.

한번 천당(天堂)을 짓는 가하더니

백번이나 지옥(地獄)을 짓고 있네.

염라(閻羅)305) 사자(使者)가 와서 쫓으면

온 집이 다 통곡을 하리.

아궁이에 불을 붙이고

끓는 가마솥에 목욕을 시키리.

다시 이곳에서 나오게 될 때

너는 의복을 바꿔 입게 되리라.

003.

出家要清閑	清閑即為貴	如何塵外人	却入塵埃裏
출 가 요 청 한	청 한 즉 위 귀	여 하 진 외 인	각 입 진 애 리

一向迷本心	終朝役名利	名利得到身	形容已顦顇
일 향 미 본 심	종 조 역 명 리	명 리 득 도 신	형 용 이 초 췌

况複不遂者	虛用平生志	可憐無事人	未能笑得爾
황 부 불 수 자	허 용 평 생 지	가 련 무 사 인	미 능 소 득 이

애(埃): 먼지애. 역(役): 부릴역. 초(顦): 파리할초. 췌(顇): 파리할췌.

---

304) 육축(六畜): 소·말·돼지·양·닭·개 등의 여섯 가축.

305) 염라(閻羅): 염라대왕(閻羅大王). 명계(冥界)를 지배하는 임금. 시왕(十王)의 하나임.

출가(出家)는 맑은 한가함이 필요 하나니
맑고 한가함을 곧 귀(貴)하게 여기네.
어찌 티끌 밖에 있던 사람이
도리어 티끌 속으로 들어갈 수 있겠는가?
한 번 본마음이 미혹(迷惑)306) 하면
인생이 끝나도록 명리(名利)가 부리나니.
명리(名利)가 내 몸에 이르게 되면
모습은 이미 초췌(憔悴)해 지느니라.
하물며 다시 쫓지 않던 자들도
헛되이 평생의 뜻을 쓰느니라.
가엾다, 일 없는 사람이여!
아직도 능히 웃지 못하는 것인가?

004.

養兒與取妻　養女求媒娉　重重皆是業　更殺衆生命
양 아 여 취 처　양 녀 구 매 빙　중 중 개 시 업　갱 살 중 생 명

聚集會親情　總來看盤飣　目下雖稱心　罪簿先注定
취 집 회 친 정　총 래 간 반 정　목 하 수 칭 심　죄 부 선 주 정

매(媒): 중매매. 빙(娉): 장가들빙. 정(飣): 쌓아둘정. 부(簿): 장부부.

아들을 길러 처(妻)를 맞아주고
딸을 길러 중매(仲媒) 자를 구하네.

---

306) 미혹(迷惑): 마음이 무명에 가려져 번뇌 망상이 일어나고 사리에 어두운 것. 미(迷)
는 사리(事理)를 잘못 아는 것, 혹(惑)은 사리를 분명히 알지 못하는 것을 의미한다.

거듭거듭 모두 이것이 업(業)인데
다시 온갖 목숨 죽이게 되네.
친척들 한데 모이고
모두 와서 소반에 음식을 괴고 보네.
눈에는 비록 마음에 든다 해도
죄(罪)의 장부에 먼저 운명이307) 정해지네.

005.

得此分段身　可笑好形質　面貌似銀盤　心中黑如漆
득 차 분 단 신　가 소 호 형 질　면 모 사 은 반　심 중 흑 여 칠

烹猪又宰羊　誇道甜如蜜　死後受波吒　更莫稱寃屈
팽 저 우 재 양　과 도 첨 여 밀　사 후 수 파 타　갱 막 칭 원 굴

칠(漆): 옻칠. 첨(甜): 달첨. 타(吒): 꾸짖을타. 원(寃): 원통할원.
굴(屈): 굽을굴.

여기 업인(業因)으로 얻은 몸308)인데
모습 따지는 것 가소(可笑)롭네.
얼굴이 은 쟁반 같다 해도
마음속은 검기 옻칠과 같네.
돼지를 삶고 또 염소를 잡는데
꿀같이 맛있다고 자랑하네.

---

307) 주정(注定): 운명(運命)으로 정해짐.
308) 분단(分段): 분단신(分段身)의 준말. 삼계(三界)에서 중생(衆生)이 그 업인(業因)
　　에 따라 받은 범부(凡夫)의 육신(肉身).

죽은 뒤에 홍련(紅蓮) 지옥(地獄)309)에 들 터인데

다시 원통한 굴(屈)이라 말하지 말라.

006.

佛哀三界子 摠是親男女 恐沉黑暗坑 示儀垂化度
불애삼계자　총시친남녀　공침흑암갱　시의수화도

盡登無上道 俱證菩提路 教汝癡衆生 慧心勤覺悟
진등무상도　구증보리로　교여치중생　혜심근각오

공(恐): 두려울공. 의(儀): 거동의. 도(度): 법도도. 혜(慧): 슬기로울혜.

각(覺): 깨달을각. 오(悟): 깨달을오.

부처님이 삼계(三界)의 중생을 불쌍히 여기심은

모두 친 자식 같기 때문이네.

어두운 구덩이에 빠질까 두려워

위의(威儀)310)를 보이고 교화(敎化)를 하시네.

모두 위없는 도(道)311)에 오르고

함께 보리(菩提)를 증득(證得)312)토록 하시네.

너희 어리석은 중생들에게 가르치나니

지혜(智慧)로운 마음313)으로 부지런히 깨닫도록 하라.

---

309) 파타(波吒): 파드마padma(홍련지옥紅蓮地獄)의 음역(音譯)이다.
310) 위의(威儀): 행주좌와(行住坐臥)를 일컬음.
311) 무상도(無上道): 그 위가 없는 보리(菩提)란 뜻으로 불과(佛果)를 말함. 부처님께서
　　얻은 보리는 최상(最上)인 것이므로 이같이 이름. 무상의 지혜. 무상지도(無上之道).
312) 증득(證得): 올바른 지혜로써 진리를 확실히 깨달아 얻는 것. 증오(證悟)라고도 한다.
313) 혜심근(慧心勤): 도를 이루는 다섯 가지 힘, 즉 신력(信力)·정진력(精進力)·염력(念
　　力)·정력(定力)·혜력(慧力)을 이름.

007.

佛捨尊榮樂　為愍諸癡子　早願悟無生　辨集無上事
불사존영락　위민제치자　조원오무생　판집무상사

後來出家者　多緣無業次　不能得衣食　頭鑽入於寺
후래출가자　다연무업차　불능득의식　두찬입어사

존(尊): 높을존. 민(愍): 걱정할민. 판(辨): 힘쓸판. 찬(鑽): 끌찬.

부처님은 존귀(尊貴)와 영화(榮華)의 낙(樂)을 버리시니

어리석은 중생을 불쌍히 여기심이네.

일찍이 무생(無生)314)을 깨닫고자 발원하시고

위없는 깨달음을 이루셨네.

뒤에 출가(出家)하는 자들은

대개 인연(因緣)으로 지은 업(業)이 없어서이네.

능히 의식(衣食)을 얻지 못해서

오로지 한 길, 절로 들어와서야 되겠는가?

008.

嗟見世間人　永劫在迷津　不省這箇意　修行徒苦辛
차견세간인　영겁재미진　불성저개의　수행도고신

아! 세상 사람들을 보니

영겁(永劫)을 나루에서 헤매고315) 있네.

---

314) 무생(無生): 모든 법의 실상(實相)은 나고 없어짐이 없다는 뜻.

315) 미진(迷津): 오(悟)의 피안(彼岸)에 대(對)해서, 미(迷)의 차안(此岸)을 이르는 말
　　로차안(此岸)인 생사의 세계(世界). 나고 죽고 하는 고통이 있는 이 세상(世上).

저와 같은 '자성(自性)'의 뜻을 살피지 못하고
수행(修行) 하며 헛되이 쓰라림을 겪네.

009.

我詩也是詩　有人喚作偈　詩偈摠一般　讀時須子細
아 시 야 시 시　유 인 환 작 게　시 게 총 일 반　독 시 수 자 세

緩緩細披尋　不得生容易　依此學修行　大有可笑事
완 완 세 피 심　부 득 생 용 이　의 차 학 수 행　대 유 가 소 사

게(偈): 게송게. 완(緩): 느릴완. 피(披): 열피.

나의 시(詩)는 이대로 시(詩) 인데
남들이 게(偈)라고 하네.
시(詩)와 게(偈)는 모두 한 가지이나
읽을 때 모름지기 자세히 보게.
서두르지 말고 자세히 헤치고 살펴야 하니
'게(偈)'는 쉽게 짓고 얻은 것이 아니네.
이를 의지해 배우고 수행(修行)하면
크게 웃을 일이 있으리라.

010.

有偈有千萬 卒急述應難 若要相知者 但入天台山
유게유천만 졸급술응난 약요상지자 단입천태산

岩中深處坐 說理及談玄 共我不相見 對面似千山
암중심처좌 설리급담현 공아불상견 대면사천산

술(述): 지을술.

'예부터' 남아있는 게송(偈頌)이 천만(千萬) 인데
급하게 지어 '제대로 현리(玄理)'를 응할 수 없네.
만약 필요하여 게송(偈頌)을 알고 싶거든
다만 천태 산으로 들어오게나.
바위 속 깊은 곳에 앉아서
이치(理致)를 논하고 현묘(玄妙)한 도리를 말하리.
나와 함께 있어도 서로 견해가 틀리면
얼굴을 마주해도 천산이 막힌 것과 같으리.

011.

世間億萬人 面孔不相似 借問何因緣 致令遣如此
세간억만인 면공불상사 차문하인연 치령견여차

各執一般見 互說非兼是 但自修己身 不要言他已
각집일반견 호설비겸시 단자수기신 불요언타이

세상에는 억만(億萬) 사람들이 있는데
얼굴 모습이 서로 같지를 않네.
묻나니, 어찌된 인연(因緣)이며

영(令)으로 이와 같이 보내졌는가?

각자 한 가지 견해를 가지고

서로 옳다 그르다 말하네.

다만 스스로 자기 몸을 닦을 뿐

남이 어떠니 말할 필요는 없다네.

012.

男女爲婚嫁 俗務是常儀 自量其事力 何用廣張施
남 녀 위 혼 가 속 무 시 상 의 자 량 기 사 력 하 용 광 장 시

取債誇人我 論情入骨癡 殺他鷄犬命 身死墮阿鼻
취 채 과 인 아 논 정 입 골 치 살 타 계 견 명 신 사 타 아 비

혼(婚): 혼인할혼. 가(嫁): 시집갈가. 채(債): 빚채. 과(誇): 자랑할과.

계(鷄): 닭계. 타(墮): 떨어질타. 아(阿): 언덕아. 비(鼻): 코비.

남녀가 장가들고 시집가는데

속세(俗世)의 책무(責務)로서 떳떳한 일이네.

자기의 힘과 일을 헤아려야 하는데

어찌 '잔치'를 크게 치르고 베푸는 것인가?

빚을 얻어 남에게 나를 자랑하는데

정(情)만 따지니 뼛속까지 어리석은 짓이네.

저 닭과 개의 목숨까지 뺏으니

이 몸이 죽으면 아비지옥(阿鼻地獄)316)으로 떨어지리라.

---

316) 아비(阿鼻): 불교(佛敎)에서 말하는 팔대 지옥(地獄) 중(中)의 여덟째로, 고통(苦痛)이 가장 심하다는 아비지옥(阿鼻地獄).

013.

世上一種人 出性常多事 終日傍街衢 不離諸酒肆
세상일종인 출성상다사 종일방가구 불리제주사

為他作保見 替他說道理 一朝有乖張 過咎全歸你
위타작보견 체타설도리 일조유괴장 과구전귀니

구(衢): 네거리구. 사(肆): 방자할사. 체(替): 바꿀체. 괴(乖): 어그러질괴.

구(咎): 허물구.

세상엔 어떤 종(種)의 사람이 있는데
타고난 성정(性情)이 항상 일을 벌이네.
하루 종일 거리를 쏘다니며
여러 술집을 떠나지 못하네.
남의 보증이나 서주고
남을 대신해 도리를 따지네.
하루아침에 일이 어그러지면
허물이 완전히 네게로 돌아가리라.

014.

我勸出家輩 須知教法深 專心求出離 輒莫染貪婬
아권출가배 수지교법심 전심구출리 첩막염탐음

大有俗中士 知非不愛金 故知君子志 任運聽浮沉
대유속중사 지비불애금 고지군자지 임운청부침

배(輩): 무리배. 첩(輒): 문득첩. 염(染): 물들일염. 음(婬): 음탕할음.

내가 출가(出家)한 이들에게 권하니

모쪼록 교법(教法)317)의 깊음을 알아야 하네.

오로지 마음으로 '생사'를 벗어나고자 하면

문득 탐욕이나 음욕에 물들지 말아야 하네.

속세에도 큰 선비가 있는데

그릇됨을 알고 금(金)을 좋아하지 않네.

그러므로 알라, 군자의 뜻은

운수에 맡기고 부침(浮沈)에 조심하는 것이네.

015.

寒山自寒山　拾得自拾得　凡愚豈見知　豐干却相識
한 산 자 한 산　습 득 자 습 득　범 우 기 견 지　풍 간 각 상 식

見時不可見　覓時何處覓　借問有何緣　向道無為力
견 시 불 가 견　멱 시 하 처 멱　차 문 유 하 연　향 도 무 위 력

한산(寒山)은 스스로 한산(寒山)이요.

습득(拾得)은 스스로 습득(拾得)이네.

어리석은 이가 어찌 보고 알겠는가?

풍간(豐干)이 도리어 서로를 알아주었네.

보고도 가히 보지 못했는데

찾는다고 어디서 찾겠는가?

---

317) 교법(教法): 불법승(佛法僧)의 3보 가운데 법보(法寶)를 4가지로 나눈 교법(教法)·이
　　법(理法) ·행법(行法)·과법(果法)의 사법(四法) 가운데 하나로, 부처의 가르침을 말하
　　는데, 특히 말이나 글로서 표현된 가르침을 말한다. 불교에서 교법이라고 하면 주로
　　고타마 붓다의 가르침을 뜻하는데, 대승불교에서는 삼세제불(三世諸佛) 즉 과거·현
　　재·미래의 모든 부처의 가르침, 즉 모든 깨달은 자들의 가르침을 교법이라 한다.

묻나니, 무슨 인연(因緣)이던가?

도(道)로 향하는 "무위(無爲)의" 힘이네.

016.

兩人心相似 誰能徇俗情 若問年多少 黃河幾度清
양 인 심 상 사　수 능 순 속 정　약 문 연 다 소　황 하 기 도 청

從來是拾得 不是偶然稱 別無親眷屬 寒山是我兄
종 래 시 습 득　불 시 우 연 칭　별 무 친 권 속　한 산 시 아 형

兩人心相似 誰能徇俗情 若問年多少 黃河幾度清
양 인 심 상 사　수 능 순 속 정　약 문 연 다 소　황 하 기 도 청

권(眷): 돌아볼권. 순(徇): 주창할순.

나는 본래 주워 얻었다[拾得] 하니

습득(拾得), 이는 우연히 일컫는 것이 아니네.

따로 친한 권속(眷屬)도 없고

한산(寒山)은 이 나의 형(兄)이네.

두 사람 마음이 서로 같은데

누가 속세의 정을 드러내겠는가?

만약 나이가 많고 적음을 묻는다면

황하(黃河)는 몇 번이나 맑았다던가?

017.

若解捉老鼠 不在五白貓 若能悟理性 那由錦繡包
약 해 착 노 서　부 재 오 백 묘　약 능 오 이 성　나 유 금 수 포

真珠入席袋 佛性止蓬茅 一群取相漢 用意摠無交
진 주 입 석 대　불 성 지 봉 모　일 군 취 상 한　용 의 총 무 교

서(鼠): 쥐서. 묘(貓): 고양이묘. 금(錦): 비단금. 수(繡): 수놓을수.

대(袋): 자루대.

만약 늙은 쥐를 잡을 수 있다면

다섯 마리의 흰 고양이를 키우지 않아도 되네.

만일 이성(理性)을 깨달을 수 있다면

어찌 비단보로 쌀 이유가 있겠는가?

진주(眞珠)가 자루에 들어있는데

불성(佛性)318)이 쑥과 띠 풀집이라고 그치겠는가.

겉모습을 취하려는 한 무리의 사람들

애를 써도 교류(交流)할 수 없느니라.

018.

運心常寬廣 此則名為布 輟已惠於人 方可名為施
운 심 상 관 광　차 즉 명 위 보　철 이 혜 어 인　방 가 명 위 시

後來人不知 焉能會此義 未設一庸僧 早擬望富貴
후 래 인 부 지　언 능 회 차 의　미 설 일 용 승　조 의 망 부 귀

---

318) 불성(佛性): 모든 중생(衆生)이 본디 가지고 있는 부처가 될 성품(性品).

운(運): 돌운. 관(寬): 너그러울관. 광(廣): 넓을광. 철(輟): 그칠철.
용(庸): 떳떳할용. 의(擬): 헤아릴의.

마음을 항상 너그럽고 넓게 써야 하나니.
이것을 곧 "보(布)"라 하고
자기를 버려서 남에게 은혜를 베푸는 것
비로소 이름을 "시(施)"라 한다.
뒤에 오는 사람들은 알려고 하지 않으니
어찌 능히 이 도리(道理)를 알겠는가?
용렬(庸劣)한 스님이라고 베풀지 않는데
일찍이 부귀(富貴)를 헤아려서 바라는 것이리.

019.

獼猴尚教得 人何不憤發 前車既落坑 後車須改轍
미 후 상 교 득　인 하 불 분 발　전 거 기 낙 갱　후 거 수 개 철

若也不知此 恐君惡合殺 比來是夜叉 變則成菩薩
약 야 부 지 차　공 군 오 합 살　비 래 시 야 차　변 즉 성 보 살

분(憤): 성낼분. 갱(坑): 구덩이갱. 철(轍): 바퀴자국철.
보(菩): 보리보. 살(薩): 보살살.

원숭이도 오히려 가르칠 수 있는데
사람이 어찌 분발(憤發)하지 않을 수 있겠는가?
앞 수레가 이미 구덩이에 빠지면
뒤 수레는 부디 바퀴자국을 고쳐야 하네.

만약 이를 알지 못하면

그대 미움을 당할까 두려운 것이니라.

비유해 보면 이 야차(夜叉)319)가

변하여 곧 보살(菩薩)320)이 되느니라.

020.

君不見
군 불 견

三界之中紛擾擾 秪爲無明不了絕
삼 계 지 중 분 요 요 지 위 무 명 불 요 절

一念不生心澄然 無去無來不生滅
일 념 불 생 심 징 연 무 거 무 래 불 생 멸

분(紛): 어지러워질분. 요(擾): 어지러울요.

그대 보지 못했는가?

삼계(三界)는 어지러이 뒤숭숭한데

다만 무명(無明)을 끊어내지 못해서 이네.

한 생각 내지 않으면 마음이 맑아지나니

'이것'은 가고 옴도 없고, 나고 멸하지도 않느니라.

---

319) 야차(夜叉): 야차(野叉), 사람을 해치는 무서운 귀신을 말함.

320) 보살(菩薩): 산스크리트어 보디사트바(Bodhisattva)의 음역(音譯)인 보리살타(菩提薩埵)의 준말이다. 구도자(求道者), 지혜(智慧)를 가진 자 등으로 풀이된다.

021.

故林又斬新 剡源谿上人 天姥峽關嶺 通同次海津
고 림 우 참 신 　 섬 원 계 상 인 　 천 모 협 관 령 　 통 동 차 해 진

灣深曲島間 淼淼水雲雲 借問嵩禪客 日輪何處暾
만 심 곡 도 간 　 묘 묘 수 운 운 　 차 문 숭 선 객 　 일 륜 하 처 돈

참(斬): 벨참. 섬(剡): 벨섬. 모(姥): 할미모. 협(峽): 골짜기협.

령(嶺): 고개령. 만(灣): 물굽이만. 도(島): 섬도. 잔(潺): 물흐르는소리잔.

묘(淼): 물아득할묘. 숭(嵩): 높을숭. 륜(輪): 바퀴륜. 돈(暾): 아침해돈.

옛 숲, 다시 베어내 새로워졌나니

염원(剡源)321) 시내 위에 수행자 있네.

천모(天姥)322)는 협곡을 두른 고개인데

통하여 이어져 바다에 이르네.

물줄기 깊은 굽이와 섬 사이로

잔잔한 물에 구름이 자욱하네.

묻나니, 그대 훌륭한 선객(禪客) 이여!

둥근 해는 어디서 뜬다던가?

022.

自笑老夫筋力敗 偏戀松岩愛獨遊
자 소 노 부 근 력 패 　 편 련 송 암 애 독 유

可嘆往年至今日 任運還同不繫舟
가 탄 왕 년 지 금 일 　 임 운 환 동 불 계 주

---

321) 염원(剡源): 천태산(天台山)에 있는 시내 이름.

322) 천모(天姥): 천태산(天台山)의 동쪽에 있는 봉우리 이름.

근(筋): 힘줄근. 탄(嘆): 탄식할탄. 계(繫): 맬계.

우습다, 늙은이 근력(筋力)이 다했는데
송암(松巖)에 빠져서 홀로 놀기 좋아하네.
아! 예부터 지금까지
운수에 맡긴 채, 매지 않은 배와 같다네.

023.

一入雙谿不計春　鍊暴黃精幾許斤
일 입 쌍 계 불 계 춘　연 폭 황 정 기 허 근

鑪竈石鍋頻煮沸　土甑久烝氣味珍
노 조 석 과 빈 자 비　토 증 구 증 기 미 진

誰來幽谷餐仙食　獨向雲泉更勿人
수 래 유 곡 찬 선 식　독 향 운 천 갱 물 인

延齡壽盡招手石　此棲終不出山門
연 령 수 진 초 수 석　차 서 종 불 출 산 문

노(鑪): 화로노. 조(竈): 부엌조. 과(鍋): 솥과. 빈(頻): 자주빈.
자(煮): 삶을자. 비(沸): 끓을비. 증(甑): 시루증. 증(烝): 찔증.
찬(餐): 먹을찬. 령(齡): 나이령.

한번 쌍계로 들어온 뒤 봄을 세지 않는데
달이고 말린 황정(黃精)[323]은 몇 근이던가?

---

323) 황정(黃精): 죽대의 뿌리. 강장제(强壯劑)로 쓰임.

부뚜막의 돌솥에 자주 삶고 끓이며

흙 시루에 오래 쪄서 훈기(薰氣)한 맛이 보배라네.

누가 그윽한 골짜기로 와 선식(仙食)을 먹을 것인가?

홀로 쌍계(雙谿)에 온지 다시 사람이 없네.

늘인 수명(壽命) 다하도록 초수석(招手石)324)이 되어

예서 삶을 마칠 때까지 산문(山門)을 나서지 않으리라.

024.

蹢躅一群羊　沿山又入谷　看人貪摶簺　且遭豺狼逐
척 촉 일 군 양　연 산 우 입 곡　간 인 탐 단 새　차 조 시 랑 축

元不出孶生　便將充口腹　從頭喫至尾　訥訥無餘肉
원 불 출 자 생　편 장 충 구 복　종 두 끽 지 미　납 납 무 여 육

척(蹢): 머뭇거릴척. 촉(躅): 머뭇거릴촉. 연(沿): 따를연.

단(摶): 근심할단. 새(簺): 박새새. 시(豺): 승냥이시. 랑(狼): 이리랑.

자(孶): 새끼낳을자. 끽(喫): 먹을끽. 납(訥)=먹을납.

머뭇거리는 한 떼의 양들

산길 따라 다시 골짜기로 들어가네.

양치기는 박새 풀을 탐할까 근심하는데

다시 승냥이와 이리를 만나 쫓기네.

승냥이와 이리는 원래 새끼를 낳아 기르지 못하게

---

324) 초수석(招手石): 천태산의 지자대사는 15세 때 집을 나와 부처님께 예배하고 정
신이 황홀하였는데 산봉우리에서 어떤 스님이 손짓하며 "너는 여기서 목숨을 마
쳐라."고 하였단다. 그는 뒷날 천태산의 불룡봉에 들어가 정광선사 밑에서 지냈다.
전날 산 위에서 손짓한 사람이 정광이었다 한다.

문득 입과 배를 채우네.

머리부터 꼬리까지 먹는데

고기 한 점 남기지 않네.

025.

銀星釘秤衡	綠絲作秤紐	買人推向前	賣人推向後
은 성 정 칭 형	녹 사 작 칭 뉴	매 인 추 향 전	매 인 추 향 후

不顧他心怨	唯言我好手	死去見閻王	背後插掃帚
불 고 타 심 원	유 언 아 호 수	사 거 견 염 왕	배 후 삽 소 추

정(釘): 못정. 칭(秤): 저울칭. 형(衡): 저울대형. 뉴(紐): 끈뉴.

삽(揷): 꽂을삽. 소(掃): 쓸소. 추(帚): 빗자루추.

은빛별로 못을 친 저울대

푸른 실로 저울 끈을 묶었네.

사는 사람은 '저울추(錘)'를 앞으로 밀고

파는 사람은 '저울추(錘)'를 뒤로 미네.

남의 마음이나 원망은 돌보지 않고

오직 자기 솜씨가 좋다고 떠벌리네.

죽어서 염라대왕(閻羅大王)을 만나면

등 뒤에서 빗자루로 '지옥에' 쓸어 넣으리.

026.

閉門私造罪 準擬免災殃 被他惡部童 抄得報閻王
폐 문 사 조 죄　준 의 면 재 앙　피 타 악 부 동　초 득 보 염 왕

縱不入鑊湯 亦須臥鐵床 不許雇人替 自作自身當
종 불 입 확 탕　역 수 와 철 상　불 허 고 인 체　자 작 자 신 당

준(準): 법준. 초(抄): 베낄초. 종(縱): 늘어질종. 확(鑊): 가마확.

고(雇): 품살고. 체(替): 바꿀체.

문을 닫고 사사로이 죄를 짓고

갖은 흉내로 재앙을 면하려 하네.

저 악부(惡部)에서 보낸 어린 사자(使者)325)가

낱낱이 베껴서 염라대왕에게 알리네.

비록 확탕(鑊湯)326)에는 들지 않더라도

역시 불에 달군 철상(鐵床)327)에 눕혀지리.

사람을 사서 대신하는 것이 허락되지 않는데

스스로 지은 것은 제 몸이 당한다네.

---

325) 악부동(惡部童): 염라대왕 옆에 선악(善惡)을 관장하는 두 동자가 죽은 사람의
　　선악을 적어 염라대왕에게 보고 한다고 함.
326) 확탕(鑊湯): 끓는 가마솥에 삶는 고통을 받는다는 지옥(地獄)
327) 철상(鐵床): 철상(鐵床) 지옥(地獄).

027.

悠悠塵裏人 常樂塵中趣 我見塵中人 心多生愍顧
유 유 진 리 인　상 락 진 중 취　아 견 진 중 인　심 다 생 민 고

何哉愍此流 念彼塵中苦
하 재 민 차 류　염 피 진 중 고

리(裏): 속리. 민(愍): 근심할민. 고(顧): 돌아볼고.

느긋하니 속세(俗世) 사람들

늘 티끌속의 재미를 즐기네.

내가 속세(俗世)의 사람들을 보면

마음에 불쌍한 생각뿐이네.

어째서! 이런 이들을 불쌍히 여기는가?

저 티끌속의 괴로움이 염려(念慮)되기 때문이네.

028.

無去無來本湛然 不居內外及中間
무 거 무 래 본 담 연　불 거 내 외 급 중 간

一顆水晶絶瑕翳 光明透滿出人天
일 과 수 정 절 하 예　광 명 투 만 출 인 천

담(湛): 맑을담. 과(顆): 낟알과. 하(瑕): 티하. 예(翳): 가릴예.

투(透): 통할투.

'자성(自性)'은 가고 옴도 없이 본래 깊고 고요하나니

안과 밖, 아울러 중간에도 머물지 않네.

한 알의 수정(水晶)은 티나 흠이 없나니
빛이 인천(人天)을 뛰어넘어 가득하니라.

029.

少年學書劍 叱馭到荆州 聞伐匈奴盡 婆娑無處遊
소 년 학 서 검　질 어 도 형 주　문 벌 흉 노 진　파 사 무 처 유

歸來翠岩下 席草枕淸流 壯士志朱紱 獼猴騎土牛
귀 래 취 암 하　석 초 침 청 류　장 사 지 주 불　미 후 기 토 우

질(叱): 꾸짖을질. 어(馭): 말부릴어. 형(荆): 가시나무형.

흉(匈): 오랑캐흉. 노(奴): 종노. 파(婆): 할미파. 사(娑): 춤출사.

취(翠): 비취취. 불(紱): 인끈불. 기(騎): 말탈기.

어려서 글과 검술(劍術)을 배우며

말을 몰아 형주(荆州)에 이르렀네.

흉노(匈奴)[328]를 쳐서 다 평정했다는 소문을 듣고

너울너울 춤추며 정처 없이 유람하네.

취암(翠岩)아래로 돌아와

풀로 자리하고 맑은 물로 베개를 삼네.

장한 선비로 관직(官職)에 뜻을 두었는데

원숭이가 진흙 소를 탄 꼴이리라.

---

328) 흉노(匈奴): 기원전(紀元前) 4세기(世紀)에서 1세기(世紀) 사이에 몽고(蒙古) 지방
(地方)에서 세력(勢力)을 떨쳤던 유목(遊牧) 민족(民族).

030.

三界如轉輪 浮生若流水 蠢蠢諸品類 貪生不覺死
삼 계 여 전 륜　부 생 약 유 수　준 준 제 품 류　탐 생 불 각 사

汝看朝垂露 能得幾時子
여 간 조 수 로　능 득 기 시 자

준(蠢): 꿈틀거릴준.

삼계(三界)는 구르는 바퀴와 같고
뜬세상은 마치 흐르는 물 같네.
미욱하고 어리석은 여러 중생들
삶을 탐하느라 죽음을 깨닫지 못하네.
너, 아침에 맺힌 이슬을 보라.
능히 몇 시간이나 견딜 수 있다던가?

031.

閑入天台洞 訪人人不知 寒山爲伴侶 松下噉靈芝
한 입 천 태 동　방 인 인 부 지　한 산 위 반 려　송 하 담 영 지

每談今古事 嗟見世愚癡 箇箇入地獄 那得出頭時
매 담 금 고 사　차 견 세 우 치　개 개 입 지 옥　나 득 출 두 시

려(侶): 짝려. 담(噉): 씹을담. 차(嗟): 탄식할차. 나(那): 어찌나.

한가히 천태 동굴로 들어왔나니
사람이 찾아와도 남들이 알지 못하네.
한산(寒山)과 짝이 되어

소나무 아래 영지(靈芝)를 씹네.

매양 고금(古今)의 일을 담론(談論) 하는데

세상의 어리석음을 탄식하네.

저마다 지옥으로 들어갈 터인데

어찌 벗어날 때를 얻을 수 있겠는가?

032.

古佛路凄凄 愚人到却迷 秖緣前業重 所以不能知
고 불 로 처 처 　 우 인 도 각 미 　 지 연 전 업 중 　 소 이 불 능 지

欲識無為理 心中不掛絲 生生勤苦學 必定覩吾師
욕 식 무 위 리 　 심 중 불 괘 사 　 생 생 근 고 학 　 필 정 도 오 사

처(凄): 쓸쓸할처. 도(覩): 볼도.

옛 부처의 길 썰렁한데

어리석은 사람들 도리어 헤매고 있네.

다만 전에 지은 업(業)이 무거운 인연 때문인데

그 까닭을 능히 알지 못하네.

무위(無爲)의 이치를 알고 싶은가?

마음에 터럭 한 올도 걸지 말게나.

세세생생(世世生生), 부지런히 배우면

반드시 우리의 스승 부처님을 뵙게 되리라.

033.

各有天真佛　號之為寶王　珠光日夜照　玄妙卒難量
각 유 천 진 불　호 지 위 보 왕　주 광 일 야 조　현 묘 졸 난 량

盲人常兀兀　那肯怕災殃　唯貪婬佚業　此輩實堪傷
맹 인 상 올 올　나 긍 파 재 앙　유 탐 음 일 업　차 배 실 감 상

파(怕): 두려워할파. 일(佚): 편안할일. 감(堪): 견딜감.

각각 천진불(天眞佛)[329]이 있나니
이름 하여 보왕(寶王)[330]여래라 하네.
구슬 빛이 밤낮으로 비추는데
현묘(玄妙)하여 마침내 헤아리기 어렵네.
장님이 되어 항상 꼿꼿이 앉았지만
어찌 재앙(災殃)의 두려움을 알겠는가?
오직 음탕한 업(業)을 탐하는데
이런 무리들, 진실로 가슴 아리네.

034.

出家求出離　哀念苦衆生　助佛為揚化　令教選路行
출 가 구 출 리　애 념 고 중 생　조 불 위 양 화　영 교 선 노 행

何曾解救苦　恣意亂縱橫　一時同受溺　俱落大深坑
하 증 해 구 고　자 의 난 종 횡　일 시 동 수 익　구 락 대 심 갱

---

329) 천진불(天眞佛): 법신(法身)은 천연(天然)의 진리(眞理)이며 우주(宇宙)의 본체라
　　하여 법신불(法身佛)을 달리 이르는 말.
330) 보왕(寶王): 부처에 대한 존칭.

익(溺): 빠질익. 갱(坑): 구덩이갱.

출가(出家)는 니르바나331)를 구하고

괴로운 중생을 불쌍히 여기는 것이네.

부처님을 도와 교화(敎化)를 하며

하여금 길을 선택(選擇)하도록 가르쳐야 하네.

어찌하면 일찍이 괴로움을 풀고 구할 수 있겠는가?

자기 뜻에 맡기면 이리저리 어지러울 뿐이네.

일시(一時)에 같이 빠지게 되나니

함께 크고 깊은 구덩이로 떨어지게 되리라.

035.

常飮三毒酒 昏昏都不知 將錢作夢事 夢事成鐵圍
상 음 삼 독 주　혼 혼 도 부 지　장 전 작 몽 사　몽 사 성 철 위

以苦欲捨苦 捨苦無出期 應須早覺悟 覺悟自歸依
이 고 욕 사 고　사 고 무 출 기　응 수 조 각 오　각 오 자 귀 의

항상 삼독(三毒)의 술을 마시며

정신이 몽롱해 도무지 알지 못하네.

장차 돈으로 꿈꾸는 일을 하려는데

꿈꾸는 일마다 철위산(鐵圍山)332)을 이루리.

괴로움으로 괴로움을 버리려 해도

---

331) 출리(出離): 속되고 번거로운 세상을 떠남. 니르바나(nirvana), 열반(涅槃). 불도(佛道)
　　를 완전(完全)하게 이루어 일체(一切)의 번뇌(煩惱)를 해탈(解脫)한 최고(最高)의 경지.
332) 철위(鐵圍): 작가라(斫迦羅). 산스크리트어 (cakravāḍa)의 음사. 철위(鐵圍)라 번
　　역. 수미산의 사주(四洲)를 둘러싸고 있는 철위산(鐵圍山)을 말함.

괴로움을 벗어날 기약이 없네.

모쪼록 일찍 깨달아야 하니

깨달음이란, 스스로에게 귀의(歸依)하는 것이네.

036.

雲山疊疊幾千重　幽谷路深絕人蹤
운 산 첩 첩 기 천 중　유 곡 노 심 절 인 종

碧澗淸流多勝境　時來鳥語合人心
벽 간 청 류 다 승 경　시 래 조 어 합 인 심

구름 산 첩첩이 몇 천 겹인가?

그윽한 골짜기 길이 깊어 사람의 자취 끊겼네.

푸른 시내 맑게 흐르며 빼어난 경계 많은데

때에 새들이 지저귀며 사람 마음과 어우러지네.

037.

後來出家子　論情入骨癡　本來求解脫　却見受驅馳
후 래 출 가 자　논 정 입 골 치　본 래 구 해 탈　각 견 수 구 치

終朝遊俗舍　禮念作威儀　博錢沽酒喫　飜成客作兒
종 조 유 속 사　예 념 작 위 의　박 전 고 주 끽　번 성 객 작 아

박(博): 넓을박. 고(沽): 살고. 번(飜): 뒤칠번.

뒤에 출가(出家)한 자들이여!

뼛속까지 어리석게 정(情)을 따지네.

본래 해탈(解脫)을 구해야 하는데

도리어 수레를 몰고 달리는 것을 보네.

하루 종일 속가(俗家)에서 노는데

예불(禮佛)과 염불(念佛)로 위의(威儀)라 하네.

도박한 돈으로 술을 사 먹고

도리어 남의 심부름꾼이나 되네.

038.

若論常快活 唯有隱居人 林花長似錦 四季色常新
약 론 상 쾌 활　유 유 은 거 인　임 화 장 사 금　사 계 색 상 신

或向岩間坐 旋瞻丹桂輪 雖然身暢逸 却念世間人
혹 향 암 간 좌　선 첨 단 계 륜　수 연 신 창 일　각 념 세 간 인

선(旋): 돌선. 첨(瞻): 볼첨. 계(桂): 계수나무계. 창(暢): 펼창.

만약 항상 쾌활(快活)한 삶을 말 하려면

오직 숨어 사는 사람에게나 있네.

숲의 꽃은 오래도록 비단 같고

사계절의 빛이 늘 새롭게 바뀌네.

이따금 바위 사이에 앉아서

눈을 돌려 붉은 계수나무 바퀴[333]를 바라보네.

비록 몸은 상쾌하고 편하지만

도리어 세상 사람들 생각하네.

---

333) 계륜(桂輪): 계수나무 바퀴. 달을 가리킴.

039.

我見出家人 摠愛喫酒肉 此合上天堂 却沉歸地獄
아 견 출 가 인　총 애 끽 주 육　차 합 상 천 당　각 침 귀 지 옥

念得兩卷經 欺他市鄽俗 豈知鄽俗士 大有根性熟
염 득 양 권 경　기 타 시 전 속　기 지 전 속 사　대 유 근 성 숙

총(摠): 모두총. 침(沉): 가라앉을침. 전(鄽): 가게전. 숙(熟): 익을숙.

내가 본 출가(出家)한 사람들

모두 술 마시고 고기 먹기를 좋아하네.

이것으로 천당에 오르기를 바라지만

도리어 '탐욕'에 빠져서 지옥으로 돌아가리라.

염불(念佛)하며 두 권의 경(經)334)을 얻었을 뿐인데

저 시장의 속인(俗人)들을 속이네.

어찌 속인(俗人)들이 알 수 있겠는가?

몹시 근성(根性)이 익숙해 있는 것을...

040.

我見頑鈍人 燈心拄須彌 蟻子齧大樹 焉知氣力微
아 견 완 둔 인　등 심 주 수 미　의 자 설 대 수　언 지 기 력 미

學皎兩莖菜 言與祖師齊 火急求懺悔 從今輒莫迷
학 교 양 경 채　언 여 조 사 제　화 급 구 참 회　종 금 첩 막 미

완(頑): 완고할완. 둔(鈍): 무딜둔. 주(拄): 떠받칠주. 의(蟻): 개미의.

---

334) 양권경(兩卷經): 노자(老子)의 도(道)와 덕(德) 경(經).

교(齩): 깨물교. 경(莖): 줄기경. 참(懺): 뉘우칠참. 첩(輒): 문득첩.

내가 본 완고하고 둔한 사람들

등불 심지로 수미산(須彌山)을 떠받치려 하네.

개미가 큰 나무를 씹으려는 것 같아서

어찌 기력(氣力)이 적음을 알겠는가?

기껏, 두어 줄기 나물을 씹는 것을 배웠는데

말하길 조사(祖師)335)와 동등(同等)하다고 하네.

어서 빨리 참회(懺悔)336)를 하여

이제라도 문득 미혹(迷惑)에 빠지지 말아야 하리.

041.

君見月光明　照燭四天下　圓輝掛太虛　瑩淨能蕭灑
군　견　월　광　명　　조　촉　사　천　하　　원　휘　괘　태　허　　형　정　능　소　쇄

人道有虧盈　我見無衰謝　狀似摩尼珠　光明無晝夜
인　도　유　휴　영　　아　견　무　쇠　사　　상　사　마　니　주　　광　명　무　주　야

형(瑩): 옥빛형. 소(蕭): 맑은대쑥소. 쇄(灑): 뿌릴쇄. 쇠(衰): 쇠할쇠.

휴(虧): 이즈러질휴. 마(摩): 쓰다듬을마. 니(尼): 중니.

<hr>

335) 조사(祖師): 석가모니불 이래 면면히 이어오는 불심(佛心)을 전해 주는 고승으로
　　서, 사람들을 깨달음으로 이끌 수 있을 만큼 수행했거나 그런 자격을 갖춘 승려이
　　다. 불교 종파 중 선종(禪宗)에서 시작되었으나 오늘날에는 다른 종파까지 파급되
　　어 쓰인다. 경우에 따라서는 중국에 선종을 전한 달마만을 가리키기도 하며, 그래
　　서 달마가 전한 사상을 조사선(祖師禪)이라고 부른다.

336) 참회(懺悔): 과거(過去)의 죄악(罪惡)을 뉘우쳐 고침.

그대는 저 밝은 달빛을 보게
온 천하를 두루 비추나니.
뚜렷한 빛이 허공(虛空)에 걸려
옥빛 고요하니 맑고 깨끗하도다.
사람들은 차고 기운 다 이르지만
내가 보기에 시들거나 떨어짐이 없노라.
형상은 마치 마니주(摩尼珠)와 같고
밝은 빛, 밤낮 없이 비추네.

042.

余住無方所　磅礴無為理　時陟涅槃山　或玩香林寺
여 주 무 방 소　방 박 무 위 리　시 척 열 반 산　혹 완 향 림 사

尋常秖是閑　言不干名利　東海變桑田　我心誰管你
심 상 지 시 한　언 불 간 명 리　동 해 변 상 전　아 심 수 관 니

방(磅): 돌떨어지는방. 박(礴): 널리덮일박. 척(陟): 오를척.
완(玩): 희롱할완.

내가 머무는 곳 정한 곳이 없나니
자리 잡는 것은 도리가 아니네.
때로는 열반산에 오르고
혹은 향림사를 찾아가 노네.
언제나 다만 이 한가함뿐이니
명예나 이익에는 간여하지 않네.
동해(東海)가 뽕밭으로 변한다 한들

내 마음을 뉘라서 관여 하겠는가?

043.

左手握驪珠 右手執慧劍 先破無明賊 被珠自吐燄
좌 수 악 여 주　우 수 집 혜 검　선 파 무 명 적　피 주 자 토 염

傷嗟愚癡人 貪愛那生厭 一墮三途間 始覺前程險
상 차 우 치 인　탐 애 나 생 염　일 타 삼 도 간　시 각 전 정 험

악(握): 쥘악. 여(驪): 검은말여. 염(厭): 싫을염. 정(程): 단위정.

험(險): 험할험.

왼손에 여의주(如意珠)를 쥐고

오른손은 지혜(智慧)의 검(劍)을 잡네.

먼저 무명(無名)의 적을 깨트리니

덮여 있던 구슬이 스스로 화염(火燄)을 토(吐)하네.

탄식하나니, 어리석은 사람들

탐욕(貪慾)을 어찌 싫어할 수 있겠는가?

한 번 삼도(三途)에 떨어져야

비로소 앞길이 험난함을 깨닫게 되리라.

044.

般若酒冷冷　飲多人易醒　余住天台山　凡愚那見形
반 야 주 냉 랭　음 다 인 이 성　여 주 천 태 산　범 우 나 견 형

常遊深谷洞　終不逐時情　無思亦無慮　無辱也無榮
상 유 심 곡 동　종 불 축 시 정　무 사 역 무 려　무 욕 야 무 영

냉(冷): 찰냉. 축(逐): 쫓을축. 려(慮): 생각할려.

반야(般若)[337]의 술이 몹시 시원하여

많이 마셔도 누구나 쉽게 깨네.

내가 천태산에 살고 있으나

어리석은 이들이 어찌 나를 알아보겠는가?

항상 깊은 골짜기에서 노는데

끝내 세상의 정(情)은 쫓지를 않는다네.

생각할 것도 또한 걱정할 것도 없나니

욕(辱)됨도 없고 다시 영화(榮華)도 없네.

*此下與寒山詩　大同小異　語意相涉(板本　脚註)
차 하 여 한 산 시　대 동 소 이　어 의 상 섭　판 본　각 주

이 아래 한산 시는 크게 보면 같고 작게 보면 다르나 의미는 서로 관련이 있다.

---

337) 반야(般若): 분별(分別)이나 망상(妄想)을 떠나 깨달음과 참모습을 환히 아는 지
혜(智慧).

045.

平生何所憂　此世隨緣過　日月如逝波　光陰石中火
평생하소우　차세수연과　일월여서파　광음석중화

任他天地移　我暢巖中坐
임타천지이　아창암중좌

서(逝): 갈서. 창(暢): 통쾌할창.

평생에 무엇을 근심하겠는가?
이 세상 인연 따라 지내리라.
해와 달은 마치 흘러가는 물 같고
세월은 부싯돌 속의 반짝하는 불꽃이라네.
저 천지(天地)가 옮겨가는 대로 맡기고
나 흐뭇하게 바위 속에 앉으리라.

046.

嗟見多知漢　終日枉用心　岐路逞嘍囉　欺謾一切人
차견다지한　종일왕용심　기로영누라　기만일체인

唯作地獄滓　不修來世因　忽爾無常到　定知亂紛紛
유작지옥재　불수내세인　홀이무상도　정지난분분

왕(枉): 굽을왕. 영(逞): 굳셀영. 누(嘍): 시끄러울누. 라(囉): 소리얽힐라.
만(謾): 속일만. 재(滓): 찌꺼기재. 이(爾): 너이.

아! 세상에 많이 아는 이를 보면
하루 종일 엉뚱한데 마음을 쓰네.

갈림길에서 시끄럽게 떠들며

모든 사람들을 속이네.

오직 지옥에 들어갈 구실을 만드는데

내세(來世)338)의 인연(因緣)은 닦지를 않네.

홀연히 네게 무상(無常)339)이 닥칠 것인데

틀림없이 어찌할 줄 모르리라.

047.

迢迢山徑峻　萬仞險隘危　石橋莓苔綠　時見白雲飛
초 초 산 경 준　만 인 험 애 위　석 교 매 태 록　시 견 백 운 비

瀑布懸如練　月影落潭暉　更登華頂上　猶待孤鶴期
폭 포 현 여 련　월 영 낙 담 휘　갱 등 화 정 상　유 대 고 학 기

초(迢): 멀초. 경(徑): 지름길경. 준(峻): 높을준. 인(仞): 길인.

애(隘): 좁을애. 매(莓): 나무딸기매. 련(練): 누인명주련.

담(潭): 못담. 휘(暉): 빛휘. 유(猶): 오히려유.

까마득히 먼, 산 길 가파른데

만 길이나 높아 험(險)하고 위험하네.

돌다리는 이끼가 푸르고

때에 흰 구름 나는 것 보이네.

폭포(瀑布)는 비단 폭처럼 매달렸는데

---

338) 내세(來世): 불교에서 말하는 삼세의 하나로 죽은 뒤에 가서 태어나 산다는 미래의 세상.

339) 무상(無常): 상주(常住)하는 것이 없다는 뜻으로, 나고 죽으며 흥하고 망(亡)하는 것이 덧없음을 일컬음.

달그림자 못에 쏟아져 비치네.

다시 화정(華頂)에 오르는데

마치 외로운 학(鶴)을 기다리는 듯...

048.

松月冷颼颼 片片雲霞起 匝帀幾重山 縱目千萬里
송 월 냉 수 수　편 편 운 하 기　암 잡 기 중 산　종 목 천 만 리

谿潭水澄澄 徹底鏡相似 可貴靈臺物 七寶莫能比
계 담 수 징 징　철 저 경 상 사　가 귀 영 대 물　칠 보 막 능 비

수(颼): 바람소리수. 하(霞): 노을하. 암(匝): 둘릴암. 잡(帀): 두를잡.

종(縱): 늘어질종. 징(澄): 맑을징.

소나무 달에 서늘한 바람 쏴쏴 불고

조각구름과 안개가 피어오르네.

두른 산은 몇 겹이던가?

눈에 가물가물 천만리이네.

시내와 못 물이 맑디맑은데

바닥까지 마치 거울 같네.

귀(貴)하다, 이 마음이여!

칠보(七寶)라도 능히 견줄 수 없으리.

049.

世有多解人 愚癡學閑文 不憂當來果 唯知造惡因
세유다해인 우치학한문 불우당래과 유지조악인

見佛不解禮 覩僧倍生瞋 五逆十惡輩 三毒以爲鄰
견불불해례 도승배생진 오역십악배 삼독이위린

死去入地獄 未有出頭辰
사거입지옥 미유출두신

도(覩): 볼도. 진(瞋): 성낼진. 배(輩): 무리배. 신(辰): 때신.

세상에는 많이 아는 이가 있는데
어리석게도 쓸모없는 글을 배우네.
앞으로 닥칠 과보(果報)340)는 걱정하지 않고
오직 몹쓸 인연(因緣)만 지을 줄 아네.
부처를 보아도 예불(禮佛)할 줄 모르고
스님을 보면 몹시 성을 내네.
오역(五逆)과 십악(十惡)을 짓는 무리들
삼독(三毒)을 이로써 이웃이 되네.
죽어서 지옥(地獄)에 들어갈 터인데
벗어날 수 있을 때는 있지 않으리라.

---

340) 과보(果報): 과거에 지은 선악업(善惡業)이 원인이 되어 현재에 받는 결과.

050.

人生浮世中 箇箇願富貴 高堂車馬多 一呼百諾至
인생부세중　개개원부귀　고당거마다　일호백락지

吞倂他田宅 準擬承後嗣 未逾七十秋 冰銷瓦解去
탄병타전택　준의승후사　미유칠십추　빙소와해거

락(諾): 대답할락. 탄(呑): 삼킬탄. 병(倂): 아우를병. 준(準): 법도준.

의(擬): 헤아릴의. 사(嗣): 이을사. 유(逾): 넘을유. 소(銷): 녹일소.

인생(人生)은 덧없는 세상인데

저마다 부귀(富貴)를 원하네.

높은 집에는 수레와 말도 많고

한 번 부르면 '하인'이 백 명이나 예하고 응한다네.

전지(田地)와 주택(住宅)을 강제로 **빼앗아**

후손에게 물려준다네.

고작 칠십년도 넘기지 못하고

얼음이 녹듯 기와가 깨지듯 사라지느니라.

051.

水浸泥彈丸 思量無道理 浮漚夢幻身 百年能幾幾
수침니탄환　사량무도리　부구몽환신　백년능기기

不解細思惟 將言長不死 誅剝壘千金 留將與妻子
불해세사유　장언장불사　주박누천금　유장여처자

침(浸): 담글침. 니(泥): 진흙니. 구(漚): 담글구. 주(誅): 벨주.

박(剝): 벗길박. 누(壘): 쌓을누.

물에 진흙으로 빚은 탄환(彈丸)이 잠기면
암만 생각해도 견딜 도리(道理)가 없네.
물거품 같고 꿈속 허깨비[341] 같은 몸인데
백년(百年)을 사는 이 몇이나 되던가?
이 도리(道理)를 자세히 생각할 줄 모르고
문득 말하길 "오래 죽지 않을 것이라네."
착취하여 천금(千金)을 모으는데
장차 처자(妻子)에게 물려주려 한다네.

052.

雲林最幽棲 傍澗枕月谿 松拂盤陀石 甘泉涌淒淒
운 림 최 유 서　방 간 침 월 계　송 불 반 타 석　감 천 용 처 처

靜坐偏佳麗 虛岩朦霧迷 怡然居恬地 日斜樹影低
정 좌 편 가 려　허 암 몽 무 미　이 연 거 염 지　일 사 수 영 저

서(棲): 깃들일서. 방(傍): 곁방. 불(拂): 떨불. 타(陀): 비탈질타.
용(涌): 샘솟을용. 몽(朦): 풍부할몽. 이(怡): 기쁠이. 염(恬): 편안할염.
사(斜): 비낄사. 저(低): 밑저.

구름 숲, 가장 그윽한 집
시내 옆, 월계(月谿)를 베고 있네.
소나무가 너럭바위를 쓸고
단 샘물이 시원하게 솟네.

---

341) 몽환(夢幻): 꿈과 환상이라는 뜻으로, 이 세상(世上)의 일체(一切) 사물(事物)이
　　덧없음을 비유(譬喩)한 말.

고요히 앉아 아름다움에 빠졌는데
텅 빈 바위에 안개 자욱하고 희미하네.
기쁘게 편안히 사는 땅
해 기우니 나무 그림자 낮아지네.

053.

可笑是林泉　數里勿人煙　雲從岩嶂起　瀑布水潺潺
가 소 시 임 천　수 리 물 인 연　운 종 암 장 기　폭 포 수 잔 잔

猿啼暢道曲　虎嘯滿山間　松風淸颯颯　鳥語聲關關
원 제 창 도 곡　호 소 만 산 간　송 풍 청 삽 삽　조 어 성 관 관

獨步繞石澗　孤陟上峰巒　時坐盤陀石　偃仰攀蘿沿
독 보 요 석 간　고 척 상 봉 만　시 좌 반 타 석　언 앙 반 나 연

遙望城隍處　惟聞鬧喧喧
요 망 성 황 처　유 문 요 훤 훤

잔(潺): 물흐르는소리잔. 창(暢): 펼창. 소(嘯): 울부짖을소.

삽(颯): 바람소리삽. 요(繞): 두를요. 타(陀): 언덕타. 언(偃): 쓰러질언.

앙(仰): 우러를앙. 반(攀): 매달릴반. 연(沿): 따를연. 황(隍): 해자황.

요(鬧): 시끄러울요.

우습다. 이 숲과 샘이여!
멀리 주변에도 사람의 자취 없네.
구름은 바위산을 끼고 피어오르며
폭포엔 물이 잔잔히 흐르네.
원숭이 울며 도곡(道曲)342)을 펴는데

호랑이 울부짖으니 온 산에 가득하네.

솔바람은 맑게 솨솨 불고

새들이 지저귀며 찍찍거리네.

홀로 바위 물가를 따라 걷다가

외로이 높은 봉우리를 오르네.

때에 너럭바위에 앉았다가

굽어보며 칡넝쿨을 잡고 오르네.

멀리 성황(城隍)이 있는 곳을 바라보는데

오직 요란하게 새 소리 들리네.

054.

我見世間人 箇箇爭意氣 一朝忽然死 秖得一片地
아 견 세 간 인　개 개 쟁 의 기　일 조 홀 연 사　지 득 일 편 지

闊四尺 長丈二 汝若會出來 爭意氣 我與汝立碑記
활 사 척　장 장 이　여 약 회 출 래　쟁 의 기　아 여 여 립 비 기

내가 본, 세상 사람들

저마다 의기(意氣)를 다투네.

하루아침에 홀연히 죽으면

다만 한 조각의 땅을 얻는다네.

폭 넉자에

길이는 이장(二丈).

자네가 만약 '무덤에서' 나와 의기(意氣)를 다툴 수 있다면

---

342) 도곡(道曲): 본성(本性)의 가락.

내가 너를 위해 비(碑)를 세워 주리라.

055.

家有寒山詩 勝汝看經卷 書放屏風上 時時看一偏
가 유 한 산 시　승 여 간 경 권　서 방 병 풍 상　시 시 간 일 편

집에 한산 시(詩)가 있으면
그대 경(經)을 보는 것 보다 낫다네.
병풍 위에 써놓고
때때로 한 편씩 읽어 보게나.

056.

閑自訪高僧 靑山與白雲 東家一稚子 西舍衆群群
한 자 방 고 승　청 산 여 백 운　동 가 일 치 자　서 사 중 군 군

五峰聳雲漢 碧落水澄澄 師指令歸去 日下一輪燈
오 봉 용 운 한　벽 락 수 징 징　사 지 영 귀 거　일 하 일 륜 등

치(稚): 어릴치. 용(聳): 솟을용.

한가히 스스로 고승(高僧)을 찾았는데
청산(靑山)과 더불어 백운(白雲) 이로다.
동쪽 집의 한 어린 아이가
서쪽 집에 대중의 무리가 되었느니라.
오봉(五峰)은 하늘 높이 솟고
허공이 물에 비쳐 티 없이 맑구나.

스승은 손가락으로 가리키며 돌아가는데
지는 해, 한 덩이 등불이로다.

습득시권 종(拾得詩卷 終).